40617

V

LE
GRAND ITALIEN,

OU

LE TRÉSOR DES AMATEURS

DE LA

LOTERIE ROYALE DE FRANCE,

DÉCOUVERT,

PAR LE PLUS GRAND ALGÉBRISTE DE L'EUROPE.

OUVRAGE le plus complet pour tenter la fortune, où l'on a joint, à la liste générale des songes, les numéros qui y correspondent, et l'explication qu'en a fait le célèbre Oramasis;

AVEC

Des nouvelles cabales pour jouer avantageusement à Paris, Lyon, Bordeaux, Strasbourg et Lille, contenant des réflexions propres à montrer l'application que l'on en peut faire à toutes les loteries composées de 90 numéros;

SUIVI

De tous les tirages depuis le rétablissement de la loterie jusqu'à ce jour.

NOUVELLE ÉDITION,

Augmentée d'une instruction facile pour jouer avantageusement les septénaires à Paris et à Lyon, et de diverses combinaisons inconnues jusqu'à présent.

Sur l'imprimé de Venise, et se trouve

A LYON,

Chez Fr. MATHERON, libraire, rue Mercière, n. 16, à la Providence.

1826.

OBSERVATION.

D'après les combinaisons savantes du grand Italien, les actionnaires peuvent se procurer au moins 100 pour 100 de leurs capitaux : les actionnaires ont encore un plus grand avantage depuis la création de plusieurs tirages de plus par mois, tant à Paris qu'à Lyon, puisque leurs fonds, en martingalant, leur rapportent le double par année ; enfin on n'a rien négligé pour tout ce qui peut être utile aux actionnaires, et leur servir d'instruction, tant pour connaître les différentes combinaisons dont la loterie royale de France est composée, que pour les mettre à portée de jouer avantageusement.

EXTRAIT DES LOIS ET ARRÊTÉS
Portant rétablissement de la loterie royale de France.

Du 9 vendémiaire an 6.

I. La ci-devant loterie royale de France est rétablie sur les bases et combinaisons qu'elle avait à l'époque de sa suspension.

II. Tout établissement de loterie particulière ou étrangère est prohibé.

III. Les individus qui se permettront de recevoir pour les loteries étrangères, seront condamnés, pour la première fois, à une amende de 5000 francs, la seconde, outre l'amende, six mois de détention.

IV. Les receveurs de la loterie royale qui seront convaincus d'avoir joué ou reçu pour les loteries étrangères, et d'avoir joué pour leur propre compte, ou pour celui des particuliers, seront condamnés en l'amende de 6000 francs, et destitués de fonctions.

AVIS DE L'EDITEUR.

Servez-vous, mon cher lecteur, de ce livre avec avantage ; mais n'oubliez jamais que la fortune vient de Dieu, et qu'il est seul dispensateur des biens et des maux.

Les exemplaires voulus par la loi ont été déposés.

INVITATION DE LA ROUE DE FORTUNE
AU PUBLIC.

Pour peu , je rends beaucoup ;
 Mais si parfois la chance
 Trompe votre espérance ,
Ne vous rebutez pas pour un malheureux coup.
  La bizarre fortune ,
 Pour avoir part à ses faveurs ,
 Veut que souvent on l'importune :
Je vous offre un moyen pour vaincre ses rigueurs.
  Trente-six fois l'année
  Je recommence un nouveau cours ;
Et qui manque au premier l'heureuse destinée ,
 Peut au second s'enrichir pour toujours.
  Différente des autres jeux ,
Le même numéro peut faire mille heureux.
 Dans ce jeu-ci chacun peut à sa guise
 De cinq façons placer sa mise :
Dessus un nombre seul , que l'on appelle *extrait* ,
Qui vous rend quinze fois l'argent que l'on y met :
Sur deux nombres liés , qu'*ambe* pour lors on nomme ,
Deux cent soixante-dix fois vous avez votre somme :
Sur trois nombres liés , que par *terne* on désigne ,
Cinq mille cinq cents fois l'argent qu'on leur assigne.
Sur quatre nombres joints , que *quaterne* on appelle ;
Soixante-quinze mille fois l'argent se renouvelle :
Sur cinq nombres enfin , que vous nommez le *quine* ,
Un million de fois. Heureux qui les devine !
Du choix des numéros et de leur quantité
 Vous avez pleine liberté.
Quatre-vingt-dix en tout forme mon existence ;
Plus ou moins vous pouvez étendre votre chance.
  A les tirer je vous invite :
  Tel souvent qui hésite ,
 Perd , par trop de réflexion ,
  L'heureuse occasion.

NOMS

ANNEXÉS AUX 90 NUMÉROS

Avant la suppression de la loterie.

1 Adèle.	31 Olympie.	61 Germaine.
2 Balbine.	32 Pélagie.	62 Honorine.
3 Camille.	33 Restitue.	63 Julie.
4 Denise.	34 Séraphine.	64 Lucienne.
5 Eustasie.	35 Théodore.	65 Marine.
6 Félicité.	36 Victoire.	66 Nicaise.
7 Georgette.	37 Agnès.	67 Ovide.
8 Hélène.	38 Bathilde.	68 Perrine.
9 Joséphine.	39 Christine.	69 Renée.
10 Léonore.	40 Donatille.	70 Suzanne.
11 Modeste.	41 Emilie.	71 Théophile.
12 Natalie.	42 Françoise.	72 Vestine.
13 Odille.	43 Geneviève.	73 Aurélie.
14 Pauline.	44 Hilaire.	74 Brigitte.
15 Romualde.	45 Jeanne.	75 Constance.
16 Sidône.	46 Lucette.	76 Drosine.
17 Telchide.	47 Marianne.	77 Eugénie.
18 Ursule.	48 Nicole.	78 Faustine.
19 Agathe.	49 Omère.	79 Gervaise.
20 Barbe.	50 Perpétue.	80 Hypolite.
21 Cécile.	51 Rosalie.	81 Justine.
22 Dorothée.	52 Sophie.	82 Lucile.
23 Eutrope.	53 Thérèse.	83 Monique.
24 Flore.	54 Valérie.	84 Nicosie.
25 Gertrude.	55 Aspasie.	85 Onésime.
26 Henriette.	56 Béatrice.	86 Placide.
27 Isabelle.	57 Claire.	87 Rosette.
28 Louise.	58 Dosithée.	88 Silvie.
29 Mélanide.	59 Elisabeth.	89 Timothée.
30 Nicette.	60 Flaviane.	90 Virginie.

INSTRUCTION SUR LA LOTERIE.

La loterie est composée de 90 numéros, qui produisent à chaque tirage :

> 5 lots d'extraits,
> 10 lots d'ambes,
> 10 lots de ternes,
> 5 lots de quaternes,
> 1 lot de quine,
> 5 lots d'extraits déterminés,
> 10 lots d'ambes déterminés.

Les chances de la loterie sont divisées en deux classes.

La première, celle des chances simples, qui comprend l'extrait, l'ambe, le terne, le quaterne et le quine.

La deuxième, celle des chances déterminées, qui renferme l'extrait et l'ambe déterminés.

PREMIÈRE CLASSE.

Des chances simples.

L'extrait consiste dans la rencontre de 1, de 2, de 3, de 4, et même de 5 numéros qui sont tirés de la roue de fortune; ainsi, pour gagner un extrait simple, il ne faut à l'actionnaire qu'un seul numéro sorti de la roue; alors il gagne quinze fois sa mise.

L'ambe simple est composé de deux numéros choisis dans les 90, et joints ensemble dans un même billet; s'ils sortent de la roue de fortune, on gagne 270 fois la valeur de la mise.

Le *terne* est composé de trois numéros choisis dans les 90, et joints ensemble dans le même billet : s'ils sortent tous trois, on gagne 5500 fois la valeur de la mise.

Le *quaterne* est composé de quatre numéros choisis dans les 90, et joints ensemble dans le même billet : s'ils sortent tous les quatre de la roue de fortune, on gagne 75,000 fois la valeur de la mise.

Le *quine* est composé de cinq numéros choisis dans les 90, et joints ensemble dans le même billet : s'ils sortent tous les cinq de la roue de fortune, on gagne 1,000,000 de fois la valeur de la mise.

EXEMPLE.

Supposons qu'un actionnaire désire placer les numéros 1, 9, 36, 63, 90 sur toutes les chances simples ci-après désignées ;

S A V O I R :

	5 extraits	à 3 l.	fait 15 l.
	10 ambés	à 1 12 s.	fait 16
Pour	10 ternes	à 1	fait 10
	5 quaternes	à 12 s.	fait 3
	1 quine	à 1	fait 1

Total de la mise, 45 liv.

Bénéfice qui peut résulter de cette mise par la sortie

D'un numéro, un extrait 45 l.

De 2 nos	2 extraits de	90 liv.	522
	1 ambe de	432	

De 3 nos	3 extraits de	135 liv.	9931
	3 ambes	1296	
	1 terne	5500	

De 4 nos	4 extraits	180 liv.	...69772
	6 ambes	2592	
	4 ternes	22000	
	1 quaternes	45000	

(7)

$$\text{De 5 n}^{\text{os}} \begin{cases} \text{5 extraits} & \text{225 liv.} \\ \text{10 ambes} & \text{4320} \\ \text{10 ternes} & \text{55000} \\ \text{5 quaternes} & \text{225000} \\ \text{1 quine} & \text{1,000000} \end{cases} \Bigg\} \; 1,284545$$

Cet exemple seul suffit pour appliquer les différens bénéfices auxquels l'actionnaire a droit de prétendre en raison de sa mise.

SECONDE CLASSE.

Des chances déterminées avec leur bénéfice.

L'extrait déterminé consiste à choisir un numéro dans les 90, et désigner l'ordre de sa sortie, c'est-à-dire, parier qu'il sortira le premier, le deuxième, le troisième, le quatrième, le cinquième de la roue de fortune : s'il arrive qu'il sorte à la sortie désignée ; *on gagne 70 fois la valeur de la mise.*

L'actionnaire peut placer la quantité de numéros qu'il voudra, pour extrait déterminé, sur une seule sortie comme sur plusieurs.

L'ambe déterminé est composé de deux numéros choisis dans les 90, et joints ensemble dans un seul et même billet, dont l'ordre de la sortie de chacun doit être aussi désigné. S'ils sortent tous deux à leurs sorties désignées, *on gagne 1500 fois la valeur de la mise.*

Quoique l'ambe déterminé soit formé par deux numéros, on peut en adopter un plus grand nombre, et en jouer aussi plusieurs sur différentes sorties.

On observe que deux numéros quelconques, joués sur toutes les sorties, peuvent se combiner ou se décomposer de vingt manières différentes.

EXEMPLE.

Les numéros 10, 21, 33, 70, 80,

Font dix ambes simples ; savoir :

10	21.		21	70.
10	33.		21	88.
10	70.		33	70.
10	88.		33	88.
21	33.		70	88.

Chacun de ces ambes simples étant multiplié par 20, font 200 ambes déterminés.

Manière de faire des mises en un seul billet, et d'avoir part à un grand nombre de numéros par ambes déterminés.

A la première sortie, n° 1, *lié séparément avec chacun des numéros suivans.* Seconde sortie, 21—36—37—44—75—88—90.

Cet exemple offre un moyen d'économie, puisqu'il donne part à 7 ambes déterminés, qui n'auraient coûté, en les supposant chacun à deux sous, que 14 sous.

Ainsi, que le numéro 1, que l'on appelle *commandeur*, sorte à la première sortie, et un numéro des *commandés* que l'on désigne à la deuxième sortie, vous gagnerez un ambe déterminé.

Preuve de la formation des 7 ambes.

1re sortie 1.	2me sortie 21. 1er ambe.
1re 1.	2me 56.
1re 1.	2me 37.
1re 1.	2me 44.
1re 1.	2me 75.
1re 1.	2me 88.
1re 1.	2me 90. 7me ambe.

Pour multiplier vos espérances et gagner plus sûrement, mettez encore un autre numéro à la première sortie, en conservant à la seconde sortie les mêmes numéros de votre dernière mise, et composez un autre billet comme il suit :

Première sortie, 10 *lié séparément avec chacun des numéros suivans.* Seconde sortie, 21—36—37—44—75—88—90.

Ainsi, que le numéro 10 sorte à la première sortie, et un des numéros désignés à la deuxième sortie, vous gagnez un ambe déterminé, et vous n'avez payé que sept ambes.

Preuve de la formation des 7 ambes.

1re sortie 10.	2me sortie 21.	1er ambe.
1re 10.	2me	36.
1re 10.	2me	37.
1re 10.	2me	44.
1re 10.	2me	75.
1re 10.	2me	88.
1re 10.	2me	90.	7me ambe.

Voulez-vous jouer encore plus avantageusement ? Mettez à la troisième, quatrième ou cinquième sortie, les numéros 1 et 10, qui sont vos *commandeurs*, et conservez toujours à la deuxième sortie les numéros commandés 21—36—37—44—75—88—90.

Pour les ambes simples.

EXEMPLE.

Numéro 1 *lié séparément avec chacun des numéros suivans* : 31—33—36—45—55—60—63—66—73—74—75—90, ce qui vous donnera part dans 12 ambes, ou plus si vous mettez davantage de numéros.

Composition des ambes de l'exemple ci-devant.

1—31.	1—63.
1—33.	1—66.
1—36.	1—73.
1—45.	1—74.
1—55.	1—75.
1—60.	1—90.

En conséquence de cette mise, il faut absolument pour gagner un ambe simple que votre *commandeur* sorte, n'importe à quelle sortie, et ensuite un de vos numéros *commandés* ; et si le n° 1 sortait comme il le faut pour gagner, accompagné des numéros 31, 33, 36, 45, vous auriez gagné 4 ambes.

On peut, pour avoir encore plus d'avantage, jouer dans un autre billet un autre numéro *commandeur*, et conserver toujours les mêmes numéros *commandés*, comme à l'exemple ci-après :

Exemple. 10 *lié séparément avec chacun des nu-méros suivans*, 31—33—36—45—55—60—63—66—73—74—75—90.

La composition de cet exemple est la même, en changeant seulement le n° 1 qui était votre *commandeur* à l'exemple précédent, et y substituant le n.° 10.

D'après les deux exemples ci-dessus, vous gagnerez un ambe simple par la sortie, soit du n° 1 avec un des autres, soit par la sortie du n° 10 également avec un des autres *commandés* ; et vous pourrez même gagner 1, 2, 3 et 4 ambes dans le même billet, et 6 ambes dans les deux billets.

CALCUL PROGRESSIF DES CHANCES.

Extraits.	Ambes.	Ternes.	Quaternes.	Quines.
1				
2	1			
3	3	1		
4	6	4	1	
5	10	10	5	1
6	15	20	15	6
7	21	35	35	21
8	28	56	70	56
9	36	84	126	126
10	45	120	210	252
11	55	165	330	462
12	66	220	495	792
13	78	286	715	1287
14	91	364	1001	2002
15	105	455	1365	3003
16	120	560	1820	4368
17	136	680	2380	6188
18	153	816	3060	8568
19	171	969	3876	11628
20	190	1140	4845	15504
21	210	1330	5985	20349
22	231	1540	7315	26334
23	253	1771	8855	33649
24	276	2024	10626	42504
25	300	2300	12650	55130
26	325	2600	14950	65780
27	351	2925	17550	80730
28	378	3276	20475	98280
29	406	3654	23751	118755
30	435	4060	27405	142506
31	465	4495	31465	169911
32	496	4960	35960	201376
33	528	5456	40920	237336
34	561	5984	46376	278256
35	595	6545	52360	324632
36	630	7140	58905	376992

Avantages que les actionnaires de la Loterie Royale de France ont sur les Loteries étrangères.

La Loterie Royale de France accorde
par extrait simple. . . . . . .   15 fois la mise.
Celle de Rome   14
Gênes   13
En Allemagne   14

La Loterie Royale de France accorde
par ambe simple . . . .   270 fois.
Celle de Rome. . . . . . , . .   266
Gênes . . . .   130 et demie.
En Allemagne.   240

La Loterie Royale de France accorde
par terne . . . .   5500 fois.
A Rome.   5102
A Gênes   2857
En Allemagne.   4800

La Loterie Royale de France accorde
par quaterne. . . . .   75000 fois.
En Allemagne.   60000

LISTE GÉNÉRALE

DE TOUS LES NOMS

DES PERSONNES, MÉTIERS, ANIMAUX

ET AUTRES CHOSES,

Le tout rangé par ordre alphabétique.

A

ABAJOUR, 3.
Abandon, 33, 75.
Abandonner, 3, 27, 75.
Abattre, abattu, 5, 32.
Abbaye, 73, 85.
Abbé et abbés, 6, 38, 44.
Abbé régulier, 43.
Abbesse ou supérieure de couvent, 72.
Abeille ou guêpe, 34, 86.
Abeilles faisant du miel, 3, 80.
Abîme ou abîmer, 3.
Aboiement de chiens, 54.
Abominables choses, 43.
Abondance quelc. 2.
Abonnissement, 11, 79.
Abricots, 60.
Absence, 6.
Abstinence, 7, 15.
Absinthe, 7.

Acacie, fleur, 3, 8.
Académicien, 5, 6.
Académiciens, 60.
Académie, 61.
Accaparement, 33.
Acclamations, 21.
Accouchement heureux, 78.
Accouchement fâcheux, 77.
Accoucheur, 20.
Accoucheuse, 44, 88.
Accroissement, 57.
Accueil favorable, 18, 54.
Accueil mauvais, 45, 81.
Accusation, 29.
Achat, acheter, 18.
Acquisition de biens, 6, 18.
Acreté, 1.
Acteur, 27.

Actrice, 23.
Adam et Ève , 24, 49, 51.
Admirer quelque chose, 2 , 48.
Adone, poisson, 1, 5o.
Adonis, 1 , 56.
Adonné, 1 , 56.
Adoption et adopter, 6.
Adoration et adorer, 4.
Adorer Dieu, 18 , 24.
Adorer des statues , 4 , 65.
Adultère, péché, 34.
Adultère, pécheur, 89.
Adresses de lettres , 31.
Adresses quelconq. 33.
Affable et affabilité , 53.
Affaires , faire des affaires, 16, 38.
Affaires grandes , 11 , 22, 36.
Affaires quelconques , 9, 44.
Affaiblir et affaiblissement, 31 , 42.
Affamé, 29.
Affectation , 27 , 80.
Affecter, 49.
Affecté, 11 , 33.
Affectionner quelqu'un, 71 , 73.
Affermir, 52.
Affermissement, 86.
Affiché et afficher , 51 , 83.
Affiches , 15.
Affinage, 15.
Affineur, 6.
Affinoir, 90.

Afflictions et peines , 3, 17.
Affliger et affligé , 51.
Affection , 15 , 30.
Affreux, 17.
Affreuse , 14.
Affront , 22.
Agacer, 81.
Agacement de dents , 66.
Agassin, 5.
Agate, pierre , 77,
Age ou âgé, 15 , 90.
Agencement , 15, 51.
Agencer, 51.
Agent, 15 , 78.
Agenouillement, 15, 90.
s'Agenouiller, 18, 81.
Agile , 22.
Agissant, 15 , 25.
Agitation, 49, 5o.
Agneau et agneaux , 5 , 53.
Agonie, agonisant, 49, 76.
Agonisante , 5o.
Agrafes ou agrafer, 28, 31.
Agrandissement, 90.
Agrément, 3, 15.
Agriculture, 12.
Agriculteur, 35 , 40.
Aider et aide , 9 , 26.
Aides, 35.
Aigle et aigles, 11 , 51.
Aigre de limon, 2.
Aigre de cèdre, 10.
Aigrelet, 4, 24.
Aigrettes , 22, 32.
— de diamans, 30.

Aigrettes d'ambre, 70.
— de corail, 60.
— de perles, 90.
— de rubis, 75.
—de pierres précieu-
ses, 6.
Aigreur, 44, 59.
Avoir de l'aigreur pour
quelqu'un, 1, 35.
Aiguière, 25.
Aiguilles à coudre, 1,
61.
Aiguillée de fil, 49.
—de soie , 72.
Aiguillée quelconque,
8, 38.
Aiguillette, 26, 62.
Aiguilletier qui fait les
aiguillettes et les la-
cets, 15, 51.
Aiguillon, 24, 31.
Aiguillier. 14, 41.
Aiguiser, 12, 30.
Ail et bottes d'ail, 3,
12, 41.
Ail frais, 41.
Ail sec, 15, 31.
Aile et ailes. 76.
Aileron, 19.
Aimant, 57, 88.
Aimer quelqu'un , 26.
Air serein. 15, 20.
Air chaud, 12.
Air froid, 39, 55.
Ajourné, 86.
Ajournement, 6, 11, 24.
Ajustement, 5, 75.
Alambic, 8, 42.
Alambiquer, 77.
Alarmes, 5, 33.

Albâtre, 57, 88.
Alchimie, 77.
Alcove, 48.
Alégresse et joie, 49.
Alêne, 22, 37.
Alènes, 22, 37.
Alènier, 9, 17.
Alentir, 9, 45.
Alenti, 10.
Algue, 20.
Aliment, 39, 90.
Allaiter, 13.
Allèchement, 9.
Allée d'arbres, 74, 77.
Allée ou avenue, 61.
Allemand, 17, 72.
Allemandes, 75, 79.
Allumer le feu, 8.
Allumer la chandelle,
15.
Allumettes, 24, 80.
Almanach, 60.
Aloës, 75.
Alôse, poisson, 6, 29.
Alouettes, 80, 83.
Aloyau, 39.
Alpes, 20.
Altération, 3.
Alun de roche, 29.
Amadou, 16.
Amandes douces, 9.
Amandes amères, 17.
Amans et amantes fidè-
les, 55, 62.
Amans et amantes in-
fidèles, 14, 41.
Amaranthes, 5, 15.
Amasser de l'argent ou
du bien, 17, 42.
Amandier, arbre, 85.

Amazone, 10.
Amas de feuilles, 85.
--- de bois, 27.
--- de pierres, 18.
Amas quelconque, 26, 62, 84.
Amateur, 25, 44.
Ambassade, 48.
Ambassadeur, 38.
Ambassadeurs, 19.
Ambassadrice, 19.
Ambe, rêver de gagner un ambe, 17, 42.
Ambigu, 55.
Ambitieux, 84.
Ambition, 89.
Ambitionner quelque chose, 44, 81.
Ambre, 4, 51, 75.
Ambrette, 57.
Ambroisie, 49.
Ambulant, 17, 71.
Ame et âmes, 80.
Amélioration, 85.
Amende pécuniaire, 5.
Amende honorable, 45.
Amertume, 45.
Améthyste, 15.
Ami et amie, 1, 11.
Amie, 65.
Amies, 36.
Amicalement, 86.
Amidon, 4, 7.
Aminci, amincie, 11.
Amitié, 17.
Amitié refaite, 17.
Amnistie, 1.
Amorce, 20, 84.
Amorcer, 74.
Amortir, 39, 88.

Amortissement, 77.
Amour et faire l'amour, 2, 20, 32.
Amoureux et amoureuses, 32, 33, 49.
Amphithéatre, 55.
Amphibie, 33.
Amplifier, 85.
Amplification, 72.
Ampoules, 21, 65.
Amusement, s'amuser, 53.
An, année, 67.
Analogues, 20, 54.
Analyser ou analyse, 9, 11.
Analyste, 60.
Ananas, 62.
Anatomie, 12.
Anchois, 41.
Ancre de vaisseau, 58.
Andouillettes, 12, 35.
Anéantissement quelconque, 18.
Anémone, fleur, 11.
Ane, ânesse, 16, 23, 64.
Anes, ânesses, 9, 26, 67, 43.
Annexer, 39.
Ange et anges, 3.
Angélique, 40.
Angle, 2, 24.
Anglais, 5, 16.
Anglaise, 5, 64.
Angoisse, 5, 25, 50.
Anguille et anguilles, 5, 50, 55, 75.
Anguille daus l'eau, 50.
Anguillier, 60.
Animal botté, 3.

Animal quelconque, 22.
Animale, 26, 44.
Animer, 34.
Animosité, 55.
Anis, 10, 30.
Anis confits, 50.
Anicroche, 39.
Anneau ou bague, 26.
Anneaux, 10, 19.
Annales, 31.
Anneler, 38.
Annelé, 14.
Anniversaire, 35.
Annonce, 54.
Annoncer, 52.
Annonciade, 25.
Annonciation, 1, 27.
Annonciateur, 14, 41.
Annotateur, 41.
Annotation, 25, 52.
Annoter, 19.
Annuellement, 13, 31.
Annuler, 54.
Anoblir, 2, 42.
Anobli, 14.
Anoblissement, 72.
Anonyme, 26.
Antagoniste, 87.
Anspessade, 13.
Antécesseur, 60.
Antechrist, 40.
Antérieur, 44, 67.
Antichambre, 26.
Anticabinet, 82.
Anticiper, 54.
Antichrétien, 2, 24, 52.
Anticipation, 74.
Antidate, 25, 52.
Antidater, 3, 25, 90.
Antidaté, 9, 17.

Antidote, 4, 65.
Antienne, 35.
Antimoine, 25, 71.
Antipape, 18, 41.
Antipathie, 31.
Antipodes, 37.
Antiquaire, 6.
Antiquité, 10.
Antre, caverne, 2, 10.
Anus, 39.
Août, 54, 78.
Apanage, 43.
Apparentée, 6.
Appartement sans meubles, 18, 61.
Appartement, 3, 7.
Apennin, 72, 78.
Api, pomme, 12, 24.
A plomb, 34, 86.
Apologie, 3, 89.
Apoplexie, 71.
Apostasie, 70, 80.
Apostasier, 56.
Apostat, 61.
Aposthème, 56, 79.
Aposter, 22, 35.
Apostille, 14.
Apothicaire et sa boutique, 36, 48.
Apôtres, 16.
Apaiser, 24.
Apaisé, 18, 74.
Apparat, 48.
Appareil, 6, 12, 24.
Appareiller, 10, 34.
Appareillé, 9, 25.
Appareillement, 1, 50.
Appareilleuse, 84.
Apparence, 12, 34.
Appariteur, 17, 45.

3

apparition, 31 , 41.
appas, 5 , 19.
appauvrir, 64, 80.
appauvri, 64.
appeau d'oiseau, 44.
appel, 19 , 38.
appelant, 19, 57.
appeler, 13 , 55.
appeler les oiseaux, 33.
apercevoir des fantô-
    mes dans la nuit, 27.
appesantir, 6 , 60.
appétit, 60.
avoir appétit, 44, 81.
aplanir, 11, 20.
aplanisseur. 19 , 29.
aplatir, 1, 15 , 35.
applaudir, 12, 44.
applaudissement, 19, 43.
application, 68. 79.
appliquer, 80.
appointement, 18.
appréciateur, 22, 40.
appréciation, 1, 64.
apprécier, 25.
appréhender, 54, 60.
appréhensif, 1, 13, 20.
appréhensoin, 17 , 34,
    68.
apprendre par cœur,
    10, 21, 30.
apprenti, 16.
apprentissage quelcon-
    que, 45, 82.
apprêt, 4, 42, 89.
apprêter, 57, 89.
apprêter quelque chose,
    89 , 90.
apprêté, 29, 64.
apprivoiser, 18, 45.

approcher et approche,
    24, 40.
approbation, 10.
approfondir, 2, 60.
approprier, 7, 40.
approprié, 40.
approuver, 61.
approuvé, 52.
appui, 1.
appuyer, 11, 19.
après-dînée, 46, 47.
après-soupé, 89, 90.
aquilon, 25, 51.
aquatique : 7, 8.
aqueduc, 51.
aqueux, 7, 30.
acquisition, 19.
acquiescer, 7, 30.
araignée, 9, 30, 34.
arapède, poisson, 60.
arbalète, 21, 58, 75.
arbitrage, 38, 85.
arbitre, 3, 7.
arbitraire, 39.
arbitrer, 52, 83.
arbousier, arbre, 58.
arbre et arbres, 10, 40,
    65.
arbres en fleur, 31, 81.
arbres touffus, 88.
arbres chargés de fruits,
    14, 83.
arbres-feuillés, 46, 72.
arbres secs, 29.
arbres verts, 19.
arbres quelc. 6, 11.
arbrisseaux, 27, 65.
arc ou arbalète, 23,
    39, 53.
arc-boutant, 20, 40.

(19)

arcade, 53.
arc-en-ciel, 43, 45.
archal, fil, 28.
archange, 19.
arche, 13, 53.
archer ou archers,
archet de violon, 75.
archevêché, 30.
archevêque, 60.
archidiacre, 25, 52.
archiduc, 78.
archiduchesse, 32, 62.
archiprêtre, 85.
archive, 77.
archiviste, 38.
architrave, 72.
architecture, 77.
architecte, 1, 29.
arçon, 15, 30.
ardent, 17.
ardeur, 35, 40.
ardoise, 63.
arène, 6, 12.
argent monnoyé, 44, 65.
argent métal, 71, 90.
argenterie, 18, 63, 90.
argent vif, 64.
argentier, 18, 63, 90.
argile, 28, 66.
argue, 39, 66.
argument, 10.
argumenter avec quelqu'un, 77, 85.
aride, 16, 74, 82.
arithméticien, 67, 69.
arithméticiens, 8, 14.
arithméticienne, 15.
arithméticiennes, 19, 32.
arlequin et scapin, 11.

armateur, 43.
armes, 83.
armement, 35, 40.
armée nombreuse, 29, 88.
armer, 17.
armure, 48.
armes ou armoiries, 49, 61.
armes quelconques, 63.
armoire pleine d'effets, 55.
arménien, 69.
arne, fleur, 20.
aromate, 16.
aromatique, 18.
aromatiser, 35.
arpent, 4, 42.
arpentage, 1,
arpenter, 28, 39, 66.
arpenteur, 39.
arquebuse, 37.
arquebusier, 28, 34.
arquebusiers, 34, 67.
arracher, 17, 40.
arracheur de dents, 37, 73.
arranger, 64.
arrangé, 49.
arrentement, 1, 12.
arrenter, 7, 14.
arrérages, 8, 16.
arrêt, 5, 15.
arrêté, 40.
arrêter quelqu'un, 59.
— des points, 3, 27.
— des comptés, 21, 48.
— des personnes, 11, 19.
— des bêtes, 43.

arrête de poissons , 83.
arrhes, 20, 67.
arrhes données, 5, 25.
arrière-boutique , 43.
arrière-cour, 6
arrière corps, 25, 39.
arrière-faix , 75.
arrière-fermisr, 17, 71.
arrière-fief, 1, 45.
arrière-garde , 73.
arrière-main , 44.
arrière-neveu, 3.
arrière-nièce , 72, 80.
arrière-petit-fils, 7, 14.
arrière-petite-fille , 84.
arrière-point, 34, 86.
arrière-saison , 3, 8,
arrière-vassal , 83.
arrivée, 16.
arrogant, 17, 70.
arrondir, 12, 45.
arrosement, 2, 61.
arroser et arrosoir, 7,
　10.
arroseur, 22.
arts quelconques, 41.
arsenal, 46, 51.
arsenic , 12.
artichaux ; 45, 57, 88,
article , 28.
articulation, 10.
articuler, 15, 21,
artifice, 62.
artificiel , 85.
artificieux , 21, 29.
artilleur, 37.
artillerie, 18.
artimón, 51.
artisan, 17.
artiste et artistes ; 81.

ascendant, 51.
ascension, 5, 70.
aspect, 7, 65.
asperges, 57, 68.
aspersoir, 8, 10.
aspersion d'eau bénite ,
　68.
aspic , 87.
aspirant, 2, 12.
aspiration , 14, 60.
apre, 17, 50.
apreté , 60.
assaillir , 26.
assailli , 12.
assaisonnement , 53 ,
　88, 89.
assaisonné, 88.
assassin et assassins ,
　73, 78.
assassiner quelqu'un ,
　32, 58.
assant, 25 ; 90.
assemblage, 16, 18, 54.
assemblée, 22, 34, 44.
s'assembler, 15, 28.
assesseur, 88.
assiduité, 37.
assiéger et siège , 74.
assiégé, 23.
assiégeant, 3, 29.
assiette, 15, 52, 70.
assigner et assignation ,
　6, 18, 24.
assigné et assigner, 11,
　76.
assise, 81.
assistance, 34.
assistant ; 49.
assister, 1. 5.
association, 8.

associé, 2, 11, 21.
assommer, 14, 47.
assomption, 57.
assortiment, 61.
assortir, 64.
assortie, 45.
assoupir, 1, 81.
assoupissement, 24,
assourdir, 38.
assourdi, 38, 64.
assouvir, 78.
assouvie, 11.
assujettir, 10.
assujetti, 3, 63.
assurer, 7, 49.
assuré, 49.
assurance, 11, 79.
asthme, 69.
asthmatique, 1, 52.
astre, 11.
astrologie, 81.
astrologue, 46, 69, 72.
astrologuer, 82.
astronome, 69, 82.
astronomie, 17, 80.
astronomique. 72.
athée, 44, 69.
athéisme, 60, 69.
athlète, 14.
atmosphère, 42.
attirer, 20.
attiré, 70.
atome, 5, 20.
à tort et à travers, 45.
atour, 27.
atrabilaire, 3, 73.
atrabile, 68.
attacher et attache, 2,
53, 37, 69.
attachement, 18, 48.

attaquer et attaque. 22,
55, 70.
attaque, 22, 55, 40.
attaquer, 69, 70.
atteindre, 3.
atteinte, 2.
attelage, 7, 11.
atteler, 2, 54.
atelier, 2, 80.
attendre, 20.
attendu, 70.
attendue, 70.
attendrir, 3, 63.
attendri, 25.
attendrie, 25.
attentat, 69, 70.
attention, 6.
attester, 15.
attiédir, 40.
attirail, 25.
attirail d'homme, 15,
51.
attirail de femme, 52.
attirer, 5, 45.
attiser, 27.
attiseur, 36.
attiseuse, 45.
attisonnement, 5, 80.
attouchemens honnêtes,
3, 17, 80.
attouchemens déshonnê-
tes, 17, 71.
attractif, 73,
attraction, 13, 24.
attraits, 1, 19.
attraper, 44, 90.
attrapé, 1, 17, 40.
attrape, 8, 39.
attrayant, 89,
attribuer, 11.

attribué, 11, 55, 70.
attrister, 44, 79.
attristé, 44, 64.
attrition, 2, 35, 37.
attrouper, 25, 34, 52.
s'attrouper, 34, 58.
attroupé, 34, 52.
attroupement, 16, 18.
aubade, 7.
aube de prêtre, 40, 88.
aube, aurore, 2, 88.
aubépin, 40.
aubépine fleurie, 3, 25, 36.
auberge, 36, 80.
auberges, fruits, 9.
aubergine, plante, 11.
aubergiste, 5, 24, 45.
aubergistes, 36, 76.
audace, 2.
audacieux, 1, 4, 56.
audacieusement, 25, 36.
audience, 17.
auditeur, 11.
audition, 55.
auditoire, 10, 20.
auge, 72.
auget, 8, 14.
augmentation, 57.
augmentation de commerce, 11, 31.
augure et prédiction, 39.
auguré bon, 35, 48.
— mauvais, 72, 89.
augustins, 78.
augustins déchaussés, 84.
aumône et aumônier, 17, 70.
aumusse, 3, 14, 25.

aunage, 24.
aune, 12, 40.
auner, 71.
auneur, 69, 71, 80.
aurore, 32, 53.
avaler quelque chose, 14, 47.
avalé, 3, 64.
avance, 1, 90.
avancement, 59, 90.
avanie, 19, 29, 45.
avantage, 11, 19, 31.
avare, 81, 90.
avaricieux, 1, 18, 72.
avarice, 22, 85.
avent, 31.
aventure, bonne aventure, 22.
aversion, 19, 29.
avoir de l'aversion pour quelqu'un, 17, 41.
aveugle et aveugles, 21, 46.
aveuglement, 23, 56.
aveugler, 2, 35, 38.
aveuglé, 69, 71.
avide, 2, 17, 25.
avidité, 13, 57.
avilir, 5, 75.
avilissement, 17, 27.
averne, lac, 8, 14.
avocat, 28, 31.
avoine, 20.
avoir peur, 67.
avoir quelque chose, 10.
avoisiner, 1, 41.
avorter, 5, 55.
avorton, 53, 69.
avortement, 28.

avril, 5, 30.
augment, 45.
augmentation, 75.
augmenter, 90.
austère, 29.
austérité, 30.
auspice, 39.
austèrement, 28.
austral, 22, 87.
autel et autels, 37, 86.
auteur, 88.
authentique, 45, 61.
authentiquement, 22,
   39.
automate, 19.
automne, 15.

autorisation, 39.
autoriser, 9, 27, 36.
autorité, 8, 24.
autruche, 25, 38.
auvent, 6. 56.
auvernat, 20.
asile, 36, 39.
avoué, 53.
axe, 78.
axiôme, 18, 54.
aïeul et aïeux, 52, 88.
azédarac, arbre, 1, 90.
azur, 16, 35.
azuré, 5, 25.
azurer, 3, 15.
azyme, 30., 64.

B

Babillards, 17, 25.
Babillarde, 48.
Babil, 59, 80.
Babiller, 80, 90.
Babioles, 72.
Babouiu ou berrant, 47.
Bacalat, poisson, 77.
Bacchante, 59.
Bacchanales, 30.
Bacchus, 51.
Bacha, 70.
Bachelier, 50, 73.
Baccalauréat, 19.
Badaud, 16.
Badauder, 1, 25.
Badaudage, 67, 71.
Badin, 21.
Badinage et Badiner, 14,
   31, 47.

Badiner avec le chien,
   21.
Badiner avec le chat, 3.
Bagage, 57, 61.
Bagatelle, 18.
Bagasse, 38, 77.
Bague, 10, 26, 63.
Baguette, 1, 40.
Bagnetter, 2, 54.
Baguer, 17.
Balbutier, 6, 20.
Bain, prendre des bains,
   16, 61.
Baigner, 32, 55.
Baigneur, 74, 83.
Baigneuse, 70.
Baignoire, 76.
Bail, 14, 75.
Bâillement, 83, 90.

Bâiller, 4, 32.
Bâilleur, 55.
Bâilleuse, 5, 54.
Bailliage, 19, 34.
Bailli, 38, 83.
Bâillon, 79.
Bain, 16.
Bain-marie, 17, 81.
Baïonnette de soldat, 9.
Baisemain, 38, 83.
Baiser et baisé, 31.
Baiseur, 44.
Baiseuse, 76.
Baisser, 4, 17.
Baissé, 38.
Bal et ballet, 27, 72.
Bal paré, 17, 50, 87.
— masqué, 51. 57, 79.
Baladin, 46.
Baladine, 59.
Baladins de théâtre, 19.
Baladines, 3, 17, 42.
Balafre et balafré, 43, 54.
Balafrer, 49.
Balances, 57, 73.
Balances à crochet, 33.
Balancer, 19, 28.
se Balancer, 27, 72.
Balancement, 50.
Balancier, 60.
Balancier de montre, 20.
Balanciers quelconques, 82.
Balai, 31, 39.
Balayer, 7, 86.
Balayeur, 11.
Balayeuse, 33.
Balcon, 11, 50.

Balcon avec les dames, 4, 43.
Baldaquin, 16.
Baleine, 49, 83.
Balivernes, 85.
Balivernes, (dire des) 38.
Balle, 18.
Balles et y jouer, 3, 18.
Ballon, 10, 50.
Ballonnier, 40, 67.
Ballot, 18.
Ballotte, 55.
Ballotter, 31, 42.
Balourd, 1, 59.
Balustrade, 60.
Bamboches, 57.
Ban, 80.
Banc, 41.
Banc à se mettre à genoux, 15.
Bancroche, 3, 30.
Bandes d'archers de jour, 24.
— de nuit, 2, 56.
Bandage, 31, 68.
Bandes, 44.
Bande d'enfant, 41.
Bandes d'enfans, 15.
Bandes de chevaux, 20.
Bande pour lier, 44.
Bande pour saigner, 82.
Bandes quelc., 10, 15.
Baudeau, 34.
Bandelette, 62, 80.
Bander, 36.
Bander un arc, 13.
Banderole, 49.
Bandit, 56.
Bandière, 16, 61.

Bandoulière, 54.
Banlieue, 45, 54.
Bannal, 83.
Banne, 50.
Bannière, 26, 62.
Banni, 56.
Bannie, 17, 71.
Bannissement, 14.
Banque, 1, 34.
Banqueroute, 26, 62.
Banqueroutier, 15, 25.
Banquet, 1, 12.
Banquette, 19.
Banquier, 24, 42, 55.
Baptême, 13, 31.
Baptiser, 34, 84.
Baptisé, 11, 45.
Baptistaire, 33, 72.
Baragouin, 80.
Baragouiner, 90.
Baraque, 77.
Baratte, 27, 72.
Barbare, 5, 80.
Barbares, 7, 65.
Barbe, 21, 29.
Barbe de capucin, 25.
Barbe faite, 37.
Barbe longue, 1, 43.
Barbe courte, 11, 23.
Barbe grise, 14.
Barbe, poisson, 14.
Barbet, 21.
Barbeau 17, 80.
Barbier, 14, 21, 31, 45.
Barbiers, 31.
Barbière, 12, 24.
Barboter, 1, 60.
Barboteur ou canard
    privé, 77, 79.
Barbotine 2, 19, 39.

Barbouillages, 25, 50.
Barbouiller, 3.
Barbouilleur, 49.
Barbouilleuse, 6, 70.
Barbu, 5.
Barde de cheval, 12.
Bardeur, 11, 49.
Bardeuse, 9, 29.
Barder, 7.
Bardeau, 22, 89.
Baril et barils, 14, 33.
Barillet, 32, 73.
Barrique, 5, 80.
Bariolage, 57.
Baromètre, 40.
Baron et baronne, 17,
    18.
Barons, 71, 88.
Baronnes, 13, 37.
Baronnie, 8.
Barque, 11, 88.
Barques plates, 15, 45,
    70.
Barquerolle, 19, 55.
Barquerolles, 2, 18.
Barrage, 10, 72.
Barrager, 5, 52.
Barracan, étoffe, 51.
Barre, 29.
Barres et y jouer, 51.
Barres quelconq., 25, 77.
Barreaux quelconp., 57.
Barricade, 81, 90.
Barricader, 1, 68.
se Barricader, 1, 13.
Barrière de fer, 57.
Barrière de bois, 75.
Barrières quelconques,
    19.
Barravelle, 35.

Basalte, marbre, 40.
Bas, basse, inférieur, inférieure, 16.
Bas, 29.
Bas de soie, 7, 28, 82.
Bas de coton, 9, 19, 90.
—de fil, 1, 47.
— de laine, 13, 31.
— de fleuret, 82.
— de peau, 10, 40.
Bas en musique, 54, 73.
Bas quelconques, 1, 20, 42, 76.
Basane, 36, 42.
Basané, 14, 41.
Base, 10.
Bascule, 1, 40.
Basilic, 87.
Basilic, serpent, 8, 78.
Basin, toile de coton, 17, 63.
Basque, 12.
Bassement, 3, 17.
Basse mer, 45.
Bassesse, 40, 80.
Basset, chien, 50.
Bassette, 20, 39.
Bassin, bassiner, 1, 11, 25.
Bassine, 3, 22, 54.
Bassinet d'arme à feu, 31, 76.
Bassiné, 43.
Bassinoire, 36, 80.
Basson, 16, 88.
Basson, instrument de musique, 88.
Bastille, 88.
Bastonnade, 20.
Bastion, 4, 11, 19.

Bât de mulet, 14, 69, 51.
Bât quelconque, 51, 69.
Bâtard, 12.
Bâtarde, 26, 76, 77.
Bâtardeau, 67, 83.
Bâtardise, 30, 8.
Bataille, 29, 76, 82.
Batailles, 26.
Bataille navale, 29.
Battant de cloche, 25.
Batte, 12.
Bateau, 76.
Batelier, 17, 50, 60.
Bateliers, 26.
Batelière, 13, 31.
Batelières, 77, 90.
Bateleur, 17, 50, 60.
Bâter, 17.
Bâtier, 12, 50, 60.
Bâtimens, 5.
Bâtiment en mer, 53.
Bâtir, 1, 25, 50.
Bâti, 15, 47.
Batifoler, 60, 71.
Batillon, 79, 81.
Bâtisseur, 26, 62.
Bâton, 36.
Bâton à rouler la pâte, 1, 9.
Bâtonnier d'église, 4.
Battage, 4, 40.
Batteur d'or, 38, 74, 87.
Batteuse d'or, 54.
Batteur de blé, 7, 51.
Batteries quelconques, 66.
Battoir, 17, 40.
Battre 19.
Battre monnaie, 3, 19, 80.

Battre en duel, 14.
Battu, 25, 52.
Baudrier, 1, 25.
Bavardage, 90.
Bavaroises, 18.
Bave, 2, 50.
Baver, 9, 90.
Bavette de tablier, 49.
Baveur, 20, 34.
Baveuse, 60.
Baume, 52, 50.
Baumier, arbre, 12, 21.
Bavolet, 1, 9.
Bai, 87.
Baie, graine de cyprès, 80.
— de chêne, 83.
— de genièvre, 87.
Bayer, 89, 90.
Bayette, 79.
Bazoche, 37.
Béatilles frites, 81.
Beau, 14, 41.
Béant, 7, 19.
Beaucoup de monde, 30.
Beaucoup de monde à genoux, 30, 90.
— du bruit, 15, 27.
— d'animaux quelconques, 3, 82.
— d'argent, 17, 87.
— de neige, 39, 44.
— de blé, 76.
Beau-fils, 34, 56.
Beau-frère, 9.
Beau-père, 82.
Beau temps, 30.
Beau visage, 59.
Beauté, 14.
Bec d'oiseau, 70.

Bec-figue, 25.
Becasse, 73.
becassines, 71.
bèche, bateau, 3.
bèche, 29.
bécher, 81.
bedaine, 26.
bedeau, suisse.
bedeau d'académie, 32, 50.
bedon, 18.
bée, 7.
beffroi, 55.
bégaiement, 48.
bégayer, 41.
bègue, 35, 89.
bégueule, 17, 42, 84.
béguins, 41, 60.
béguine, 33, 45.
béguinage, 33.
helette, 10, 40.
belier, 5.
belière, 60.
belître, 18, 81.
belle, 6, 50, 45.
belle-fille, 19, 40.
belle-mère, 34.
belle-sœur, 19.
belle rue, 59.
belouse de billard, 14.
belle vue, 60.
belette, 19.
belvéder, 45.
benêt, 11, 30.
bénédiction quelconque, 22, 30.
bénédicité, 70.
bénéfice, 66.
bénéficier, 33, 55.
bénitier, 15.

bêler, 24, 42.
bénin, 20, 40, 59.
bénignité, 72, 80.
bénir, 86.
bénite, 24.
béquille, 77, 85.
berceau, 88, 90.
berceau de verdure, 8.
bercer, 44.
bergamote, 43.
bergamotes, 69, 72.
berger, 4, 57, 82.
berger avec ses moutons, 57.
bergère, 7, 29.
bergerie, 4, 12, 57.
bergeronnette, 79.
beril, pierre fine, 10.
brelant, 19.
berline, 37.
berlingot, 22, 84.
berner, 61.
berneur, 11.
besace, 9, 29.
besace de moine, 25.
besacier, 88.
besaiguë, 11, 36.
besicles, 30, 88.
besogne, 55.
besogner, 10, 36.
besoin, 78.
besson, 88.
bessonne, 11.
bestialité, 65.
bestiole, 36.
bestiaux, 90.
bétail, 49.
bête, 33.
bêtes sauvages, 55.
bête fauve, 40.

bêtes à cent pattes, 55.
bêtes quelconques, 20, 30.
bêtise, 15, 21.
bétoine, 2.
betteraves, 35.
bœuf, 54.
bœuf en furie, 56.
bœufs qui dorment, 54.
— qui mangent, 11, 14.
— noirs, 14, 63.
— blancs, 14, 64.
— rouges, 17.
— furieux, 59.
— marins, 87.
— qui mugissent, 11.
— noirs et blancs, 64.
— gras, 18.
— maigres, 7.
bétoine, 41, 49.
beuglement, ou mugissement, 88.
beugler, 11, 64.
beurre, 31, 64.
beurré, 7.
beurrière, 16, 61.
beurrier, 27.
bévue, 33.
bézoard, 49, 58.
biais, 1.
biaiser, 42, 72.
biberon, 53.
bible, 35, 53.
bibliographe, 20.
bibliothécaire, 83.
bibliothèque, 11.
biche et biches, 50, 60, 81.
bichet, mesure, 88.
bichette, 72.

bichon, 4.
bicoque, 44.
bidet, 15, 51, 80.
bidon, 22.
bien à la maison, 17, 46.
bien, 41, 81.
bien dire, 4, 48, 54.
bien faire, 7, 36.
bienfaiteur, 62, 89.
bienfaitrice, 16, 61.
bienfaisant, 3, 11.
bienheureux, 23, 41.
bienheureuse, 66.
bienséance, 2.
bienséant, 13.
bienveillance, 17, 43.
bienveillant, 1, 12.
bienvenu, 46.
bien traité, 16, 48.
bien requinqué, 15, 75.
bière de mort, 46, 66.
bière, boisson, 4, 6.
bière mousseuse, 35, 17, 66.
biffer, 5.
biffé, 19.
bigame, 21.
bigamie, 32, 64.
bigarreau, cerise, 82, 88.
bigarade, grosse orange, 33.
bigarré, 72.
bigarrure, 1, 64.
bigne, tumeur, 16.
bigorne, 9, 19.
bigot, 63, 66.
bigote, 35, 43.
bigoterie, 60, 80.
bijou, 52.

bijouterie, 60.
bijoutier, 69.
bijoux pour le col, 45.
bijoux quelconques, 42.
bilboquet et y jouer, 78.
bile, 5.
bilieux, 12, 22.
billard, jeu, 8, 18.
billarder, 8.
bille à jouer, 18.
billet, ou passe-port, 13, 62.
billet, promesse, 70.
billet de loterie, 9.
billet de rendez-vous, 18.
billet doux, 1, 66.
billet à ordre, 7.
billet de banque, 46.
billets quelconques, 15, 52.
billon, 10.
billonneur, 55.
billonner, 80.
billot, 4.
biner, 28.
binet, 79.
bis, 2, 17.
bisaïeul, 79.
bisaïeule, 32.
biscornu, 5, 55.
biscotins, 52.
biscuits de café, 16.
biscuits de galère, 12.
bise, 12, 41.
biseau, 1.
bisette, 75.
bissac, 31.
bissextile, 89.
bistoquet, 3.

bistre, 50.
bitume, 90.
bitumineux, 49.
bivoie, 51.
bivouac, 76.
bivouac et y jouer, 78.
bizarre, 1, 20.
bizarrerie, 29.
blaireau, 9.
blâme, 3.
blâmer, 16.
blanc, blanche, 10, 26.
blanchâtre, 21.
blancherie, 79.
blanchisseur, 7, 16.
blanchisseuse, 27, 45.
blanchisseuse qui lave, 44.
blanchir, 15.
blanchissage, 10.
blanque et y jouer, 78.
blanquette, 19.
blason, 88.
blasphémer, 18.
blasphémateur, 83.
blasphème, 80.
blé (de toute sorte), 14, 76, 77.
blême, 13.
blêmir, 7.
blettes, 16.
blesser, 71.
blessé, 75.
blessure, 12.
bleu, 20.
bleu quelconque, 7, 68.
bloc, 11.
blocus, 81.
blond et blonde, 33, 79.
blondir, 45.

blondin, 38.
blondine, 18.
blondir, 3.
bloquer, 85.
blosses, prunelles, 11, 41, 56.
bluet, fleur, 6.
bluette, étincelle, 19.
bluteau, 14.
bluter, 57, 59.
bobiner, 64.
bobines, 25, 52.
bocage, 33.
bocal, 33.
bohémien, 26, 64.
bohémienne qui tire l'horoscope, 26.
boucan, 17.
boîte d'hosties, 14.
boîte à mouches, 44.
boîte d'or, 74.
— avec le miroir, 78, 89.
boîte d'argent, 55.
boîte de cuivre, 23.
boîte de fer-blanc, 13.
boîte à diamant, 20, 41.
boîte d'ivoire, 34.
boîte d'odeur, 35.
boîte de baume, 55.
boîte aux lettres, 15.
boîtes quelconques, 58.
boyaux, 44.
boire, 77, 82.
boire, (verser à) 58.
boire du vin, 33.
boire de l'eau, 90.
boire des liqueurs, 51.
boire à la santé, 67, 70.
boire à la fontaine, 21.

boire à la rivière, 6.
bois, forêt, 54, 59, 69.
bois, 24, 42.
bois entassé, 87.
boiser, 13, 49.
boisé, 72.
boiserie, 1, 18.
boisseau, 45.
boisson, 42.
boiter, 17, 42, 81.
boiteux, 14, 41.
boiteuses, 14, 48, 90.
bol ou bolus, 15.
bombance, 24, 48.
bombarde, 28.
bombardier, 28, 82.
bombe, 19, 43.
bonbons, 19.
bonne augure, 17, 73.
bonasse, 42, 90.
bonne grâce, 3, 15.
bonne fortune, 20, 86.
bonne nouvelle, 3, 54.
bonnes nouvelles, 1, 45.
bon ménage, 15, 40.
bond, 25, 38.
bonde, 54.
bondir, 17, 52.
bondissement, 1, 18.
bondon, 90.
bonheur, 4, 83.
bonheur quelconque, 15,
    31, 55.
bonifier, 15.
bonnet, 1.
— carré, 39, 63.
— de nuit, 21.
— de pape, 76.
— de cardinal, 71.
— de dames, 8.

bonnets quelconques, 9,
    63.
bonneterie, 10, 42.
bonnetier, 87.
bonté, 19.
Lord, 28.
bord de chapeaux, 59.
bords quelconques, 58,
    53.
bordel, 3, 5, 81.
border, 7, 29.
bordereau, 3, 17, 41.
bordures quelconques,
    65.
borgne, 89.
borgnesse, 5, 35.
bornage, 56, 57.
borne, 34, 47.
bosquet, 54, 59.
bosse, 1, 5, 35, 45.
bossu, 34, 47, 56.
bossus, 34, 56.
bossue, 46, 56.
botanique, 23, 37.
bottes pour les jambes,
    57.
botte de foin, 45, 84.
botte de vin, 45.
botteleur, 52, 72.
bottine, 57, 83.
bouc, 17, 63.
boucassin, 20, 40.
bouche, 8, 80.
boucher, 18, 23, 61.
bouchère, 53.
boucherie, 60, 75.
boucheries, 1, 75.
bouchons quelconques,
    11.
boucles, 3.

boucles d'oreilles, 52.
boucles à diamant, 71, 73.
boucles quelconq. 61.
boucler, 5, 55.
bouclier, 3, 44, 60.
bouder, 14.
bouderie, 41, 72.
boudeur, 7, 28.
boudeuse, 10, 31.
boudin, 20.
boudinière, 14, 47.
boudoir, 1, 20.
boueux, boneuse, 53.
bouffer, 49.
bouffir, 82, 87.
bouffi, 43, 62.
bouffon, 41.
bouffonner, 31, 60.
bouffonnerie, 25, 52.
bougeoir, 58.
bougies, 17, 51.
bougier, 81.
bourrache, 36.
bougran, 37, 73.
bougre, 11, 29.
bouillant, 53.
bouillies quelconques, 67.
bouilli, 50, 52.
bouillon, 1, 10.
bouillonner, 74.
boulanger, 6, 20, 88.
boulangère, 59.
boules, 37, 73.
boulet, 58, 88.
boulevart, 36.
bouleversement, 1, 51.
bouleverser, 90.
bouleversé, 70, 87.

bouquet, 5, 16, 61.
bouquet de fleurs natu- relles, 5, 81.
bouquet de fleurs artifi- cielles, 17, 50.
bouquetier, 44.
bouquetière, 50, 62.
bouquetin, 1, 9.
bourrasque, 49.
bourbe, 28, 66.
bourbeux, 18, 81.
bourbier, 3, 40.
bourdon, insecte, 41.
bourdon, 33, 78.
bourdonnement, 85.
bourdonner, 11, 39.
bourg, 7, 27.
bourgade, 79.
bourgeois, 55.
bourgeoise, 26, 62.
bourgeoisement, 10.
bourgeon, 11, 30.
bourgeonner, 1, 50.
bourgmestre, 75.
bourrelle, 36.
bourrelé, 13, 31.
bourreler, 6, 29.
bourrelier, 45.
bourre de chanvre ou de lin, 12, 23.
bourre de soie, 2.
— de laine, 82.
bourrer, 17, 72.
bourreau, 1, 4.
— qui donne la question, 80.
— qui pend quelqu'un, 39, 71.
— qui fouette et marque, 39, 53.

bourreau qui rompt les os, 39, 48.

— qui guillotine, 30.

bourrelet, 11, 57.

bourrique, 18, 89.

bourru, 3.

bourrue, 5 .

bourse à cheveux, 2.

bourse brodée en or, 2. 13, 15.

bourse brodée en soie. 13, 49.

bourse ou cachet, 14.

bourses quelconques, 2, 22, 44.

bouse, fiente, 78.

bousiller, 12.

bousillon.

boussole, 58, 85.

boutade, 83.

boutasse, 44, 47.

boute-feu, 90.

boute-selle, 10.

bouteilles, 17, 50, 60.

bouteilles de vin blanc, 72.

— d'Alicante, 54.

— de Bourgogne, 20.

— de Champagne, 10.

— de Condrieu, 18.

— muscat, 64.

— rouge, 35.

boutique, 35, 90.

— de perruquier, 1.

— de boulanger, 88.

— d'épicier, 36.

— de cabaretier, 20.

boutiques quelconques, 4, 17.

boutons, 5, 81.

boutons brodés, en or. 81, 90.

— en argent, 77, 79.

— en soie, 64, 68.

boutons d'or. 35.

— d'argent, 19.

— de poil de chèvre. 45.

— de cuivre, 54.

— d'os, 12.

boutons quelconques, 64, 78, 80.

boutons sur la peau, 4.

boutonnières en or, 1. 29.

— en argent, 13, 31.

— en soie, 2, 49.

boutonnier, 85.

boutonnière, 85.

boutonné, 2, 43.

boutonner, 11, 84.

boutonnerie, 49.

bouture, 59.

bouvart, 15.

bouverie, 19, 34.

bouvier, 67, 71.

bouvière, 71.

brac, chien, 37.

bracelet, 15, 17.

brailler, 20.

brailleur, 15, 21.

braire, 14, 32, 35.

braise, 3.

braisier, 31.

brancard, 55, 60.

branche d'arbre, 26, 56, 60.

branches, 70.

branchu, 21, 29.

brandebourgs, 17, 80.

brandebourgs d'or, 10 , 3o.
— d'argent, 4o.
— de soie, 5o.
brandiller, 14, 33.
brandilloire, 33.
brandon, 17, 44.
branlant, 5ı.
branle, 5, 8o.
branler, 7, 65.
braquer, 57.
braques, 10.
bras, 18, 73.
brasser, 8.
brassard, 87.
brasse, 14, 69.
brassé, 17, 5o.
brasselet, 27.
brasselets, 7.
brasserie, 12.
brasseuse, 26, 45.
brasseur, 2, 25.
bravade, 53, 88.
brave, 26.
braver, 25, 58.
bravoure, 38. 77.
brebis, 11, 66.
brebis blanches, 2, 12.
brebis noires 13, 47.
brèche 34, 77.
bredouiller, 57.
breiau, jeu, 20.
brelandier, 26.
brelandière, 26.
breloque, 90.
brème, poisson, 47.
brésil, bois, 17.
brette, 15.
bretelle, 5, 83.
bretteur, 14, 21.

bretailler, 55.
bretailleur, 77.
brevets quelconques , 31, 34.
breveter, 12.
bréviaire, 45.
breuvage, 17, 8o.
bricole, 5o, 39.
bricoleur, 14, 31.
bricoler, 17, 29.
brides quelconq., 5, 8o.
brider, 7, 65.
bridé, 86.
bridon, 6.
brigade, 14.
brigades d'archers de nuit, 2, 24, 41.
— d'infanterie, 47.
— de cavalérie 10.
brigades quelconques , 2, 12.
brigadiers quelconques, 14, 69.
brigand, 8.
brigandage, 17, 5o, 81.
brigander, 26, 62.
brigandine, 8.
brigantin, 35, 89.
brignoles, 39, 48, 54.
brignons, 39, 48, 54.
brigue, 36.
briguer, 26, 76.
brillant, 82.
brillante, 25, 58.
briller, 10.
brimbale, bouton pour pomper, 38, 77.
brimborion, 31.
brioche, 55.
brique, 53.

briquet, 50.
briqueter, 17, 63.
briqueterie, 66, 70.
briquetage, 9.
brise-vent, 73, 74.
briser, 90.
brisure, 59.
broc, 34.
brocanter, 8.
brocanteur, 17, 26.
brocard , étoffe or et soie. 20, 30.
brocatelle, 57, 82.
brocoli, choux, 9, 66, 70.
broche, 1, 23.
brocher, 63, 66.
brochet, poisson, 17.
brochette, 20, 32.
brocheur, 19.
brodequin, 32.
brochure, 18, 57.
broder, 11, 90.
brodé, 17.
broderies quelconques , 55.
brodeurs, 19, 29.
brodeuses, 1, 71, 84.
bronchément, 46, 70.
broncher, 49.
bronze, 12, 29.
bronzer, 1, 20.
broquettes, 15. 52.
broussailles, 14, 76.
brosser, 81.
brosse, 50.
brou de noix, 10, 23.
brouettes quelconques , 10, 21.
brouillard, 2, 11, 80.

brouillard, écrit, 3.
brouiller, 2, 59.
brouillé, 7, 59.
brouilleries, 10, 49.
brouillon, 60, 73.
brout quelconque, 35.
brouter, 18.
broutilles, 77.
broyer, 49, 51.
broiement, 61.
broyeur, 8.
broyon, 20.
bru, belle-fille, 19.
brugnon, pêche, 40.
bruyant, 21, 33.
bruyante, 22, 34.
bruyères, 81.
bruine, 36.
bruiner, 46, 52.
bruit, 9, 15.
bruit de bordel, 3, 30.
brûlement, 11.
brûler, 14, 76.
brûlé, brûlée, 41, 90.
brûlot, 33.
brûlure, 15, 25.
brume, 22, 31.
brun, 23.
brunet, 26.
brunette, 31.
brunir, 49.
bruni, 38, 61.
brunisseur, 30, 83.
brunissoir, 1, 21.
brusquement, 55.
brusque, 17, 71.
brusquer, 13, 43.
brutal, 25, 54.
brutalité, 27, 72.
brute, 64.

brute-bonne , poire, 20, 30.
buanderie, 45.
buandière, 66.
bubon, 5, 55.
bûche, 6, 54.
bûcher, 19, 27.
bûcheron, 11, 12.
bucler un porc, 82.
buffet, 76.
buffet d'orgue, 11.
buffe, animal, 14, 64.
buglose, 56.
buisson, 21, 34.
buissonner, 9.
busc, 1, 11.
busquer, 8.
busquière, 6.
bulle, 53.
bulletin, 71.

bullaire, 61.
buraliste, 84.
burate, 89, 90.
buratine, 1, 25.
bure, étoffe, 14, 41.
bureaux quelconques 8, 84.
burettes, 3, 19.
burin, 15, 58.
buriner, 14, 20.
burlesque, 2. 7.
bussard, 20.
buste, 8, 24.
but, 12, 56.
butiner, 7, 60.
butor, butorde, 21.
butte, 35.
butter, 77.
buvettes, 20.
buveurs, 81.

C

CABALES, 33.
Cabaler, 28, 30.
Cabaleur, 3, 74, 81.
Cabane, 2, 60.
Cabaner. 5, 34, 40.
Cabaret, 12, 25.
Cabaretier, 18.
Cabas, 28, 30.
Cabasser, 11, 19, 55.
Cabestan, 44, 60.
Cabinet, 60.
Cables, 8, 55.
Cabochon, 9, 55, 85.
Caboter, 1, 15.
Cabrer, 18, 42.

faire Cabrer un cheval, 11, 22, 72.
Cabri, 1, 7, 27.
Cabrioles, 30, 34.
Cabrioler, 17, 51.
Cabus, choux, 14, 80.
Caca, excrément d'enfant, 2, 90.
Cacao, 7, 73.
Cacher, 23, 41.
Caché, 18, 81, 90.
Cachet, 3, 51.
Cachet volant, 13, 31, 64.
Cacheter, 9, 18.

Cacheté, 44, 76.
Cachot, 12, 66.
Cadastre, 88.
Cadastrer, 70, 85.
Cadavre, 61, 73.
Cadeau, 14, 41.
Cadenas, 89.
Cadence, 1, 12, 20.
Cadencer, 2, 40, 62.
Cadet, 4, 24.
Cadette, 54, 67.
Cadette, pierre autour des maisons, 71, 81.
Cadetter, 35, 58.
Cadis, étoffe de laine, 18.
Cadran, 99.
Cadres, 40.
Cadres de peintures, 55.
Cafard, 17, 49, 60.
Cafe, 73, 86.
Cafetier, 15, 25.
Cafetière, 37, 88.
Cage, 31, 82.
Cages, 61.
Cagot, 55, 69.
Cagote, 11, 27.
Cahot, 13, 31.
Cahier, 88, 90.
Caille, 44, 80.
Cailloux, 41.
Cajoler, 11, 19, 31.
Cajolé, 13, 87.
Cajolerie, 1, 21.
Caisse, 14.
Caisses, 41.
Caisse de cuivre jaune, 12.
Caissier, 52, 62.
Calamine, 11, 18.

Calamité, 20, 42.
Calamiteux, 21, 84.
Calandre, petit insecte noir qui ronge le blé 19.
Calandre, machine, 4, 74.
Calandrier, 28, 82.
Calandreur, 77, 79.
Calandreuse, 1, 26, 62.
Calciner, 6, 70.
Calcul, 11, 43.
Calculer, 15, 51.
Calculateur, 29, 60.
Cale, bonnet pour femme, 81, 88.
Calebasse, fruit, 80, 90.
Calebasse, bouteille faite d'une courge, 7, 23.
calèche, 23.
caleçon, 4, 56.
calfeutrer, 78, 85.
calibre, 11, 17, 62.
calice d'or ou d'argent, 36.
calmant, 14.
calme, 42, 50.
calmer, 17, 51.
calomniateur, 42, 70.
calomniatrice, 19, 29.
calomnie, 58.
calomnier quelqu'un, 9.
calotte, 20, 25.
calottier, 37, 73.
calquer, 1, 9.
calvaire, 4, 84.
calviniste, 82, 90.
calvinisme, 52, 65.

Calus, 26, 38.
Camaïeu, 68, 44.
Camail, 11, 22.
Camarade, 20, 40.
Cambouis, 9, 15.
Camelot, étoffe, 13, 31.
Camerlingue, 56.
Camisard, 1, 20.
Camisole ou pourpoint, 4.
Camion, épingle, 19, 48.
Camp volant, 16, 18, 40.
Camp retranché, 42, 56.
Camp, 14, 25, 41.
Campagne, 9, 29, 65.
Campagne avec un bois, 12, 25.
Campagnard, 23, 32.
Campagnarde, 58, 85.
Campement, 11, 27.
Camphre, 14.
Camisard, 25.
Camisole, 33.
Camus, 26, 60.
Canaille, lie du peuple, 80.
Canal, 25, 53, 61.
Canapé, 18.
Canards, 75.
Canaries, îles, 1, 18, 8L.
Cancer, 7, 47.
Canevas, drap d'or ou fil, 16.
Cancre, poisson, 23, 56.
Candeur, 30, 58.
Canneler, 29, 64.
Cannelé, 8, 33, 37.
Cannelure, 9, 54.

Canevas, 10.
Cangrène, 52, 45, 60.
Caniche, 8.
Canicule, 85, 90.
Canif, 7, 43.
Canne privée, 12, 21.
Cannes de sucre, 15, 69.
Canne ou roseau, 50, 89.
Canne d'Inde, 1, 22.
Canettes, les petits des cannes, 88.
Canettes pour les fabricants et passementiers, 8, 16.
Canons, artillerie, 69, 70.
Canon de fusil, 10, 70.
Canon de pistolet, 12, 21.
Canons quelconques, 5, 50.
Canons et boulets, 10, 43.
Canon, droit canon, 25, 52.
Canon de la messe, 39, 44.
Canonicat, 7, 35.
Canonisation, 11, 72.
Canonier, 18, 90.
Canonner, 1, 27.
Canonnage, 67.
Canonnier, 66, 74.
Canonnière, 80, 90.
Canot, 5, 56.
Cantharide, mouche, 60, 75.
Cantate, poème, 11.
Cantine, 4, 26.
Cantique, 21, 53.

canton , 12 , 85.
cannule , 1 , 21.
cap , pointe de terre ,
  60.
caparaçon , 30 , 67.
caparaçonner un che-
  val , 12 , 65.
capendues , pommes
  fort bonnes , 23 , 40.
capiscol , doyen d'un
  chapitre en Provence ,
  88.
capillaire , 46 , 64.
capitaine , 30 , 52 , 65.
capitaines aux gardes ,
  1.
— de vaisseaux , 26 , 62.
— de chasse , 18 , 75.
— de château , 18 , 75.
— de quartier , 1 , 17.
capitaines quelconques ,
  14 , 49.
capitainerie , 69.
capital , 2 , 12.
capitale , ville , 21.
Capitan-Bacha , 76.
capitane , 3.
capitation , 31 , 54.
capitaliste , 88.
capitole , 75 , 83.
capiton , 10 , 25.
capitons , 1 , 17.
capitoul , 15.
capitulaire , 75.
capitulant , 19.
capituler , 22.
capitulation , 36 , 61 ,
  84.
capon , 19.
caponner , 66.

caponnière , 15 , 25.
caporal , 12.
capot , au jeu de pi-
  quet , 45 , 72.
capote , 55.
câpre , 7 , 27.
caprice , 12 , 50.
capricieux , 75 , 83.
capricieuse , 62 , 90.
capricorne , 48 , 84.
capter , 68.
captieux , 89.
captif , 1 , 19.
captiver , 8.
capture , 40 , 59.
capturer , 11.
capuche , 3 , 39.
capuchon , 3 , 39.
capucins , 25.
capucine , fleur , 8 , 39.
caque , 4.
caquet , 5 , 25.
caqueter , 49 , 54.
caqueteuse , 80 , 85.
carabine , 37.
carabinier , 26 , 40.
carabiner , 64 , 72.
caracole , 2 , 12.
caracoler , 21.
caractère , 62.
caramel , 9 , 25.
carbatine , 76.
carat , poids , 10 , 30.
caravane , 1 , 53 , 62.
carbonnade , 78 , 87.
carcan , 42 , 55.
carcasse , 13 , 81.
cardasse , 36 , 78.
carde , 84.
cardes , 25 , 49.

carder, 9, 27.
cardeur de laine, 27, 84.
cardeurs quelconques, 7, 70.
cardeuse, 8, 50.
cardinal, 15, 50.
cardinaux, 59, 72.
cardon, 6, 36.
carême, 10, 48.
carénage, 55.
caresses, 76.
caresser une femme, 67, 76.
caresser une fille, 17, 56.
caresser un chien, 7.
carillon, 44, 51.
carillonner, 24.
carillonneur, 62, 66.
cariolé, 11, 22.
carmes, 9, 28.
carmin, 14, 50.
carnage, 26, 32.
carnassier, 35, 50.
carnaval, 12.
carnet, 90.
carnosité, 88.
carogne, 44.
caroncule, 35, 54.
carotte, 80.
carotter, 3.
caroubier, arbre, 88, 90.
carrosse, 22.
carrossier, 45.
carpe, poisson, 16, 25, 44.
carpeau, 22, 71.
carquois, 23.

caraffe, 88.
caraffes, 89.
carreaux quelconques, 10.
carrefour, 85, 90.
carrelage, 7, 19.
carreler, 5, 25, 49.
carrelé, 17, 71.
carrière quelconque, 40.
carrière de pierre, 29, 39.
carriole, 27.
carte, 12, 25, 39.
carte géographique, 88,
— marine, 16, 61, 72.
— de jeu, 28, 35.
cartière, 12, 18, 41.
cartier, 13, 51.
cartilage, 2, 18, 40.
cartisane, 33.
carton, 26, 39.
cartouche, 9, 19.
cartulaire, 48.
carvi, plante, 4.
casaquin, 36.
cascade, 55.
case, 3, 73, 82.
casemate, 71, 87.
casernes, 28, 82.
caserner, 44.
casqué, 90.
cassation, 6, 36, 40.
casser, 5, 36, 55.
casse-noisette, 54.
cassé, 8, 75, 90.
casseau, 43.
casserole, 36, 42.
cassette, 7, 27, 68.
cassetin, 45.

cassine, 35.
cassolette, 74.
cassonade, 20, 34.
cassure, 62.
castagnette, 36.
caste, 4, 57.
castille, 74.
castor, 80, 87.
castrat, 5.
castration, 43, 67.
casuel, 17, 71, 84.
casuiste, 40, 59.
catacombes, 63, 75.
catafalque, 45, 64.
catalepsie, 66.
catalogne, 56, 62,
cataplasme, 12, 20, 41.
catapulte, 7.
catarrhe, 63, 68, 82.
cataracte, mal d'yeux,
    20.
catastrophe, 48.
catéchiser, 83, 86, 90.
catéchisme, 46.
catéchiste, 67.
catécumène, 57.
catégorie, 64.
cathédrale, 66.
catholique, 18, 81.
catin, 22, 51.
cavalcade, 5, 25, 44.
cavale, 6, 26, 57.
cavalerie, 12, 19.
cavaliers quelconques,
    87.
cauchemar, 34.
caudataire, 9, 28, 60.
caudebec, 74.
cave du vin, 6, 46.
caveau, 34.

caverne, 40, 44.
cavesson, 1, 11, 70.
cavité, 6, 19.
cause, 77, 79.
causer, 55.
causeur, 45.
caustique, 73.
caution, 59, 66.
cécité, 68, 72.
cèdre, arbre, 12, 40.
cédule, 42, 48.
ceindre, 72, 77.
ceintures quelconques,
    70.
ceinturier, 50, 72.
ceinturon, 8, 20.
ceinturonnier, 8, 81.
célébrant, 1, 34, 65.
célèbre, 43, 58.
céleri, 12, 29.
célestin, 30, 55, 78.
célibat, 27, 72.
cellier, 80, 83.
cellule, 11, 21.
cénacle, 60, 72.
cène, 14, 25, 41.
cène bénite, 8, 18.
cènes quelconques, 18.
cendre, 68, 69.
cens, 4, 54.
censeur, 89.
censure, 9, 89.
censurer, 35, 44.
centaine, 83, 66.
centaines, 44, 61.
cep, 16, 61.
cerceau, 46, 63.
cercle d'or, 80, 90.
—d'argent, 41, 52.
—de tonneau, 70, 81.

cercles quelconques ,
20, 70.
cercler, 34, 43.
cerclier, 57, 66, 82.
cercueil , 72, 84.
cérémonie, 70, 84, 90.
cerf, 12, 60.
cerfeuil , 72, 84.
cerf volant, 17, 36.
cerises quelconques ,
79, 82.
cerisier, 25, 52, 64.
cerveau , 29.
cerveaux , 22.
cervelles, 1, 20, 30.
cervelas , 9, 72.
céruse, (blanc de), 34.
chabot, poisson, 46, 64.
chagrin , 30, 44.
chaînes quelconq., 34,
43.
chaînettes, 10, 76.
chaire d'église, 12, 17.
chaire d'école , 66.
chair crue, 49, 51.
chair mollasse, 18, 28.
chair de porc, 32.
chair sèche, 18, 81.
chair de vache , 32,
68.
chair. de vipère , 11,
41, 58.
chaise, 5, 45, 80.
chaise à porteur , 43.
chaise roulante, 23.
chaleur, 79, 88.
chaloupe, 14, 26.
chamarrer, 30, 64.
chamarrure, 55, 69.
chambellan , 56, 71.

chambre, 47, 82.
chambre de justice, 36,
75.
chambre noire d'opti-
que , 34.
chambranle, 10, 52, 87.
chambrière, 30, 77.
chameau, 74, 66.
chamois, 22, 47.
champ, 4, 19.
champ de bataille , 29.
champ couvert de frai-
ses, 10, 51.
champ aride, 19, 89.
champignon, 6, 66.
champion, 39, 44, 90.
chanceler , 90.
chancellerie, 3, 27.
chancelier de l'Univer-
sité , 3, 27.
chancelier quelconque ,
86.
chandelle , 86, 89.
chandelles, 74, 85.
— allumées, 31, 47.
— éteintes, 13, 74.
chandeliers , 13, 61.
chandeliers d'or, 61.
— d'argent , 40, 57.
— de laiton, 24, 59.
chance, 70.
change, 45, 47.
changement, 6, 11.
chanson , 9.
chant, 26, 62.
chanteur , 34, 71.
chanteuse, 30, 44.
chanter, 60, 82.
chanoine, 70, 72.
chanoinesse, 88.

chantier, 77.
chantre, 1, 21.
chanvre, 32.
chape d'église, 55, 75.
chape quelconq., 28, 55.
chapelains, 84, 87.
chapeaux, 28, 55.
chapelle, 11, 22, 75.
chapeler, 25, 36.
chapelé, 20, 33.
chapelet, 30, 66.
chapelier, 12, 41, 45.
chapelière, 35, 55.
chapelure, 40, 45, 81.
chapéron, 60, 81.
chapiteaux, 72, 78.
chapitre, 44, 50, 79.
chapon, 73, 84.
chapons, 8, 83.
chaponner, 39, 44.
chaponnière, 27, 30.
char, 5, 14, 71.
charbons, 15, 85.
charbon de pierre, 15, 51.
charbon quelconque, 1, 21.
charbonner, 37.
charbonnier, 7, 31.
charbonnière, 67.
charcutier, 10, 30.
charcutière, 25, 55.
chardon, plante, 17.
chardonneret, oiseau, 50.
chardonnette, plante, 4.
charge, emploi, 60, 81.
charge de canon, 14.
charge quelconq., 71, 78.

chargeur, 1, 12, 90.
chargeurs, 88, 89.
charger, 73, 82.
chargé, 13, 31.
chargement, 65, 70.
charrette, 35, 64, 90.
charrette de vin, 46.
charretier, 12, 48, 83.
charretière, 48, 83.
charriage, 83, 90.
charrier, 1, 18.
chariot, 14, 27, 46.
charitable, 19, 45.
charité, 69, 72.
charivari, 36, 65.
charlatan, 54, 60.
charlatane, 2, 45.
charlatanisme, 90.
charme, arbre, 89, 90.
charme, superstition, 1, 21, 54.
charmer, 79.
charmes, beauté, 36, 69.
charmille, 75, 84.
charnel, 33.
charneux, 47.
charnier, 22.
charnière, 44, 62.
charogne, 78.
charpente, 10, 40.
charpenter, 7.
charpentier, 17, 29.
charpie, 14, 50.
charretier, 50.
charrette, 37.
charrier, 33, 55.
charroi, 48.
charron, 58, 79.
charrue, 3, 31, 70.

châtreur, 26.
chartreux, 32, 53.
chartre, 71, 87.
chasse, 7, 29, 45.
châsse pour reliques, 35.
châsse ou bière, 84, 90.
chasser quelqu'un, 8.
chasser, 47.
chasseur, 14, 27, 61.
chasseur de vipères, 11, 41, 58.
chassie des yeux, 17.
chassieux, 12, 21.
châssis de papier ou toile, 68.
châssis quelconques, 39, 66.
chaste, 14, 41, 74.
chasteté, 20, 88.
chasuble, 25, 52.
chasublier, 54, 74.
chasublière, 41, 53.
chat, 3, 30, 58.
— noir, 75, 84.
— blanc, 19, 39.
— sauvage, 53, 71.
chat-huant, 20, 40.
chat et chien, 65.
chats quelconques, 73, 75.
châtaignes, 29, 36, 65.
châtaignier, 44.
châtain, 86, 90.
château, 23, 32.
châtelain, 46, 86.
chatière, 3.
châtiment, 39.
châtier, 13, 31, 59.
chaton, 43, 54.

chatouillement, 18, 81.
chatouiller, 30, 50.
chatouilleux, 14, 45.
chatouilleuse, 19, 76.
châtrer, 29, 31.
châtré, 7, 29.
chattemite, 53.
chaud, 7, 21.
— avoir chaud, 71, 89.
— boire chaud, 9, 83.
chaudement, 17, 36.
chaude-pisse, 14, 41.
chaudron, 53, 65.
chaudière, 50, 86.
chaudronnier, 5, 50.
chauffage, 51, 64.
chauffe-pied, 9, 21.
chauffe-lit, 26, 72.
chaufferette, 36, 80.
chauffoir, 77.
chaufour, 88.
chaufournier, 90.
chaume, 49, 64.
chaumière, 2, 35.
chausses quelconques, 80, 84.
chaussée, 70, 78.
chausser, 64, 66.
chaussetier, 26, 62.
chausse-pied, 5, 10.
chaussette, 50.
chausson, 29, 30, 45.
chaussure, 8, 33.
chauve, 5, 19.
chauve-souris, 76, 78.
chaux, 17, 71, 90.
chef bombardier, 75.
chef d'escadre, 12, 21, 44.
chef du clergé, 10, 31.

chef-d'œuvre, 7, 13, 40.
chef quelconque, 15,
  51.
chemin, 15, 31, 44.
chemin-couvert, 8, 28.
chemin mauvais, 44.
chemin-fourchu, 45.
chemin quelconque, 41.
cheminée, 8.
cheminer, 77.
chemise, 5, 81.
chemisette, 53.
chenapan, 27.
chêne, arbre, 16, 81.
chenets, 12, 26, 62.
chenevis, 5, 57.
chenevière, 25, 52.
chenevier, 13, 15.
chenevotte, 13, 31.
chenil, 19, 30.
chenille, insecte, 44, 59.
chenille, plante, 28, 82.
chenilles quelconques,
  1, 14, 25.
chenu, 80.
cher, 3, 43, 77.
chercher, 7.
chère, 7, 29.
chèrement, 12, 64.
chérir, 10, 35.
cherté, 40, 72.
chervis, racine, 27.
chétif, 52, 68.
cheval, 24, 25, 26.
cheval pour courir, 80.
cheval échappé, 25, 50.
cheval-moine, 23, 44.
chevalet, 17.
chevaux, 68, 87.
chevaux marins, 25.

chevalier, 89, 90.
chevaliers quelconques,
  55, 82.
chevalerie, 25, 40.
chevelu, 4, 19.
chevelure, 31.
chevet, 56, 61.
chevets, 38, 42, 83.
cheveux quelconques,
  1, 28, 54.
cheville, 1, 34.
cheviller, 80, 86.
chevilles quelconques,
  72, 79.
chevillette, 77.
chèvres, 2, 20, 57.
chevreau, 4, 8, 17.
chevreuil, 2, 48, 60.
chevron, 73, 81, 87.
chevrotine, 88.
chicane, 49, 63.
chicaneur, 27, 72.
chicaneuse, 25, 34.
chiches, pois, 8, 10, 68.
chiches blancs, 78.
chiches rouges, 84, 90.
chiches secs, 78, 81.
chicot, 1.
chicorée blanche, 3, 25.
chicorée verte, 25, 52.
chien, 36, 39, 42.
chien blanc, 72.
chien enragé, 70, 81.
chien épagneul, 6, 90.
chiendent, 44, 65.
chien courant, 1, 51.
chien couchant, 4, 25.
chien levrier, 23, 49.
chiens de plusieurs cou-
  leurs, 54.

chiens quelconques, 81.
chier, 73.
chiffrer, 9, 37, 73.
chiffons quelconques, 63, 80, 83.
chiffre, 7, 19, 48.
chignon, 79.
chyle, 5, 45.
chimère, 71, 84
chimie, 11, 22, 4.
chimiste, 46, 63.
chiourme, les forçats d'une galère, 14, 2.
chipoter, 55.
chiquenaude, 78.
chirurgie, 39, 63.
chirurgien, 58, 69.
choc, 11, 18.
chocolat, 16, 85.
chocolatier, 34, 43.
chocolatière, 69.
choisir, 14, 19, 38.
choix, 77, 86.
chômer, 89, 90.
chopine, 6, 26, 36, 59, 60.
choriste, 17, 51.
choses agréables, 12.
choses quelconques, 22.
choux, 18, 27, 41.
— blancs, 81, 90.
— bâtards, 20, 41.
— cabus, 18, 21.
— fleurs, , 54, 66.
— verts, 49.
— raves, 28, 71.
choux quelconq. 17, 27.
chouette, 28, 57, 75.
chouettes, 70, 72.
christ, 19, 30.

chronologie, 11, 21.
chute, 1, 41, 56.
chute d'eau, 50, 67.
chute quelconq. 72, 84.
chœur, 22.
ciboire, 18, 30, 81.
ciboules, 19, 27, 42, 45, 82.
cicatrice, 35, 72.
cyclope, 44, 48, 65.
cicéro, 66, 78.
cidre, 56, 81, 90.
ciel, 3, 4, 24.
— étoilé, 4.
— nébuleux, 3, 24.
— serein, 4, 55.
— de lit, 1, 21, 80
cieux, 70, 78, 90.
cierge, 7, 32.
ciergier, 39, 47.
cigale, 53, 77.
cigales, 55, 82.
cigne, oiseau, 1, 41, 32, 77.
cygne femelle, 64, 78.
cygne à poudrer, 1, 41.
cigogne, 89.
ciguë, 25, 30, 52.
cil, poil, 27, 81.
cilice, 14, 21, 42.
cylindre, 60, 72.
cillement, 31, 58.
ciller, 55, 70.
cymbale, 18, 85.
cymbalier, 9, 29.
cime, 7, 27.
ciment, 13, 15.
cimenter, 64.
cimeterre, 5, 13.
cimetière, 5, 13, 55, 75.

cimier, 66, 90.
cinabre, 18, 81.
cinglage, 29, 54.
cingler, 37, 45, 61.
cintre, 70, 84.
ceintrage, 70, 85.
cintreur, 11, 22.
cinq numéros (rêver),
  21, 26.
cinquième, 15, 25.
ceinture, 9.
ceintures, 20, 71.
cyprès, 19, 37, 71, 78,
  85.
cirage, 15, 25, 62.
circonférence, 8, 84.
circuler, 3, 17.
circulation, 14, 44.
cire et mouches à miel,
  3, 80.
cire blanche, 53, 55.
— jaune, 54, 66.
— vierge, 4, 55.
— en botte, 33, 66.
— brune, 15.
— rouge, 2.
cirer, 30, 85.
cirier, 25, 52, 64.
ciron, 10, 64.
ciroène, emplâtre, 30,
  72.
ciseau, 7, 61.
ciseaux, 8, 29.
ciseler, 20, 39, 60.
ciseleur, 15, 51, 61.
ciselure, 7, 42, 54.
cisoir pour couper l'or
  et l'argent, 40, 48.
citadelle, 14, 17, 81.
citation, 18, 81, 90.

cité, ville, 12.
citer, 11, 27.
citerne, 67, 76, 81.
citoyen, 8, 46.
citoyenne, 14, 54.
citronnelle, 40.
citron, 20, 34, 49, 66.
citrons pelés, 25.
citrons confits, 52, 70.
citrons quelconques, 48.
citronnier, 9, 29.
citrouille, 45.
— rouge, 22, 44.
— de Gênes, 24.
— d'Espagne, 25, 53.
civet de lièvre, 29, 38.
civette, herbe, 14, 27,
  52.
civière, 3, 23.
civil, 88, 90.
civilement, 70, 90.
civilité, 16, 50, 61.
civiliser, 30, 42.
clair de lune, 4.
claie, 16, 25, 34.
clair, claire, 69, 74.
clairon, 12, 69.
clair voyant, 8, 27.
clair voyante, 38, 83.
clandestin, 12, 20.
clapier, 25, 46.
clapir, 64, 77.
claquer le fouet, 12.
clarté, 77, 80.
clarifier, 2, 37.
classe, 14, 21.
clavecin, 9, 18, 35, 38,
  88, 90.
clâve d'Hercule, 30.
clenche de porte, 52.

clause , 40 ; 64, 71.
clef, 77, 88.
clef petite , 1.
clef quelconque, 28 , 32.
clémence , 25 , 39.
clerc quelconq. 22 , 63.
clergé , 54 , 65 , 80.
cléricature , 70 , 90.
cliclets , 36.
cliclet qui chante , 31.
client, 5 , 23 , 25.
clignoter, 10 , 25.
climat, 13 , 64.
clin d'œil, 17 , 86.
clincaillerie , 64.
clincailler , 19.
clinquant, 17 , 25.
clique, société , 3 , 43.
clystère, lavement , 3.
clitoris, 10 , 15.
cloaque, 1 , 56 ; 69.
cloche , 43, 71 ; femme
 qui sonne , 66 ; homme
 qui sonne , 6 , 73.
cloches , 9 , 65.
clochette , 72 , 84.
clochettes, 20 , 43 , 56.
clocher, 20 , 72 , 84.
clochers, 11 , 80 , 84 , 88.
cloison, 45 , 51 , 59.
cloître, 10 , 67.
cloîtrer, 4 , 19.
clopiner, boiter , 7 , 77.
clopin-clopant , 17 , 67.
cloporte, insecte , 60.
clos de murs , 4 , 44.
clôture, 25 , 52 , 75.
clous, 11 , 87 , 89.
clous de girofle , 3 , 16,
 52 , 54 , 76,

clouer, 20 , 28 , 44.
clouterie, 31.
cloutier , 33.
cloutière , 18.
coadjuteur, 64 , 75.
coagulation, 22 , 30.
coaguler , 14.
coasser, 29 , 54.
cocagne , 1 , 8 , 19.
coche, 40 , 62.
cochenille , 9 , 15.
cocher, 24 , 34 , 38 , 51,
 58.
cochère, 25 , 52.
cochers, 83.
cochon, 3 , 4 , 33 , 35.
 66.
cochons d'Inde, 60.
cocon, soie, 5 , 9.
cocu , 12 , 55.
cocuage , 29 , 64.
code, 32 , 72 , 86.
codicile , 30 , 54.
cœur , 2 , 22 , 56.
coffres quelconques , 89.
coffret, 1 , 16.
coffretier, 20 , 27 , 55.
coguassier , 18 , 90.
cognée, 34 , 73.
cohue , foule , 90.
coiffe, 48 , 50.
coiffe de nuit, 4 , 44.
coiffes quelconq. 5 , 25,
 40.
coiffer, 12 , 35.
coiffé , 66 , 77.
coiffeur, 72.
coiffeuse, 89 , 90.
coin , fruit , 15 , 51.
coin , angle , 7 , 44.

coin quelconque, 90.
col, 8, 75.
collatéral, 47.
collation, 25, 36.
collationner, 19, 66.
colle, 44, 59.
collège, 11, 21.
collégiale, 26, 61.
collégial, 77, 88.
colique, 62, 69.
colère, 6, 18.
colérique, 2, 30, 70.
collet, 7, 18.
collet de chemise, 40, 57.
collet de prêtre, 63, 73.
collets quelconques, 19, 87.
colliers de grenats, 14, 41.
collier d'or, 70, 88.
collier de perles, 70.
collier pour femme, 30.
collier pour homme, 4 64.
collier de diamant, 80.
collier d'ambre, 11, 19.
collier de l'ordre, 60, 75.
colliers quelconq. 52, 64.
colifichet, 8, 37.
colin le beau, 59, 89.
colline, 9, 19, 68.
colombe, 20, 46.
colombes, 32, 71.
colombier, 12, 87.
colombine, 60.
colonel, 25, 52.
colonels quelconq. 16, 75.
colonie, 11, 26.

colonne d'armée, 44.
colonnes quelconq. 34, 54.
colon, 18, 35, 75.
colophane, 11, 20.
colloque, 14, 71, 85.
coloquinte, plante, 76.
colorer, 30, 64.
coloré, colorée, 10, 25.
coloris, 89.
coloriste, 18, 72.
colosse, 64, 74.
colporteur, 1, 9.
colporteuse, 13, 26.
colporter, 40, 52.
colure, 84.
collateur, 34, 44.
collection, 1, 10.
collecte quelconque, 30.
collusion, 29, 59.
colza, chou sauvage, 4.
couleurs diverses, 71.
couleur, 32, 72.
combat naval, 26.
combats quelconq. 72, 83.
combattans, 54, 68.
combattre, 29, 77.
combiner, 1, 17.
combinaison, 50, 81.
combler, 70, 77.
comblé, 4, 19.
comble, 9, 36.
comédie, 46, 64.
comédien, 84.
comédienne, 49, 67.
comètes, 4.
comique, 72, 85.
commandant, 12, 74.
commandement, 80, 88.

commander, 15, 5o, 63,
81, 83.
commanderie, 1, 7, 19.
commandeur, 14, 37.
commandite, 2, 4o.
commencement, 4o, 45.
commencer, 3o, 81.
commensaux, 10, 17.
commentaire, 35, 44.
commerce, 22, 23, 41,
72, 84.
commère, 22, 33.
commettre, 4.
comminatoire, 12, 27.
commis, 35, 66.
commissaires, 52, 70.
commission, 11, 39.
commissionnaire, 48, 77.
commode, 84, 89,
commodités, 16, 18, 25,
61.
commun, 19, 46.
communauté, 72, 78.
communautés quelcou-
ques, 25, 70.
communiant, 44, 79.
communier, 8, 42.
communion, 6, 4o.
communiquer, 8, 48.
commutation, 12, 21.
compagne, 33, 54, 66.
compagnes, 31, 4o.
compagnie de soldats.
7, 11.
compagnies quelconq.
10, 65, 71.
compagnon, 10, 15, 51,
65,
compagnonne, 51.
comparaison, 3, 13, 49.

comparer, 1, 9.
comparoître, 71, 8o.
comparution, 12, 25.
compartiment, 88.
compas, 6, 31, 76.
compas quelconque, 63.
76.
compasser, 12, 36.
compassion, 63, 75.
compatir, 78, 89.
compère, 31, 4o.
compérage, 3, 33.
compilateur, 9o.
compiler, 26, 64.
complainte, 3, 73.
complaisance, 52, 73.
complément, 2p, 6o.
complet, 18, 81.
complète, 14, 5o, 63.
complexion, 27, 19.
complice, 7, 17.
complies, 14, 55.
compliment, 82.
complimens, 69. 73.
complimenter 88
complot, 54, 75.
comploter, 27.
componction, 12, 26.
composer, 1, 29.
compositeur, 1, 21.
composition, 14, 52, 54.
compote, 17, 66.
composteur, 72, 84.
comprendre, 35, 53, 61.
compresse, 12, 31, 64.
compression, 77, 81.
comprimer, 89.
compromettre, 55, 6.
compromis, 34, 67.
comptable, 42, 74.

comptant, 82, 89.
compte quelconq, 17, 71.
compter de l'argent, 60,
    82, 90.
conter fleurettes, 27,
    31.
conteur, 18, 54.
comptoir, 33, 35, 63.
computiste, 4, 88.
comte, 11, 19, 29, 47.
comté, 19, 34, 42.
comtesse, 2, 31, 41, 42.
compulser, 26, 30, 62.
compulsoire, 37, 73.
concasser, 7, 9.
concave, 77, 89.
concavité, 55, 73.
conception, 35, 41, 54.
concéder, 15, 25.
conserver, 64, 70.
concert, 35, 83.
concerter, 87, 90.
concession, 35, 54.
concevoir, 1, 20.
concierge, 8, 19.
conciergerie, 40, 58.
concile, 22.
conciliation, 14, 17, 45.
concision, 5, 32.
conciliabule, 80.
conclave, 7, 51, 57.
conclure, 27, 36.
conclusion quelconque,
    42, 54.
concombre, 1, 11, 12,
    36.
concordance, 77, 78.
concordat, 54, 61.
concourir, 10, 63.
concorde, 15, 45.

concours, 30, 83.
concubine, 19, 49, 73,
    78.
concubinage, 60, 86.
concubiner, 20, 36.
concupiscence, 14, 22.
concurrence, 14.
concurrent, 55.
concussion, 72, 86.
concussionnaire, 90.
condamnable, 29, 50.
condamner, 37, 70.
condamné, 59.
condamnation quelcon-
    que, 20, 29.
condescendance, 49, 80.
condenser, 72, 78.
condition quelconque,
    46, 47.
condisciple, 37, 81.
condoléance, 50, 61.
conducteur, 72.
conductrice, 76, 87.
conduire, 38, 63.
conduit, 54, 82.
conduite, 12, 56.
cône, 18, 44.
confection, 1, 12.
confédérés, 19, 27.
confédération, 30, 25.
conférence, 7, 19.
conférer, 14, 54.
confesser, 28, 37.
confesseur, 42, 56.
confession quelconq. 37.
confessionnal, 2, 37.
confiance, 76, 83.
confidence, 90.
confident, 9, 18, 35.
confier, 27, 66.

ce confier, 27, 66.
configuration, 13, 28.
confiner, 55, 59.
confins, 63, 76, 83.
confire, 61, 90.
confirmation, 1, 35.
confirmer, 16, 46.
confiscation, 25, 64.
confiseur, 11, 25, 30, 33.
confiseuse, 65, 66.
confit, 45, 52, 73.
confite, 67, 88.
confiteor, prière, 1, 79.
confitures, 5, 30, 40, 64, 66.
confiturier, 19, 37.
confiturière, 42, 63.
conflit, 70, 73.
confluent, 18, 35.
confondre, 46, 52.
confondu, 19.
confort, 29, 37.
confortateur, 11.
confrères, 11, 50, 81.
confraternité, 29.
confrontation, 80, 88.
confronter, 1, 71, 81.
confus, confuse, 22, 44.
confusion, 2, 11. 35, 47.
congé, permission, 11. 33.
congé quelconq. 17, 71.
congédier, 14, 29.
congeler, 16, 84.
conglutination, 66.
congrès, 47, 49. 65.
congre, poisson, 65, 72.
congrégation quelconq. 28.

conjecture, 44, 55.
conjecturer, 72, 86.
conjoindre, 17, 30.
conjonction, 40, 57.
conjoncture, 62, 68.
conjuguer, 14, 21.
conjuration, 1, 9.
conjurer, 13, 27.
connétable, 18, 81.
connivence, 35, 76.
conniver, 44, 65.
connaissance, 46.
connaître, 19, 49.
conque, 50.
conquérant, 25, 52.
conquérir, 18, 44.
conquête quelconq. 32.
consacrer, 7, 27.
conseil, 55. 59.
conseiller, 37.
conseillers, 65, 72.
consentement, 3, 9.
consentir, 12, 47.
conséquence, 25, 64.
conservateur, 9. 78.
conserver, 13. 25.
conserve quelconq. 88.
considération, 77.
considérer, 2, 19.
conscience, 20, 60.
consigner, 47. 74.
consistance, 22, 52.
consister, 18, 74.
consistoire, 66, 82, 87.
consolable, 17, 27.
consolation, 27, 72, 84.
consolateur, 46, 61.
console, 1, 21.
consommé, 51, 66.
consommation, 35, 77.

consonnance, 30, 82.
conspiration, 77, 90.
conspirateurs, 78, 81.
consorts, 20, 30.
constance, 13, 26.
constant, 42, 75.
consternation, 64, 70.
constellation, 15, 36.
constiper, 20, 54.
constipation, 17, 66, 81.
constipé, 77, 84.
constituer, 18, 65.
constitution quelc. 27.
construire, 1, 10.
construction, 25, 37.
consul, 14, 52.
consulaire, 29, 83.
consultation quelc. 18.
consulter, 1, 39.
consumer, 42.
contact, 25, 36.
contagieux, 11, 19.
contagion, 39, 45.
contemplateur, 82, 90.
contemplation, 26, 30.
contempler, 14, 51.
contemporain, 35, 64.
contenance, 55, 72.
contenir, 26, 81.
contention, 38, 83.
contestation, 19, 42, 55.
conter, narrer, 80.
conteur de fables, 19, 35.
continuer, 27, 64.
contour, 27, 40.
contrat, 14, 41, 60.
contracter, 1, 16, 71.
contrainte, 12, 66.
contraindre, 81, 90.

contraire, 75, 81.
contrarier quelq. 12.
contrariété, 18, 72, 73.
contraste, 1, 39.
contravention, 14, 66.
contrebande, 29, 41.
contrebandiers, 29, 65, 83.
contre-basse, 55, 64.
contre-coup, 77, 88.
contre-cœur, 40.
contre-approche, 33, 54.
contre-amiral, 29, 58.
contredit, 65, 76.
contrefaire, 23, 37.
contrefait, 42, 56, 60.
contre-marche, 88.
contre-poison, 11, 18, 19, 42, 65.
contre-vent, 13, 27.
contuit, 4, 60.
contrition, 6, 54.
contrôle, 9, 81.
contrôleur, 17, 44, 70.
contrôler, 11, 25, 52.
contumace, 30, 54.
convaincre, 60, 72.
convalescence, 25, 35.
conversation, 40, 62.
conversion 19.
convoi quelconq. 81, 87.
convoitise, 19, 90.
convoler, se remarier, 32.
convulsions, 19, 36, 78.
coopérer, 28, 83.
copeaux de bois, 48.
copie, 22, 76.
copier, 1, 18, 81.
copiste, 37, 43, 47, 57.

coqs, 44, 45, 53.
coquemar, 55, 73.
coquet, 66, 85.
coquette, 11, 39.
coqueter, 30, 87.
coquetterie, 44, 66.
coquille, 35, 72, 85.
coquillage , 29 , 90.
coquin, 14, 74, 83.
cor de chasse , 7.
cor de mer, 29, 37.
cor aux pieds, 18.
corail, 4, 18, 26.
coraline, 62, 74.
corbeau, 22, 71.
corbeaux, 2, 17, 81.
corbeille, 6, 30.
corbeilles, 48.
corbeilles de fleurs, 53,
    46.
corbillon, 55.
corbillonnier, 62, 87.
corbillonnière, 52.
cordage, 83.
corde, 11, 12, 23.
corde quelconq. 9, 59.
cordier, 52, 63.
cordeau, 75.
cordelier, 46, 55.
corder, 78, 83.
cordon, 30, 49.
cordon bleu, 71, 81, 85.
cordonnet, 7, 71, 86.
cordonnier, 26, 30, 46,
    49, 69.
cordonnière, 14, 31.
coriandre, plante, 1, 22.
corme, fruit, 52.
cormier, arbre, 7, 60.
cornaline, 11, 17.

cornard, 37, 46.
corne quelconque. 45.
corneille, oiseau, 64,
    78.
cornemuse, 60, 66.
corner, 72, 81, 90.
cornet de papier vide,
    34, 74.
cornet plein d'argent.
    20.
cornet quelconq. 27, 46.
cornette , officier, 14.
cornette quelconq. 74.
corniche, 10, 25 61.
corniches quelconques,
    17, 30.
cornouiller, arbre, 28
    82.
corporel. 13, 54.
corps d'homme, 90.
corps de femme, 68, 75.
corps de jupe, 68.
corps quelconq. 15, 18,
    29.
correcteur, 10.
correction, 36, 64.
correspondance, 72, 85.
correspondant, 44, 63.
corridor, 12, 27.
corroyer, 15, 51.
corroyeur, 26, 82.
corrompre, 16, 44.
corrompu, 19, 37.
corrosif, 27, 35.
corruption, 42.
corsage, 17, 29.
corsaire de mer, 51.
corset de femme, 71.
cortège, 25, 28, 35.
corvée, 81.

cosmographe, 16, 46.
cosse, 15, 25, 52.
côte, 11, 21.
côtes, 21, 29.
côte quelconq. 5, 30.
coteau, 11, 21.
côtelette, 1, 5, 40.
coterie, société, 40.
cotignac, 61, 70.
cotissure, 16, 22.
côtoyer, 4, 9, 11.
colon, 12, 14, 22, 33.
cotret, fagot, 21, 28.
cou quelconq., 38, 90.
couche, 12, 75.
couche (fausse), 40, 53.
couche quelconque, 13, 70.
coucher, 11, 29.
couchant, 40, 71.
coucheur, 61, 77.
coucou, oiseau, 38, 41, 54.
coude, 16, 80.
coudes quelconques, 70, 81.
coudée, 32, 89.
coudre, 11, 45, 58.
coudrier, 83, 89.
couler, 18, 90.
couler à fond, 37, 45.
couler de toute façon, 17, 72.
couleur, 11, 32, 36.
couleurs quelconq. 1, 18, 31, 71.
couleuvre, 40, 56, 64.
coulevrine, 12, 26, 31.
coulis, 60, 90.

coulisse, 1, 9, 21.
couloir, 13, 27, 72.
coulure, 18, 81.
coup d'œil, 24.
coup de couteau, 12.
— d'épée, 16.
— de pied, 10.
— de bâton, 60.
— de fusil, 61.
— de pistolet, 82.
— quelconq. 8, 78, 87.
coupable, 35, 54.
coupé, 13, 33.
coupe, 4, 40.
coupe-gorge, 11, 21.
coupe-jarret, 12, 60.
couperose, 30, 70.
coupes de toutes façons 65, 70.
coupelle, 14, 41.
coupeau, 61, 72.
couper, 12, 21.
couple, 22, 28.
couplet, 14, 24.
coupoir, 41, 76.
coupon d'étoffe, 23, 42.
coupons quelconq. 1, 42.
coupure, 36, 63, 81.
cour royale, 80.
cour quelconque, 2, 4, 8, 16.
courage, 18, 40.
courageux, 71, 79.
courant, 12, 29.
courbature, 19, 71.
courbe, 31, 37.
courcelle, 55.
coureur, 6, 26, 36, 62.
coureuse, 44.
courge, 18, 31, 66, 68.

courge blanche, 45.
— rouge, 22.
— de Gênes, 24.
— d'Espagne, 25.
courge verte, 23.
courier et le postillon,
 39, 40, 80.
courir, 37, 39, 46,
 59, 69.
courir la poste, 39.
couronne, 28, 46, 67,
 80.
couronnement, 6, 18.
couronner, 14, 24, 87.
couroux, 1, 15, 35.
cours, 52, 55, 84.
course, 52, 55, 76, 90.
court, courte, 19, 26.
courtage, 42, 49.
courtier, 14, 56.
courtine, 11, 19.
courtisan, 2, 39.
courtisanne, 11, 45.
corvette, 19, 35.
cousin, 20, 32, 65.
cousine, 21, 35.
cousin, insecte, 31, 81.
cousu, 70.
coussin, 13, 53.
couteaux, 2, 18, 26, 41.
coutelier, 41, 44.
coutelière, 14, 23.
coutil, étoffe, 13, 23.
coutume, 28, 82.
couture, 30.
couturier, 11, 22.
couturière, 30, 37.
couturière quelconque,
 18, 40, 43.
couvée, 20, 31.

couvent de moines, 65,
 80.
couvent des filles, 76.
 79.
couvent quelconq. 2, 12
 30, 71.
couvercle, 10, 40.
couverture, 40, 44, 48.
couverture piquée, 90.
couvert quelconq. 87.
couvre-feu, 29, 33.
couvreur, 9, 19.
couvreuse, 7, 70.
couvrir, 16, 60.
crabe, poisson, 68.
crachat, 58, 62, 84.
crachement, 86.
cracher, 22, 87, 90.
crachoir, 12, 20.
craie, 6, 26, 28, 39, 66.
craindre, 16, 17.
crainte, 90.
crayon, 86, 88.
crayonner, 40.
cramoisi, couleur, 17.
crampon, 19, 59.
cramponner, 15, 51.
cran, plante, 16.
crâne, 11, 80.
crapauds, 19, 46, 59.
crapaudine, 8, 41, 81.
crapule, 3.
craquelins, 5, 11, 45,
 72, 74, 84.
craquer, 9, 19.
crasse, 6, 76.
crasseux, 11, 80.
crasseuse, 19, 71.
cravates, 6, 10, 15,
 70, 75.

créance, 9, 39.
créancier, 9, 20.
créature, 15, 60.
créateur, 11, 35.
crécelle, 1, 15.
crèche, 29, 31, 60.
crédence, 19, 21.
crédit, 80, 90.
crédule, 12, 16.
crême, 27, 72.
crémaillère, 14, 41.
créneaux, 12.
crénelure, 26, 33.
crêpe, 12, 48.
crépine, 23.
crépir, 60.
cresson, 12.
crête, 40, 48, 55, 64.
crevasse, 6, 20.
crève-cœur, 14, 80.
crever, 11, 33.
creuser, 18, 81.
creusé, 40.
creuset, 43, 59.
creux, 11.
cri quelconq. 20, 71.
criailleur, 21, 35.
criailleuse, 41, 56.
crible, 75, 90.
cribler, 78.
cribleur, 27, 72.
crier, 14, 20, 25.
crieur, 71, 73, 85.
criminel à la question,
    15.
criminel à la sellette,
    20.
criminel quelconq. 12,
    39.
crin, 7, 27, 48.

crinière, 41, 70.
crise, 22, 25.
cristal, 2, 11, 45, 90.
cristal de roche, 22, 33.
critique, 12.
critiquer, 5, 35.
croc quelconq. 7, 11,
    12, 20.
crochet quelconque, 1,
    10, 17.
crochet, trident, four-
    che, 47, 66.
crocheter, 29, 44.
crocheteur, porte-faix,
    2, 12, 19, 21.
crocodile, 1, 11, 16,
    20, 56.
croire, 60.
croiser, 65, 74.
croisière, 49.
croasser, 41, 66.
croissance, 11.
croissant, 6, 20.
croître, 20, 22.
croix, 5, 55.
— d'or, 30, 86.
— d'argent, 3, 44.
— de perles, 12, 21.
— de diamant, 24, 58.
— de pierreries, 7, 34.
chronique, 7, 17.
crosse quelconq. 45.
crotte, boue, 9, 17,
    28, 66.
crouler, 6, 13.
croupe, 45, 70.
croupière, 61, 69.
croupion, 56, 59, 85.
croupir, 15, 18.
croûte, 9, 20, 50.

cruauté, 65, 77, 87.
cruche quelconq, 4, 12
 25, 55, 56, 60, 70.
cruche de Bologne, 82,
 88.
crucifix, 25, 46.
crudité, 23.
cruel, 87, 89.
cueillir, 14, 19, 67.
cuillers, 16, 26, 83, 85.
cuiller-à-pot, 10, 85.
cuillerée, 14, 50.
cuir, 8, 50, 58, 71.
cuirasse, 70, 75.
cuirassiers, 70, 77.
cuire, 20, 23, 25.
cuisine, 58.
cuisinier, 25, 40, 53.
cuisse, 41, 45, 63.
cuisson, 9, 24.
cuistre, 14, 60.
cuivre, 47, 88.
cuivre jaune, 11.
cul quelconq. 1, 23, 90.
cul-de-sac, 9, 89.
culbuter, 17, 21.

culotte, 3, 76, 82.
culte, 36.
cultivateur, 52, 59.
cultiver, 50, 57.
culture, 14, 16, 61, 77.
cumin, plante, 11.
cupidité, 62, 74.
cupidon, 61, 62.
curé, 22, 43.
cure, paroisse, 6, 66.
cure quelc. 1, 30, 81.
cure-dent, 28, 34, 44.
cure-oreille, 9, 44.
curer, 20, 37, 73.
cureurs de puits, 33.
curieux, 51, 61.
curiosité, 2, 11, 19.
curseur, 67
cuve, 80, 86, 90.
cuvette, 6, 10, 18.
 20, 44.
cuver, 88, 89.
cuver son vin, 36, 73.
cuvée, 85.
cuvier ou gerle, 27.

D

Daim ; bête fauve, 90.
dais, 6, 16, 27.
dalmatique, 41.
damas, étoffe, 21, 23.
damasquiner, 34, 41.
dame, 27, 28, 43, 74,
 80.
dame d'atour, 15.

dame à jouer, 80.
dame-jeanne, bouteille,
 3.
dame quelconq. 18, 81.
damer, 19, 71, 85.
damier, 77, 78.
damner, 74.
damné, 76, 83.

danger, 45, 59.
danse , 3, 40.
danser, 8.
danseur, 8, 24, 59.
danseur de corde, 10, 19, 20.
danseuse, 8, 59, 88.
dard, 83.
date, 69, 75.
dattes, fruit, 7, 49, 58.
dauphin, 37, 50.
dauphine, 41.
dauphinois, 12, 27.
déballer, 16, 18, 23.
débander, 14, 26.
débarrasser, 26.
débarbouiller, 41.
débarquement, 45, 71.
débarquer, 20, 26.
débat, 12, 16, 61, 78.
débâter, 21, 26.
débattre, 41, 48.
débauché, 15.
débauche, 2, 42, 51.
débaucher, 14, 21.
débit, 7, 87.
débiteur, 50, 90.
débitrice, 42, 66.
déboire, 20, 21, 51.
débordement, 19, 62.
débouter, 4, 19.
débouler, 20, 23.
déboutonner, 41.
débrider, 45.
débris, 71, 76.
début, 11, 16.
débuter, 20, 29, 44.
dé à coudre, 6, 26, 37, 49, 71.
dé à jouer, 9, 32.

décadence, 12, 81.
décamper, 20, 26.
déceler, 14, 21, 86.
descendre , 62.
décence, 2, 15.
décembre, 50.
descente quelconq. 14, 16.
déchaîner, 35, 53.
décharge quelconq. 9, 13, 72, 90.
décharger, 2, 89.
déchargement, 3, 88.
décharner, 20, 33, 54.
déchaux, 40.
déchausser, 5, 19, 45.
déchet, 20.
déchiffrer, 21, 29.
déchirer, 14, 17, 87.
déchirure, 7, 77.
déchirement, 49.
déchoir, 12, 26.
décider, 12, 30.
décimer, 35, 70.
décimatéur, 8.
décime, 11, 18.
décintrer, 21.
décisif, 16, 19.
décision, 9, 26.
déclamer, 40, 45.
déclaration d'amour, 90.
déclarer, 15, 29.
décliné, 20.
décliner, 3, 39.
décocher, 45, 54.
décoiffer, 33, 36.
décombre, 50, 56.
décombres, 41, 47.
décombrement, 21, 26.
décompte, 31, 37, 73.

déconcerter, 2, 8.
décoration, 6, 11.
découcher, 18, 24.
découdre, 6, 8, 28.
découper, 7, 9, 30.
découpure, 26, 28.
découpler, 41, 49.
découvrir, 7, 9.
découverte, 12, 13, 31.
décrasser, 19, 26.
décrasseur, 40, 42.
décréditer, 27, 33.
décret, 41, 46.
décri, 31, 45.
décrier, 62, 63.
décrire, 65, 70.
décrocher, 20, 36.
décroissement, 17, 72.
décrotter, 9, 19, 27, 45.
décruer, 3, 11, 84.
dédaigner, 20, 26.
dédaigneux, 31, 38.
dédain, 14, 30.
dédicace, 15, 22.
dédier, 6, 7, 39.
dédire, 20, 23.
dédommager, 26, 31.
dédorer, 21, 31.
dédoubler, 30, 50.
défaire, 90.
défaite, 25.
défalquer, 16, 61, 81.
défalquement, 13.
défaut, 50, 64, 75.
défendre, 30, 48.
se défendre des ennemis, 18, 49, 53.
défenseur, 36, 65.
défense, 35, 53.

défense de sanglier, 21.
déférence, 71.
défi, 11, 44, 79.
défiance, 21.
défigurer, 33.
défiler, 52.
définir, 55, 67.
défricher, 54, 85.
défriser, 10, 24.
défroncer, 14, 41, 53.
défroquer, 27.
défroqué, 18, 41.
dégager, 17, 31.
dégagé, 22.
dégaîner, 14, 23.
dégarnir, 7, 70.
dégât, 45, 54, 66.
dégel, 26, 87.
dégeler, 31, 38.
dégorger, 45.
dégourdir, 51, 58, 63.
dégourdissement, 54.
dégoût, 14, 17.
dégoûter, 12, 27.
dégoûts, 38, 83.
dégrader quelqu'un, 65.
dégrader, 71, 80, 84.
dégraisseur, 40, 43.
dégré quelq. 13, 17.
déguiser, 73.
déjeûner, 35, 53.
déité, 28, 56.
déiste, 1, 90.
déisme, 2, 80.
délabrer, 17, 29, 38.
délai, 37, 49.
délayer, 6, 11.
délaisser, 25, 52, 73.
délaissement, 36, 41.
délateur, 14, 24.

délibération, 68, 40.
délicat, 37, 46, 52.
délicatesse, 37, 73.
délices, 11, 15, 34.
délier, 71, 87, 90.
délire, 16, 47.
délit, 49.
délivrance, 4, 11.
délivrer, 22 29.
déloger, 37, 44, 82, 23.
délogement, 41, 51.
déluge, 87.
demande, 1, 20.
demander, 17, 85.
demander l'aumône, 17, 69.
démangeaison, 13, 17, 33.
démarche, 14, 41, 64.
démarrer, 23.
démarquer, 44, 51.
démasquer, 1, 88, 90.
démâter, 8, 15.
démêler, 18, 21, 81.
démêlé, 28.
déménager, 27, 39.
déménagement, 12.
démérite, 14, 31, 52.
démeublement, 61.
démeubler, 6, 28.
demeure, 53, 81.
demeurer, 14, 50.
demi-aune, 19, 26.
demi, 8, 29.
demi-setier, 1.
demoiselle, 10, 58.
démolir, 1, 90.
démon, 8, 14, 41.
démonter, 6, 31.
démordre, 41, 49.
dénaturé, 6, 11.

dénaturer, 21, 26.
déni, 33, 38.
dénicher, 14, 17, 40.
dénier, 4, 44.
denier, poids, 14, 41.
denier, monnaie, 15, 51.
dénombrement, 85.
dénoncer, 6, 70.
denrée, 14, 19, 26.
dent, 35, 53.
dent de lait, 60.
dentelle, 3, 72.
dentiste, 37, 73.
dénuer, 37, 76.
dépaqueter, 41, 57, 88.
dépareiller, 9.
départ, 57, 65, 76.
département, 77.
dépaver, 31.
dépayser, 35.
dépécer, 34, 43.
dépêcher, 31, 60, 77.
dépense, 33, 81.
dépensier, 16, 84.
dépérir, 35, 53.
dépérissement, 74.
dépeupler, 14, 90.
déplacer, 53.
déplier, 39, 42, 82.
déplieur, 6, 66.
déplanter, 8, 88.
déplaire, 64.
déplorer, 53, 67, 77.
déplumer, 11, 17.
dépolir, 41.
déposer, 23, 26.
dépositaire, 62, 65.
déposition, 64, 75.
déposséder, 43, 51.

dépôt, 56.
dépouille, 21 , 27 , 72.
dépouiller, 34 , 35 , 43.
dépourvoir , 58 , 61.
dépucelé, ée , 1 , 2.
dépuceler, 39 , 49.
députation, 14.
déraciner, 17.
déranger, 27, 72 , 84.
dérégler, 13, 43.
déréglement, 65.
dérober, 46, 64.
déroger, 39 , 41.
dérouiller, 11 , 23.
dérouler, 31 , 46.
désabuser , 1 , 51.
désaccoutumer. 15.
désagréable , 44.
désagrément, 39.
désaltérer, 14, 41, 59.
désapprouver, 27.
désargenter, 51.
désavouer, 72 , 88, 90.
désarmer, 17 , 44, 53.
désassocier, 51, 56.
désastre , 33, 38.
désavantage , 9, 19.
désaveu, 19, 27, 75.
désenfler, 44,55.
désert, 12, 30.
déserteur, 6, 59, 64.
déserter, 71.
désespérer, 8 , 40.
désespoir, 19, 26.
déshabiller , 47, 74.
déshabiter, 56, 65, 81.
déshériter , 40.
déshérité , 67.
déshonneur , 7, 20, 34.
déshonnorer , 7, 17.

désigner , 43, 57, 66.
désir , 64.
désirer, 72 , 84.
dessein, 56, 65.
dessiner, 7, 56.
désobéir , 51, 71.
désobligeant, 57.
désobliger , 83.
désolation, 16, 61.
désoler , 11 , 21.
désordonné , 27.
désordre, 49.
désorienter, 71, 87.
désosser , 4, 15.
dessaler, 13, 31.
dessangler, 14.
dessert, 71, 81.
desservir, 19, 38, 40.
desseller, 23 , 27, 64.
dessinateurs , 45.
dessiner, 7, 56.
dessouder, 9.
dessus-dessous, 6, 18 ,
    35.
destin , 1 , 12.
destiner, 41, 54.
destinée, 51, 64.
destination, 31 , 44.
destituer, 90.
destructeur, 64, 77.
désunir, 11 , 21, 44.
désunion, 38, 46.
détachement de soldats,
    7, 17.
détachement quelconq.
    14.
détacher, 74, 88.
détailler, 68.
détail, 9, 28, 37.
détaler, 33 , 81.

dette, 65, 69.
déterminer, 1, 15, 60.
déteindre, 89.
détendre, 71.
détenir, 11, 50.
déterrer, 14, 17, 48.
détestable, 27, 45.
détester, 44, 68.
détordre, 12, 80.
détourner, 44.
détour, 26, 62, 79.
détracteur, 29.
détrempé, 67, 76.
détremper, 24.
détresse, 11, 26, 42.
détroit, 21, 81.
détromper, 56.
détrousser, 1, 49.
détruire, 31, 54.
dévaliser, 56, 65.
devancer, 49, 54, 75.
développer, 58.
développement, 62.
devenir, 11, 45.
devenir amoureux, 40, 54, 75.
devider, 17, 74, 85, 30.
devider du fil où de la soie, 14, 63.
devideuse, 46.
deuil, 69, 79.
devin, 76.
un devin, 36.
devin et devineresse, 52.
deviner, 14, 54.
devise, 3, 9.
devise quelconque, 27.
dévoiler, 31, 46.
devoir, 15, 64, 69, 81.
devoir, charge, office, 8.

dévorer, 90.
dévot, 5, 9, 11, 13, 19, 55.
dévote, 27, 36, 46.
dévotion, 64, 42.
dévotion fausse, 8.
dévoûement, 42, 47.
se dévouer, 51.
deux-à-deux, 1, 56.
dé à coudre, 1, 11, 71.
— à jouer, 9.
diable, 14, 21, 57.
diacre, 25, 34.
diaconat, 55, 64.
diadème, 1, 21.
diamant, 29, 34, 96.
diarrhée, 58.
diapré, 1, 11.
dictame, plante, 58.
diète, 1, 6, 67.
dieu, 1, 8, 36.
diffamer, diffamation, 62.
diffamant, 51, 77.
différer, 12, 35, 78.
différent, 15, 71.
difficile, 54, 61.
difficulté, 19, 57.
difforme, 16.
digérer, 14, 59.
digestion, 77.
digestif, 1, 70.
dignité, 47, 62.
digue, levée sur la rivière, 1.
dilater, 13, 41.
dilatoire, 6, 11.
diligence, voiture, 43.
diligence, 1, 17, 71.
diligent, 24.

dimanche, 7, 77.
dîme, 76.
dimension, 32.
diminuer, 12, 21.
dinde, 28, 59, 70.
dindon et dindonneau,
    29, 38, 40, 41, 47.
dîner, 29, 39, 42.
—en grande compagnie,
    55.
diocèse, 6, 57.
diocésain, 14, 22.
diplôme, 81.
dire, 41.
directeur, 44, 65, 84.
directrice, 76.
diriger, 90.
discerner, 31, 64, 83.
disciple, 19, 59.
discipline, 89.
disconvenir, 7, 11, 22.
discorde, 72, 90.
discorder, 29, 45.
discourir, 4, 20.
discours, propos, 6, 10,
    50.
discret, 26, 62.
discrète, 19, 77, 89.
discrétion, 17, 32.
disculper, 14, 37.
discuter, 7, 21, 87.
disette, 4, 9.
diseur d'aventures, 75.
disgrace, 12, 28.
disgracié, 6.
disloquer, 7, 16.
dislocation, 25, 32.
disparaître, 9, 31.
dispensateur, 76, 85.
dispense, 6, 13, 31.

dispenser, 70, 32.
disposition, 26.
disproportion, 38.
dispute, 2, 47, 74.
disputer, 15, 42, 70.
dissenterie, 8, 19.
disséquer, 87.
dissimulation, 5, 15.
dissimuler, 36, 82.
dissipateur, 31, 47.
dissipation, 3, 20, 31.
dissiper, 3, 16.
dissolu, 19, 51, 58.
dissolution, 11.
dissoudre, 52, 62.
dissuader, 27, 32.
distance, 7, 26.
distillateur, 36, 46, 63,
    90.
distillateuse, 11.
distiller, 18, 49.
distinction, 16, 42.
distinguer, 20, 26.
distraction, 9, 14, 22.
distraire, 29, 47.
distribuer, 12, 30.
— du pain, 1.
— de l'argent, 2, 16.
distribution, 26, 45.
district, 2.
divertir, 33, 51.
divertissement, plaisir,
    ou récréation, 3, 18.
divinité, 2, 4, 6, 9,
    28.
diviser, 51, 56.
division, 33, 55.
divorce, 70.
divulguer, 30, 51.
divulgué, 3, 15.

docteur, 36, 44.
doctrine, 15, 51.
doge, 5, 11., 22.
dogue, 41, 44.
doigt, 1, 11.
doigts, 14, 41.
doler, 27, 46.
doloire, 32, 34.
domaine, 38, 85.
dôme, 9, 14, 14, 19, 91.
domestique, 1, 33, 60.
    85, 90.
dommage, 70, 76.
dominer, 8.
dominicain, 7, 70.
domino, robe de mas-
    que, 44.
dompter, 24, 56, 85.
don, 81, 89.
donation, 85, 90.
donner, 1, 2.
— du cor, 46.
— à allaiter, 15.
— une tape, 73.
donjon, 72, 87.
donneur de charité, 11.
dorade, poisson, 61, 67.
dorer, 20, 24.
doreur, 18, 28, 54, 58.
dormeur, 41, 48.
dormeuse, 62, 68.
dormeries, dortoir, 41, 79
dormir, 32, 41, 45.
dorure, 17, 47, 38.
dos, 30, 40, 66.
dose, 19.
dossier, 44, 45.
dot de mariage, 25, 50.
doteur, qui donne la
    dot, 6.

douaire, 42, 70.
douairière, 44, 70.
douane, 77, 87.
douanier, 36, 56, 59.
double, 23, 70.
doubler, 24, 31.
doublure, 3, 16, 26,
    29.
doucette, plante, 10.
douceur, 9, 41, 44.
douleur, 3, 6, 16.
douleurs en couche, 6.
douter et doute, 54, 66.
douve, 31, 36.
doux, 46, 51, 90.
doyen, 20, 26.
dragées, 4, 5, 8, 12,
    50, 64.
dragon, soldat, 12, 14?
    19.
— serpent, 34, 50,
    51.
— cerf-volant, 34.
drap, 50, 58, 81.
— de laine, 50, 58.
— de grosse laine, 82.
— de lit, 3, 33.
— d'or, ou fil cane-
    vas, 16.
— quelconques, 12.
drapeau, 20, 42.
draper, 1, 80, 82.
draperie, 19, 90.
dresser, 45, 48.
dressoir, 66.
drogue, 2, 12, 61.
— aromatiques, 16.
droguet, étoffe, 26, 33.
droguier et droguerie,
    54, 55.

droguiste, 35, 37, 5o. , 55, 59, 89.
— femelle, 42.
— mâle, 55.
droits, 15, 21.
droit canon, 42.
drôlerie, 5o, 81.
droiture, 24, 25.
dru, 5, 33.
— mâle, 33.
— femelle, 1.
druides, 2, 38.
duc, 3, 11, 33, 28.

duc et duchesse, 4, 44, 55.
duel, 27, 69.
duellant, se battre, 11, homme qui se bat, 14.
duelliste, 11, 25.
dupe, 35, 55.
— duper et duperie, 14.
duplication, 44, 6o.
dureté, 3, 15.
durcir, 20, 22.
durillon, 44, 51, 58.
duvet, 14, 6o.

E

Eau bénite, 22, 39, 41.
— claire, 1, 14, 26.
— trouble, 61, 62, 85.
— de vie, 53, 57, 65, 66, 85.
— de la reine, 1, 8.
— de puits, 9,
— telle qu'elle sort, 39.
— de vie et un hom-me, 22, 52, 85.
— de cédrat, limona-dier, 78.
— fraîche et un hom-me, 77.
— avec une personne, 78.
— dormante, lac, amas d'eau, 13.
— quelconques, 52, 54, 72.

eau de senteur, 22, 39.
ébahissement, 12, 21.
ébauché, 15, 18, 81.
ébaucher, 71, 74.
ébène, 78, 88.
ébéniste, 28, 48, 78, 80, 84.
éblouir, 1, 71.
éblouissement, 15, 51.
éboulement, 3, 9, 17, 68, 71.
ébrancher, 4, 64,
ébranler, 19, 72.
ébrener un enfant, 53.
écailles, 23.
— pour boîte, 72, 77.
— de poisson, 7, 27, 32.
— quelconques, 27, 40.
écarlate, 11, 57, 61.
écart, 12, 19.
écarteler, 44, 49.

écarteler à quatre chevaux, 72.
ecclésiastique, 48.
échafaud, 15, 19, 39, 45.
échafauder, 16, 33.
échalas, 2, 5, 62.
échalotes, 41, 43.
échancrer, 14, 24.
écharge, 71, 76.
échanson, 80, 90.
échantillon, 12, 70.
échapper, 15, 70.
écharpe, 16, 18, 33.
— bande d'enfans, 41.
échasses, 13, 16, 50.
échaudé, 11, 72.
échauder, 16, 41.
échauffer, 45, 50.
échéance de billet, 69.
échecs, 1, 21.
échelle, 4, 14, 50.
— gibet, potence, 4, 35, 39, 43, 76.
monter par échelle, 10.
échelon, 76, 83.
écheveau, 3, 18, 31.
échèvelée, 50, 60.
échevette de fil, 3.
— de soie, 18.
échevins, 9, 25, 53.
échine, 46, 51.
échiquier, 15, 30.
écho, 11, 23, 26.
échoir, 35, 38.
éclair, 29, 66, 83, 86.
— de chaleurs, 6, 71.
— éclat de lumière, 11.
éclaircir, 72, 86.

éclairer, 12, 21.
éclat de bombe, 1, 19, 30.
— de bois, 14, 79.
— de pierre, 15, 16.
éclat, 20, 30, 41.
éclater, 12, 18, 81.
éclipse, 9, 26.
— de lune, 19.
— de soleil, 9.
éclipser, 6, 22, 42.
éclore, 23, 21.
écluse, 19, 35.
école, 3, 60.
écolier, 4, 37, 51.
écoliers, 27.
économe, 12, 18, 24.
économie, 13, 47.
écorce d'arbre, 44.
— noire, 40.
— quelconque, 11.
écorcé, écorcée, 31, 36, 63.
écorcher, 24, 30, 66.
écorcheur, 66, 69.
écorchement, 49.
écornifleur, 11, 23.
écossé, écossée, 24, 31.
écosser, 56, 62.
— des pois, 45.
écot, 19, 30, 44.
écoulement pour les eaux, 16, 82.
— quelconque, 18.
être aux écoutes, 25, 82.
écouter, 20, 39, 41.
écoutilles, 42, 54, 56.
écouvillon, 18, 56.
écran, 20, 70, 75.
écraser, 13, 21.

écrevisse, 14, 62, 36.
— noire, 80.
écrin, coffret à bagues, 5.
écrire, 32.
écriteau, 80, 85.
écritoire, 23, 46, 59.
écriture, 21, 26.
écrivain, 26, 32, 36, 43.
— plusieurs, 43.
— auteur, 88.
— femme, 62.
écrou, 53.
écrouelles, 34, 43, 86.
écroulement, 10.
écu, 9, 19.
écueil, 14, 41.
écuelle, 12, 36, 41.
écume, 36, 39.
écumer, 12, 19.
écumoire, 10, 15.
écurer, 37.
écureuil, 7, 11.
écurie, 8, 25, 30.
écurie avec des che-
    vaux, 25.
garçon d'écurie, 79.
écusson, 12, 15.
écuyer tranchant, 9, 15,
    67.
— qui verse à boire
    au prince, 15, 67.
— quelconque, 18, 42.
édifice, 29, 42.
édifier, 33, 45.
éducation, 16, 40.
éduquer, 81.
effacer, 33, 52, 59.
effaroucher, 44, 54.
effarouché, 13, 16.
efféminé, 20, 32.

efféminée, 12, 36.
effets vieux, 6.
— quelconques, 1, 9.
effeuiller, 61.
effigie, 34, 61.
— pendu en effigie, 37.
effleurer, 22, 83.
effort, 17, 50.
s'efforcer, 20, 41, 60.
effraction quelconque,
    90.
effrayer, 13, 29.
s'effrayer, 2, 10, 78.
effrayant, 13, 40.
effronté, 33, 55.
effronterie, 51, 65.
effusion de sang, 18, 80.
égal, 14, 19, 50, 56.
égaler, 80, 86.
s'égarer, 12, 16.
égaré, égarée en che-
    min, 89
égarement, 20, 40, 82,
    87.
église, 5, 44, 70, 84.
église avec son clocher,
    84.
— tendue, 43,
— parée, tapissée, clerc
    d'église, 22, 45, 50, 65.
égorger, 7, 12, 33, 71.
égoût, 19, 35, 45, 56, 78.
égratigner, 16, 18, 30.
égratignure petite, 7.
— grande, 14.
égruger, égrugeoir, 72.
éguiseur, remouleur, 10,
    29, 30, 40, 66. —
éguiseurs, remouleurs,
    40.

élans, 12, 18, 91.
élancement, 28.
élargir, 20, 51.
élargissement, 10, 12 , 41.
élastique, 24, 35.
électeur, 8, 66, 68.
élection, 15, 41, 68.
électuaire, 52, 55 , 59.
élégance, 16, 50.
élégant, 16, 24, 31.
éléphant, 52, 53, 59.
éléphans, 22.
élève, 21, 27.
élevé génie, 90.
élever, élève, 12, 30. 40.
élève quelconque, 1
élévation, 19, 26, 62.
élébore, 45, 72.
élite de troupes, 80.
élixir, 15.
éloignement, 23, 30.
éloigner, 19, 61.
éloquence, 50, 76.
élu, 15, 31
éluder, 11, 20.
émail, 30, 39.
émailler, 40, 49.
émailleur, 19, 35.
emmaillotter , 20, 22 , 26, 60.
émanciper, 15, 30.
emballer, 25, 52.
emballage 14, 50, 63.
emballeur, 41, 71.
embarquement, 120, 42. 48.
embarquer, 49, 50, 55.

embarras , 7, 42, 51
embaucher, 17, 58.
embaumer, 11, 12, 35 , 53.
embellir, 20, 60.
embellissement, 41, 81.
embonpoint, 70, 75,
embouchure, 12, 50.
emboucher, 45, 52.
embourbé, 5.
embraquer, 40, 90.
embrassement, 40, 41.
embrasser, 11, 45.
embrasement, 42, 63,
embraser, 12, 75, 89.
embûche, 65, 70.
embuscade, 5, 15, 50.
émeraude, 30, 46, 81.
émeute, 88, 70.
émerillon, oiseau, 35, 72
émietter le pain, 3.
émissaire, 26, 42.
emmeubler, ajustement , 5.
émonder, 24, 30.
émousser, 18, 34.
émouleur, 22, 26, 30, 29, 66.
empailler, 45, 54, 56., 65.
empaler, empalé, 52.
empaqueter, 13, 40.
empêcher, 19, 48.
empêchement, 49, 52. 64, 74.
empereur, 64, 72, 84.
empeigne, 15, 60.
empeser, 4, 30.
empester, 1, 68.

empire, 10, 66.
emplâtre, 12, 15, 90.
emploi, 35, 48.
employer, 50, 70.
empoisonner, 80, 85.
empreinte, 17, 88.
s'empresser, 13, 90.
empressé, oublié, fer-
mé, 21, 24.
emprisonner, 25, 38.
emprunter, 17, 34, 55.
émulation, envie, 17.
encaisser, 12, 36.
encan, 38.
enceinte, femme, 55, 82.
enceinte, clôture, 12, 20.
encens, 40, 61, 81, 84.
encenser, 22, 58, 60.
encensement, 30,
encensoir, 4, 8, 60, 61.
enchaînement, 55.
enchaîner, 12, 16, 55,
61.
enchantement, 45, 90.
enchanter, 3, 58.
enchâsser, 13, 78.
enchérir, 11, 19.
enclaver, 15, 19.
enclouer, 3, 70.
enclume, 3, 33, 63, 79.
encolure, 19, 58, 85.
encre, pour écrire, 26.
64, 87.
— d'imprimerie, 21.
— faiseur, 5, 51, 85, 89.
— faiseuse, 26, 85, 87.
enculasser, 37, 87.
s'endetter, 6, 27.
endêver, 5, 19.
s'endormir, 33, 60.

endormie, lâchement,
négligemment, 20.
endroit plein de châtai-
gniers, 12, 64.
endroits quelconq., 1,
90.
enduire, 3, 90.
endurci, 32, 54.
endurcir, 6, 30.
endurer, 45, 59.
enfance, 2, 40, 66.
enfant, 1, 2, 20, 62.
enfans, 1, 11, 15, 20.
— petit garçon, 15, 20.
— petit enfant, 42.
enfant (jeu d'), 64.
enfans, fils, 60.
enfans qu'on tient au
baptême, 26.
— de cire, 83.
— nouveau-né, 1, 20.
enfanter, 11, 70.
enfantement, 5, 30.
enfer, 3, 8, 14, 41.
enfermer, 72, 86.
enfermé, 12.
enfiler, 26, 70, 80.
— des perles, 87.
enfilade, 40, 43.
enflammer, 12, 30.
enflement, 11.
enfler, 25, 52.
enflure, 1, 5, 12.
— à la tête, bosse, 8,
68.
enfoncer, 45, 70.
— une porte, 16.
enfoncement, 58, 90.
enfouir, 12, 70.
enfourneur, 20, 45.

enfourner du pain , 10.
enfuir, s'enfuir , 20.
enfumer, 45 , 56.
engageant, 45 , 58.
engagement, 50 , 65.
engager , 33 , 45.
engelure , 58 , 63 , 97.
engendrer, 19 , 48 , 90.
engerber 12 , 58.
engrélure , picot , 22 ,
    70 , 76.
engloutir, 17 , 52 , 65.
engorger, 33 , 60.
engourdir , 58 , 72.
engourdissement, 12 ,
    30 , 40.
engraisser, 2 , 49.
engrosser, 65 , 81.
engrener , 49 , 60.
enharnacher , 13 , 20.
énigme, 46 , 49.
enjamber, 50 , 76.
enjoué, 11 , 16 , 61.
enjoliver, 1 , 2.
enjolivure , 4 , 52.
enivrer, 24 , 42.
enlever, 5 , 16 , 26 , 29.
enlèvement, 3 , 31 , 51.
emmancher, 5 , 66 , 80.
emmener, 30 , 50.
emmuseler, 14 , 21 , 74.
emmaigrir, 68.
ennemi, 10 , 88.
ennemis (toutes sor-
    (tes d' , 73.
ennemis plusieurs , 17.
ennemi (un) 8.
ennemie , 88.
énoncer, 1 , 31.

s'enorgueillir , 42 , 65.
ennui , 19 , 25 , 51 , 70.
ennuyer , 45 , 62.
enraciner , 12 , 20.
enrager, 14 , 31.
enragé, 12.
enrichir, 1 , 50 , 73.
enrôler, 26 , 30.
enrhumer, 71 , 86.
ensanglanter , 74.
ensanglanté , 51.
enseigne, 4 , 17.
enseigner, 83.
ensemencer, 12 , 17.
ensevelir, 7 , 46.
ensorceler, 4 , 25 , 40.
ensorcelé, 22 , 55 , 60.
entailler, 10 , 21 , 24.
    30 , 36
— découper, 9.
entaille quelconque, 45.
entamer, 33 , 51.
ente, 2 , 12.
enter, 4 , 34.
entendre, 5 , 60.
enterrement, 16 , 36 , 71.
enterrer, 7.
enterreur de morts ,
    corbeaux, 61 , 80.
enterreurs , corbeaux ,
    mouches , 47 , 62.
entêtement, 17 , 20.
entonnoir, 73 , 90.
entorse, 12 , 18 , 81.
entortiller, 52.
entourer, 20 , 74.
entrailles , 52 , 65.
entraves, 52.
entrechoquer , 12 , 50.

entre chien et loup, 3o. 88.
entré, 1, 15, 19, 51.
entrée d'une maison, 17. 3o.
entremets, 12, 5o.
entremetteur d'amour, 9.
entresol, 15, 31, 41.
entremise, 20, 6o.
entrepôts, 5, 25, 52.
entrepreneur, 1, 6o.
entreprise, 67, 72.
entretenir, 67, 71.
entretien, 16, 5o, 88.
enveloppe, 15, 21, 39.
envelopper, 2, 15, 31.
envie, 1, 17, 25, 41, 89.
— émulation, 19.
envier, 7, 88, 89.
envieux, 48, 89.
envieuse, 15, 17, 37, 89.
envisager, 25, 70.
envoi quelconque, 42.
envois, 15, 36.
envoler, s'envoler, 8o.
envoyé, 38, 51.
envoyer quelqu'un, 12, 82.
épaissir, 32, 41.
s'épanouir, 24, 48.
épargne, 76, 88.
épargner, 6, 70.
épaule, 29, 31.
épaulette, 11.
épée, 36, 4o, 45.
— nue, 1, 11.
— petite, 10, 29.
épées, une ou plusieurs, 35, 76.

épées (vendeuse d'), 51. 66.
épées (vendeur d') , 22. 69, 77, 88.
éperon, 6, 3o, 6o.
éperons, 1.
épervier pour la pêche , 45, 78.
épi de blé, 89, 6o.
épi quelconque, 31, 79.
épices, 45, 47, 61, 74.
épices quelconques, 55. 89.
épiciers , 8, 13, 17, 36.
épier, 12, 3o.
épieu, 44, 61.
épilepsie, 3o, 70.
épinards, 36, 70, 75.
— grands, 70.
— petits, 72.
épines, 1, 19.
— arêtes de poisson , 45, 47.
épinette, petite épine, 12, 4o, 55, 63, 89.
épingle, 1, 41, 51, 55, 71.
— et lacet, 64.
— grande, à tête, 59.
— grande, 59.
épinglier, 12, 9o.
épineuse, hérissonne, 51.
épineux, hérisson, 7.
épitaphe, 20, 41, 81.
éplucher, 3o, 5o.
épluchement, 73.
éponge, 56, 76, 84.
éponges, 77, 85.
épousailles, 23, 31.
époux, épouse, 44, 45. 6o, 63, 84.

épouse, la mariée, 84.
— fille qui entre en religion, 51.
—filles qui prennent l'habit, 8.
épousailles, mariage, 20,
  89.
épouse pour la bague,
  10.
époux plusieurs, 55.
— un seul, 49.
épouseur, 32, 71.
époussettes, brosses,
  vergettes, 3, 7.
épervier, oiseau de
  proie, 44, 77.
épouvante, 34.
épouvante, peur, 90.
épouvanté, 20.
épouvanter, 38, 70.
épreuve, 44, 56.
éprouvette, 15, 51.
épuiser, 51, 70.
équerre, 6, 7, 18, 70.
équevilles, balayures,
  14.
équilibre, 11, 12, 40.
équinoxe, 45, 90.
équipage, 4, 12, 37, 46,
  52.
équité, 42, 70.
équivoque, 12, 20.
éreinter, 59, 70, 87.
ergot, ongle, 1, 11, 21.
errer, 76, 80, 89.
erreur, 6, 27, 70.
escouade, 42, 53.
— d'archers de jour,
  42.
—— de nuit, 2.

escouade de troupe, 17.
escadron, 56, 70.
escalade, 7, 70, 78.
escalader, 1, 85.
— une maison, 10.
escalier, 26.
escamoteurs, 72.
escarboucle, 30, 38, 71.
escargots, 11, 72, 90.
— de mer, 44.
escarpin, 12, 60.
escarpins, 9, 31.
escarpins (petits), 14, 22,
  25.
escarpins (faiseur d'), 1,
  41.
escarpins de velours, 9.
esclave et esclaves, 54,
  57, 59, 65, 68, 75.
esclavage, 59, 68.
esclot, chaussure, 60.
escorte de nuit, 6, 13.
— de jour, 24, 25.
escouade du guet (de
  nuit, 2, 20, 24.
espace quelconq., 1, 55.
espalier, 37, 80.
espaliers de jardin, 37,
  83.
espèce quelconque, 9,
  19.
— de devineur, 1, 14.
espérance, 57, 71, 82,
  90.
espion, 13, 18, 81.
esplanade ou glacis, 41,
  70.
espoir, 13, 60.
esponton, 20, 84.
espontons, 11.

esprit, 70.
esprits (possédé d'), 55.
esprits plusieurs, 6, 34, 54.
esprit infernal, 14.
— avoir de l'esprit, 55.
— follet, 14.
— nocturnes, 6, 31, 54.
— saint, 25, 42.
— malin, 6, 14.
— quelconque, 6, 64.
essai, 65.
— quelconque, 20, 31.
essayer, 55, 65, 72.
essaim, 55, 82.
esse, cheville, 13, 90.
essieu, 21, 33.
essor, 44, 57, 75.
essuie-main, 70, 74.
estafette, 50, 77.
estafier, 1, 69.
estafilade, 49.
balafre, longue plaie, 43.
estampe, 50, 67.
estampes, 33, 68.
estimation, 5, 24, 82.
estimateur, 23, 32, 46.
estime, 24, 85.
— quelconque, 12, 16.
estimer, 46, 72.
estomac, 71, 86.
estrapade, 70, 90.
estropier, estropié, 2, 36, 63.
esturgeon, poisson, 3, 9, 45.
étable, 9, 29, 61.
étain, 9, 29, 71, 90.

étage, 13, 86.
étager, 39, 79.
étaler, 41, 51.
étalage, 42, 52.
étalon, 59.
étameur, 49, 70, 77.
étamine, 16, 39.
étançon, 12, 21.
étançonner, 46, 87.
étang, 29, 46, 64.
étangs, 62.
étang, vivier, réservoir, 34, 54.
étape, 44, 86.
état quelconque, 2, 90.
étau, 19, 39.
été, saison, 13, 23, 31, 32, 33.
éteindre, 75, 82.
— le feu, 5.
étendard, 5, 20.
étendre, 16, 72.
— la main, 13.
éternité, 1, 90.
éternuer, 1.
étincelle, 88.
étincelles, 41, 47.
étique, 12, 24, 32, 61, 71.
étiquette, 5, 68, 71.
étisie, 15, 40, 45.
étoffe de soie unie, 45, 51.
— brochée, 5, 25.
— d'or ou d'argent, 35.
— de laine et fil, 80.
étoile, 18, 20.
étoiles, 4, 6, 18, 66.
étoiles et comètes, 4.
étole, 7, 20, 33.

étonner, 1, 85.
étonnement, 10, 41.
étouffer, étouffé, 2, 7, 52.
étoupe, 1, 51, 90.
étoupes grosses, de lin, 23.
— petites, 5, 51.
— grosses, 1.
étourdi, 11.
étourdir, 17, 78.
étourneau, oiseau, 16, 48.
étranger, 51, 67, 76.
étrangers, 2.
étrangère, 2, 5, 40.
étranglement, 39.
étrangler, 8, 39, 58, 99.
être, exister, 6, 81.
— sauvé, 4, 24, 51.
— endommagé, 15, 71.
— offensé par ses ennemis, 17, 49, 52.
— trompé par ses ennemis, 12, 41, 62.
— persécuté, 11, 20, 53.
— préservé des troupes, 9, 52, 70.
— trompé, 32, 44, 84.
— empoisonné, 51, 65, 90.
— assailli par ses ennemis, 18, 72, 75.
— nu, 18.
— à la campagne, 62.
— sollicité, 86.
étrécir, 48, 76.
étrennes, 9, 27, 42.
— mignonnes, 51.
étrier, 16, 18, 81.

étriers, 16.
étrille, 44, 62.
— seule, 31.
étrilles, 28, 38.
étrivières, 1, 2, 9.
étroit, 29.
étudiant, 27, 45.
étudians, 57.
étudier, 22, 44.
étui, 9, 25, 52.
— à aiguille, 32.
— à peignes, 65, 88.
— brodé, 65.
— quelconque, 8.
étuve, 5, 19.
étuvée, 8, 64, 71.
eucharistie, 10, 60.
évangile, 1, 2, 90.
évangéliste, 60, 70.
évanouir, 11, 63, 69.
évanouissement, 17, 36, 48.
évanouissemens, 11, 31.
éventail, 37, 87.
éventails, 75.
éventails (faiseur d'), 22, 77.
éveiller, 78.
éventer, 13, 71.
éventrer, 1.
évêque, 32, 61, 71, 72, 76, 84.
évêché, 32, 61.
événement, 12, 70.
éviter, 19, 90.
évoquer, 47, 76, 90.
examen, 8, 76, 83, 90.
examinateur, 44, 87.
exaucer, 13, 76.
excès, 19, 33.

excuser, 54, 58.
excuse, 1, 32.
exécuter, 4, 25, 52.
exécuteur, 7, 57.
— testamentaire, 9.
— de la haute-justice, 1, 4.
excrément quelconque, 54.
exemple, 7, 71.
exempt, 18.
— de police, 18, 75, 76.
exempter, 19, 44.
exemption, 1, 18, 75.
exercice, 7, 27, 51.
— du drapeau, 38.
exil, 56.
exiler, 31, 42.
exorciser, 1, 14.
expédient, 7, 27, 38.
expédier, 26, 82.

expéditionnaire, 13, 16, 47, 80.
expirer, 66, 82.
exposer, 2, 41.
expression, 62, 66.
expulser, 10, 30.
extase, 56.
extasier, 2, 30.
extinction, 10, 26, 31.
— de dettes, 10.
extrait, 22, 35, 43.
— de loterie, 59, 88.
— quelconque, 57.
extraction, 48, 59, 88.
— de nombre, 88.
extravagant, 17.
extravaguer, 1, 21.
extravagance, 17.
extrémité, 62, 74.
extrême - onction, 47, 49.
extraordinaire, 2, 40.

F.

FABLE, 26, 30.
fabrique, 12, 26, 29, 31, 38.
— de chocolat, 9, 13.
— d'étoffes, 1, 7, 12, 38, 42.
— de rubans, 19, 85.
— de toile, 28, 82.
— de bas, 17, 71.
— de boucles, 5, 65.
— de faïence, 7, 44.
— de gaze, 8, 25.

fabrique de papiers, 4.
— de chapeaux, 55, 69.
fabriques quelconques, 14, 28, 62.
fabriquer, 86, 89.
fabricateur, 26, 30.
façade, 1, 8, 38.
face, 8, 19, 73.
face quelconque, 14, 16.
fâcher, 13, 43.

fâcherie, 6.
fâcheuse, 19, 71.
fâché, aigri, 41.
facile, 13, 41.
facilité, 2, 19.
façon quelconque, 62, 71.
façonner, 44, 72.
facteurs, 9, 60.
facteur de campagne, 82.
— de la petite poste, 15.
— d'orgue, organiste, 19.
factionnaire, 15, 33.
faculté, 44, 45.
fadaise, 58, 67.
fagiole, haricots, 12, 43.
fagot, 82.
fagot quelconque, 51, 62, 77, 82.
fagotier, 68.
fagots, 39.
faillir, 72, 76.
faim, 19, 68, 80, 82.
fainéant, 49, 61.
faire, 25, 52.
— l'amour, 80, 87, 90.
— naufrage, 1, 18.
— du bien, 45, 64, 73.
— l'aumône, 70.
— une chose quelconque, 3, 56, 65.
faisan, 14, 19, 28, 51, 79.
faiseur et faiseuse de fagots, 19, 50.
— de garnitures, 3, 59.
— de bandages, 35, 68.

faiseur de bas, 40, 79, 81, 83, 84.
faiseuse de bas, 31.
faiseur de boutons, 64, 66.
— de chaînes, 81, 84.
— d'encre, 81, 87.
— de collets, 8, 16, 47, 85.
— de colliers, 87, 89.
— de balais, 11, 26.
— de portraits, 19, 90.
— de chandelles, 65, 76, 82.
— de parasols, 12, 56.
faiseuse de modes quelconques, 79, 80.
faiseur de violons, 19, 90.
— de chaises, 1, 31.
— de flacons, 14, 72.
— d'aiguilles, 31, 52, 81, 84.
— d'aiguillettes, 13, 30.
— de blondes, 17, 28.
— de franges, 54, 66.
— de boucles, 25, 52.
— de fleurs, 14, 41.
— d'épingles, 30, 75.
— de figures de cire, 36, 63.
— de clavecin, 9, 17, 71.
— de quenouilles, 77, 88.
— de couvercles, 7, 49.
— de boîtes, 87.
— de brides, 86.
— de coffres, 20, 27, 55.
— de culottes, 50, 59.

faiseur de ciseaux, 18.
— de ceintures, 8, 20.
— de charités, 11.
faiseuse de foin, faneuse, 62.
faiseuse de dentelles, 8, 79.
— de chemises, 12, 21.
fait, 1, 84, 90.
faîtage, 41, 62.
fait d'armes, 3, 39.
falbalas, 53, 62.
falot, 15, 97.
falotier, 33, 42.
falsification, 1.
famine, 11, 19.
famille, 30, 42.
fanal, 50, 52.
fanatique, 10, 15.
fanatisme, 55, 57.
faner, 82.
fanfaron, 4, 63.
fange, boue, crotte, 1, 6, 28, 30.
fanons quelconques, 19, 71.
fantaisie, 14, 60.
fantasque, 14.
fantôme, 2, 19, 38, 59.
faquin, 15, 16, 19, 51, 60.
farce, 10, 18, 46.
farceur, 15, 29, 40.
farcin, gale, 2, 82.
farcir quelque chose, 31.
fard, 10, 18, 40.
— pour femmes, 71.
— blanc des femmes, 18.

fardeau, 10, 20, 31.
farder, 45.
fardée, 11.
farine de fèves, 67.
farine, 10, 30, 50, 63, 66.
farin ou meunier, 31, 51.
farinier, 3, 12, 30, 31.
farinière, 75, 85.
farineux, 74, 84.
faste, 20, 65, 76, 84.
fat, 11, 26, 32, 48.
fatalité, 73, 85.
fatigue, 13, 82.
fatigue, lassitude, 60.
faucher, 11, 22.
faucille, 12, 45.
faucon, 72, 76, 80.
faucons, 72.
fauconnier, 13, 41.
faussaire, 6, 11.
fausse couche, 2, 19.
— monnaie, 51, 64.
fausses raies, raie, 24.
faussement, 1.
faustine, 31, 68.
faute et fautes, 2, 9, 48, 78.
faute involontaire, 25, 70.
fauteuil, 3, 4, 85.
faux, faucille, 53.
faveurs, 35, 72.
favoriser, 12, 60.
faux, 24, 54, 81.
faubourg, 15, 19.
faux pas, 12, 36.
faïence, 64.
fée, 31, 51, 68, 69, 77.

fée, magicienne, 56.
feindre, 6, 12.
feinte, 32, 79.
féliciter, 40, 71.
félure, 17, 71.
femelle, 15, 30.
— du buffle, 77.
femme, 11, 21, 43.
— noble, 27, 81.
— bourgeoise, 80.
— roturière, 54, 72.
— belle, 6, 29.
— coquette, 12, 21.
— galante, 7, 16.
— dévote, 3, 6.
— débauchée, 1, 39.
— qui pompe, 67, 71.
— qui file, 21, 33.
— qui puise de l'eau au puits, 10, 42, 67.
— gracieuse, 19, 21.
— enceinte, 4, 65.
— effrontée, 44, 46.
— nue, 35, 39, 59.
— en couches, 27, 33.
— amoureuse, 17, 34.
— au balcon, ou à la fenêtre, 43, 46.
— assise, 1, 11.
— parée, 14, 29.
— désœuvrée, 72.
— grossière, 45, 48.
— de hussard, 51, 54.
— de soldat, 19, 26.
— inconstante, 2, 9.
— infidèle, 2, 4.
— qui tient des chambres garnies, 6, 21.
— facile, 17, 34.
— revêche, 16, 39.

femme de charge, 71.
—, jolie, 4.
— laide, 5.
— bien mise, 89.
— quelconque, 21.
— qui tire de l'eau, 65, 67.
— à la toilette, 35.
— grosse, 50, 65.
— qui accouche, 27.
— endrapée, 23.
— bien coiffée, 69.
— grecque, 34, 52, 55.
femmes diverses, 16.
— guerrières, 61.
— communes, 8.
femelle drue, 1.
— affectée, 70.
fendre et fente, 12, 19, 80.
fenêtre, 68, 69.
— garni de barreaux, 88.
fenêtres, 19, 59, 65.
— petites, 10.
fenouil, 10, 47.
— de vigne, 5.
— racines de, 19.
fenouillette, 17, 31.
fendeur de bois, 19, 60.
fer de cheval, 18, 51.
— métal, 58, 62, 71.
— quelconque, 58.
vieux fers, 71.
fer et fers, 58.
fers, chaînes, 88.
ferme, 2, 15.
fermeté d'âme, 14, 53.
fermement, 21.

ferme , solide. *Voyez* gaufre, oublie, 21.
fermier, 25.
fermiers, 66, 71.
fermières, 35, 80.
ferrailleur, 71.
fer pour repasser les bas et manchettes, 16.
ferrer les chevaux, 25, 56.
— une petite voiture, 27, 48, 77.
ferreur, 13, 31, 40, 44, 56.
férule, 86, 90.
fervent, 28.
ferveur, 79.
fesse, 13, 46, 64.
fesser, 24, 33.
festin, 48, 49.
festonner, 5.
fête, 20, 52, 63.
fête (donneur de), 10.
— banquet, bal, 7, 48, 49.
fêtes, caresses, accueils, 52.
fêter, 3, 30.
feu, 2, 14, 20, 55.
— ardent, 15, 31.
— éteint, 78, 79.
— de joie, 49, 52.
— d'artifice, 18, 80, 89.
— quelconque, 5, 44.
— de braise, 38.
feu (grand), bassinet d'armes, 24, 79.
feuillage de cochon, 52.
feuillages, 60.
feuillant, moine, 3, 13.

feuille et feuilles, 1, 12, 30, 50.
— à écrire, 13, 55.
feuilles de papier, 13, 15, 35.
feuilles sèches, 30, 45.
feuilletage, pâtisserie, 38.
feutrage, 55, 57.
feutre, 14, 31.
fève et fèves fraîches, 78.
fèves blanches, 5, 71.
fèves de café, 11.
fiacre, 4, 44.
fiançailles, 25, 33.
fiancer, 12, 70.
ficeler, 33, 50.
ficelle, 30, 57.
ficelles, 19.
fiche, 14, 61.
fichet, 11, 45.
fichu, 17, 35.
— quelconque, 18.
fidèle et fidélité, 5, 7, 9, 16, 19, 37, 41, 67, 78.
fidélité domestique, 64.
fiel, 3.
fier et fierté, 2, 7, 14.
fiente, merde, 54.
— quelconque, 60, 66.
fièvre (avoir la fièvre) 18, 28, 48, 78.
— d'étique, 30.
fièvreux, 6, 12.
fifre, 1, 11, 30.
figues, 59, 69.
— sèches, 12, 58, 59, 69.
— fraîches, 4, 40, 60.

figues, dattes, 58.
figuiers, 6, 78.
figures (petites) de cire, 25.
figures quelconques, 14, 70.
fil, 49, 71.
— d'or, 35, 53.
— d'argent, 6, 10, 53.
— quelconque, 11, 16, 61.
filage, 49.
filandière, 14, 31.
filandres, 46, 72.
filer, 30.
— de toutes façons, 6, 30.
filière pour tirer les métaux, 2.
filets, 2.
— quelconques, 2, 31.
fille, 5, 90.
— jolie, 11, 72.
— laide, 9, 40.
— capricieuse, 14, 26.
— légère, 3, 11.
— inconstante, 14, 70.
— coquette, 42, 76.
— volage, 7, 21.
— grossière, 7, 22.
— sage, 6, 12.
— libertine, 13, 41.
— modeste, 49, 76.
— spirituelle, 64.
— amoureuse, 7.
— constante, 90.
— de joie, 7, 70.
— religieuse, 18, 19.
— à marier, 41, 72.
— petite, 25, 66.

fille de chambre, 60.
— vierge, 6.
— jeune, 80.
— publique, putain, 79.
— qui entre en religion, 51.
— petite, allemande, 73, 89, 90.
filles, 70.
— du monde, 79.
— qui prennent l'habit, 3.
filleul, 26, 34.
filleule, 41, 62, 71.
filoche, 6, 9.
filou, 14, 35, 78.
fils, fille, 60, 66.
— et fille naturels, 53, 72.
— et fille légitimes, 39, 82.
finance, 13, 63.
financier, 3, 40, 73.
financière, 15, 70.
final, 70, 72, 83.
finir les affaires, 25, 52, 64, 89.
fiole quelconque, 11, 39.
fisc et fiscal, procureur, 39, 42, 90.
fistule, 1, 20, 27, 72.
flacon, 17, 73.
flacons de vin, 45.
flacon pour de l'eau, 8, 59.
— pour du baume, 33.
flageolet, 17, 70.
flagellation, 18.

flagelleur, 3.
flairer, 13, 30.
flambeaux, 3, 45.
--- allumés, 13, 23, 61.
--- éteints, 1, 13.
flamme, 20, 74, 80, 84.
   87.
flanc, 14, 19.
flatter, 4, 44, 52.
flatteur, 11, 35, 57,
   60.
flatteurs, 12.
flatteuse, 15, 83.
flatterie, 5, 11, 80.
fléau, 1, 13, 31.
fléaux, 3.
flèche, 14, 83.
fléchir, 6, 30.
flegme, 3, 44, 72.
flegmatique, 20, 50.
flétri, 14, 80.
flétrir, 6, 60.
flétrissure, 7, 59.
fleuret, 19, 27.
fleuret (un coup de),
   39, 50.
fleurette, 1, 4.
fleurir, 30, 48.
fleuriste, 53, 71.
fleuristes femelles, 59.
fleuristes mâles, 1, 38,
   61.
fleurs, 12, 51, 58, 61.
--- fraîches, 14, 52, 58,
   61, 72.
--- sèches, 12, 35, 54,
   84.
--- d'oranges, 3, 37, 77,
   80.
--- de sureau, 12, 41.

--- fleurs immortelles, 11,
   40.
--- de Rome, 68, 71,
   73
--- quelconques, 30, 60,
   81.
--- en broderie, 14, 60.
--- de farine, 19, 30.
--- de lait, 12, 41.
--- de lis, 13, 80.
--- vertes, 40.
--- sèches de soie, 81.
--- mélangées, ou fleurs
   d'oranges, 18, 73.
--- diverses, 81.
--- jaunes pour les morts,
   11.
--- œillets, 14.
--- narcisses, 8, 47.
--- avec des vases, 59.
fleur, renoncule, 37, 50.
fleuve, 6, 30.
--- avec des barques,
   81.
--- trouble, 19, 20.
--- rivière quelconque,
   2, 20.
--- avec marchandises,
   81.
--- rompu, 10.
--- petit, 61.
--- torrent, 6.
flocon, 14, 70.
flocons de neige, 9, 18,
   19.
flot, 3, 66.
flotte, 1, 40.
flotter, 66, 71.
flûte, 30, 40.
--- jouer de la, 12.

flux et reflux, 56, 72.
--- de ventre, diarrhée, 14, 48, 70.
--- de sang, 56.
foi (bonne), 4, 44.
foible, 52, 61.
foiblesse, 2, 59.
foie, 45.
--- de porc, 52.
--- quelconque, 45.
foin, 16, 24, 26, 42.
--- petit, 35.
foin (peseur de), 17.
foin (peseuse de), 62.
foin, fourrage, 29.
foins, 19, 80.
foire, 63, 74.
fois, 85.
folâtre, 19, 43.
folâtrer, 11, 60.
folie, 54, 61, 64.
fond, 12, 16.
--- de la mer, 13, 60.
--- du fleuve, 15, 21.
--- quelconque, 70, 81.
fondement, 5, 70, 75, 80.
fonder et fondre, 2, 80, 87.
fonderie, 18, 50.
fondeur, 14, 90.
fontaine, 18, 50, 79.
fontaines, 41, 66, 76.
fontaines qui jettent de l'eau, 76.
--- petite, 62, 72, 78.
fonte quelconque, 6, 8.
fontenier, 41.
fonteniers, 77, 87.
forçat, 14, 80.

forçat de galère, 69, 79, 80.
force, 3, 30.
force, forteresse, 46, 58.
forcer, 14, 72.
forêt, 14, 16, 64.
forge, 75, 86.
forgeron, 9, 34, 50, 86.
forme, 3, 46.
--- pour la pâte, 10.
--- de fromage, 10.
formalité, 70.
formule, 14, 60.
former, 31, 46.
fornicateur, 46, 54.
fornication, 19, 34, 61.
fort, 10, 72.
forteresse, 47, 83, 89.
--- assiégée, 45.
--- roc, 8.
fortune, 10, 50, 90.
--- la roue de, 90.
fortuné, heureux, 69, 72.
fosse quelconque, 51, 56.
--- de morts, 5, 56, 79.
fossoyeur, 41, 46, 61, 62, 88.
fossé, 5.
--- de campagne, 5, 6.
fou, 5, 60.
fou et fous qui dansent, 41, 46.
fous (plusieurs), 34, 45.
foudre, 29, 38, 66.

foudre, éclair, 29, 66.
--- tempête, 75, 84.
fouace, gâteau, 53.
fouet, 3, 38, 44.
--- chambrière de ma-
nége, 86.
fouetté et marqué par
le bourreau, 39, 75.
fouetter, 51, 70.
fougère, 60, 61.
fouine, 14, 70.
foule, tumulte, 90.
--- de monde, 90.
fouler, 45, 72.
--- aux pieds, 37.
foulement de pieds,
bruit, 63.
foulerie, 40, 49.
fouleur, 1, 50.
foulon, 17, 29.
four et fourneau, 7, 35,
79, 89.
fourbe, 14, 56, 70.
fourbisseur, 46, 77.
fourbir, 3, 80.
fourche, 39, 53.
--- de fer, 7, 86.
--- gibet, 39, 73.
--- grande, 9.
--- crochet, taillant, 24,
47, 66.
fourchette, 23, 31.
fourchettes, 23, 39,
37, 82.
fourchettes petites, 32,
75.
fourmi, fourmilière, 18.
fourmiller, 18, 50.
fourmis, 51, 77.
fourmi-lion, 57, 89.

fourmis (nid de), 18.
fournaise, 33, 51.
fournaises (faiseur de),
21, 85.
fourneau, 14, 34.
fourniture, 53, 56.
fourrage, 43, 60.
fourrager, 3, 23.
fourreau d'épée, 1, 6.
fourreaux quelconques,
1, 74.
fourrier, 57.
fourrure, 1, 40.
foyer, 8, 37.
fracas, 50, 53, 63.
fracasser, rompre, 73.
fracture, 9, 70.
fraise, 2, 10, 22, 72.
fraise de veau, 5.
fraises, 10, 71.
fraisier, 70, 80.
frais, fraîche, 2, 70.
--- dépenses, 30, 86.
fraîcheur, 10, 40.
framboise, 5, 41.
framboisier, 11.
franc, 14, 54.
français, 8.
--- et anglais, 8, 18.
francs-maçons, 67.
frange, 21, 55, 76.
frapper, battre, 19.
--- à la porte, 19, 29.
fraque, 37, 60.
fauvette, oiseau, 11, 67.
fraude, 13, 31.
frauder, 88.
fredon, 25, 48.
fredonner, 9, 21.
frégate, 26, 72.

frelater, 56.
frein, 2, 80.
frère seul, 17, 72.
frères, 18, 89.
— cordonniers, 75.
— tailleurs, 8, 67.
— de l'hôpital, 45, 60.
— quelconques, 74.
— de communauté, 89.
frêne, arbre, 17, 41.
fressure, 6, 15, 29.
fressures, 8.
frêt, naulage, 32.
friand, 46, 72.
friandise, 14, 26, 62.
fricandeau, 33.
fricassée, 56, 68, 74.
— quelconque, 77.
friction, 70, 90.
fripier, fripière, 5, 9, 24, 73.
fripon, 23, 60.
friponner, 18, 42.
frire, 2, 12.
— du poisson, 7, 70.
— des escargots, 2, 17, 35.
— des feuilles de vigne, 45.
— — de bourrache, 29.
— du persil, 35, 53.
frisée, tête coiffée, 54.
friser, 14, 44.
frisson, 2, 52, 86.
frissonner, 32, 65.
friture, 31, 42, 81.
— de céleri, 29.
— de beignets, 45.
— de coques, 74.
— de matefins, 35.
friture de poires, 2, 27, 47.
— de pommes, 72, 83.
— d'épinards, 25.
— de harengs, 51, 72.
— de merluche, 90.
— de morue, 28, 82.
— de poissons, 3, 82.
froc, 3, 19, 34.
froid, gelée, 12, 44.
froideur, 19, 34.
froidure, 32, 52.
froisser, 50, 90.
fromage, 30, 41, 45.
— de Gruyère, 7, 32, 52.
— de Parme, 30.
— de chèvre, 18, 81.
— de Sassenage, 2, 45, 56.
— de vache, 14, 70.
— blanc, 2, 30.
— de Brie, 30, 41, 45.
— de Parmesan, 28, 58, 68.
— de Roquefort, 15.
— quelconque, 30, 41, 45, 56.
— plat, lait caillé, 8.
— blanc, liquide, 22, 44, 54.
fromage (forme pour le), 10.
fromages (vendeur de), 2, 58, 68.
fromages (faiseur de), 2, 30.
fromages (marchand de), 61, 62.
fromager, 25, 34.
fromagère, 50.

froment, 68, 72.
fronde, frondeur, 54.
frottement, 89.
frotter, 1, 3, 31.
frotteur, 12, 30.
frottoir, 50, 55.
fruit, 19, 50.
— mûr, 35, 53.
— vert, 23, 74.
— gâté, 72, 84.
— aigre, 31, 50.
— quelconque, 20, 35, 42.
fruits de terre, 4, 42.
— glacés, 22, 87.
— de mer, 25.
— confits, 24, 45.
fruitier, 5, 22, 61.
fruitier (arbre), 2, 42.
fruitier (jardin), 22.
fruitière, 16, 45.
frusquin, 4, 29.
frustrer, 45, 54.
fugitif, 2, 52.
fuie, 20, 40.
fuite, 19, 29.
fulmination, 4, 54.
fulminer, 29, 50.
fumée, 61, 78, 90.
fumer, 46, 49, 56.
— la pipe, 49.

fumeur, 78.
fumeterre, plante, 89.
fumier, 2, 26, 43.
fumigation, 72, 82.
fumiste, 1, 25, 52.
funambule, 44, 54.
funérailles, 6, 61, 73.
furet, 19, 24.
furets, 86.
fureur, 2, 50.
furieux, 44, 67.
furie, entrer en furie, 2, 24, 63.
fuseau, 1, 21, 85.
fuseaux, 22, 89.
fuseaux (faiseur de), 59.
fuseaux (faiseuse de), 6.
fuseaux (marchand de), 2, 13.
fuseaux (marchande de), 5, 25.
fusée volante, 90.
fusées quelconques, 1, 2.
fusil, 28, 62, 89.
fusils, 26, 62.
fustiger, 76.
fût, 3, 19.
futaille, 47, 56.
futaine, 30, 60.
futur, 29, 37.
future, 2, 58, 89.

G

Gabelles, 38, 80.
gabelles (receveur des), 67.
gabeleurs, 68.
gabion, 17.
gâche, 1, 22.
gadouard, 37, 73.
gage, 69.
— salaire, 69, 83.
— nantissement, 57.
gagé et gageure, 50, 63, 71, 87.
gager, 56, 66.
— donner caution, 8.
gagne-petit, 22, 64.
gagner, 80.
gaieté, être gai, 81, 89.
gaillard, 40, 43.
gain, 80, 90.
gaine, 89.
gaîne, fourreau, 89.
galant, 15, 85.
galante, 84, 87.
galanterie, 12, 28.
gale, 5, 10.
galère, 1, 53, 68.
galerie, 5, 35, 57.
galériens, 69, 80.
galetas, 12, 50.
galeux, 55.
galeuse, 78, 86.
galle (noix de), 27.
galon d'or, 62, 70.
— d'argent, 54, 80.

galon de soie, 18, 86.
galiote, 13, 34.
galoches, 46, 64.
galop, 6, 42.
galoper, 45, 54.
gamelle, 1, 4.
gangrène, 2, 32.
ganse de chapeau, 71.
— d'or, 10, 42.
— d'argent, 40, 44.
— de soie, 50, 71.
— de coton, 24, 34.
— de fil, 48, 84.
gant, 2, 62.
gants (paire de), 1, 24.
gantier, 2, 4, 31.
gantière, 40, 62.
ganif, 7, 43.
garance, 20, 24.
garant, 2, 26.
garantie, 3, 36.
garce, 9, 27.
garcettes, 45, 54.
garçon, 36, 39.
— à marier, 74, 82.
— revêche, 12, 21.
— inconstant, 18, 81.
— ingrat, 24, 44.
— traître, 36, 63.
— infidèle, 60, 81.
— débauché, 75, 86.
— parjure, 50, 72.
— jaloux, 49, 64.
— méfiant, 70, 84.

garçon cafetier, 7, 67.
garçon d'écurie, 79, 89.
garçon (petit), 15, 20.
garçonnet, 70, 80.
garçons (jeunes), 36.
garde, 10, 69.
— du corps, 56, 65.
— magasin, 29, 59.
— bourgeoise, 67, 76.
— française, 60, 70.
— boutique, 24, 42.
— chasse, 29, 81.
— robe, 48, 67.
— épée, 40, 60.
— cendre, 27, 72.
— meuble, 37, 73.
— feu, 56, 67.
— malade, 46, 64.
garder, 56, 65.
gardeur de bœufs, 29, 59, 79.
— de moutons, 7, 28.
— d'agneaux, 10, 35.
— de brebis, 57, 75.
— de chèvres, 33, 37.
— de cochons, 6, 69.
— de chevaux, 19, 80.
— de dindons, 15, 70.
— de vaches, 12, 21.
gardeurs quelconques, 7, 27, 37.
gardien, 44, 88.
— d'un château, 68.
— de gages, 26, 62.
— surintendant, 12, 21.
gargote, 40, 58.
gargotier, 1, 45.
garnir, 33, 37.
garnison de soldats, 56, 75, 77.

garnisseur, 19, 29.
garnisseuse de chapeaux, 1, 21.
garniture de perles, 2, 29, 49.
— de diamans, 80, 90.
— de pierreries, 7, 35.
— de blonde, 11, 44.
— de martre, 13, 31.
— de dentelle, 21, 41.
— de toilette, 17, 71.
garnitures quelconques, 12, 21.
gâteau, 18, 40.
— feuilleté, 38, 40.
— fouace, 1, 51.
— commun, 40, 50.
gâteaux (petits), 18, 81.
gâteaux quelconques, 22, 34, 90.
gaufres, 1, 12.
gaufreur, 45, 54.
gaufrier, 24, 42.
gayac, 1, 7, 9.
gaze, 22, 33.
— noire, 14, 41.
— blanche, 15, 51.
— brochée, 38, 83.
— à bouquet, 17, 71.
gazetier, 10, 90.
gazette, 31, 35.
gazon, 45, 70.
geai, oiseau, 2, 22.
géant, 16, 37.
géante, 19, 90.
gelée, froid, 15, 51.
— de groseilles, 18, 29.
— de pommes, 17, 30.
gémir, 13, 31.
gémissement, 14, 41.

gencive, 51, 74.
gendarmerie, 12, 29.
gendarmes, 13, 70.
gendre, 20, 45.
généalogie, 55, 72.
gêne, 7, 72.
gêner, 2, 22.
généralat, 20, 61.
général d'armée, 10, 90.
— d'ordre, 17, 52.
— de religion, 37, 73.
génératif, 3, 45.
génération, 30, 31.
généreux, 20, 31.
généreuse, 40, 60.
générosité, 40, 56, 72.
genestrole, plante, 11, 15,
    45, 59.
genêt, arbrisseau, 1, 32,
    51.
genevrier, 81, 90.
génie, 15, 51.
— élevé, 16, 61.
genièvre, 14, 41.
génisse, 44, 66.
génitoire, 13, 88.
genou, 40, 50.
genoux, 68, 78.
gens, 12, 70.
— armés, 16, 38.
— de robe, 15, 55.
— du roi, 42, 46.
gentiane, plante, 23, 45.
gentilhomme, 16, 61.
gentilshommes, 17, 71.
génuflexion, 45, 52.
géographe, 14, 70.
géographie, 10, 80, 90.
geole, 1, 45.
geolier, 11, 21, 31.

géomètre, 1, 90.
géométrie, 2, 89.
gerbe, 13, 88.
— de seigle, 11, 29.
— de blé-froment, 23.
— d'avoine, 15, 51.
gerbier, 60, 81.
gerce, insecte, 16, 79.
gercer, 54, 67.
gercure, 12, 89.
gerfaut, 34, 43.
germandrée, plante, 1, 69,
    78.
germe, 25, 53.
germes, 46, 67, 90.
germination, 4, 56.
gersée, espèce de céruse,
    57, 75.
gerzeau, herbe, 23, 32.
geste, 16, 69.
gibier, 39, 83.
— à poil, 27, 72.
— à plume, 19, 29.
— gros, 24, 42.
— petit, 11, 39.
giboulée, 37, 73.
— de mars, 24, 45.
giboyer, 26, 89.
gigot de mouton, 34, 43,
    56, 65.
gilet, 48, 84.
gimblette, 78, 87.
gingembre, 89, 90.
girafe, quadrupède, 1, 11,
    23, 39.
girandoles, 40, 57.
girofle, 23, 39.
giroflée, fleur, 2, 34.
— plante, 23, 32.
giroflier, 1, 2, 9.

girouette, 54, 60.
glace, 17, 71.
— miroir, 66, 71.
glaces, limonade, 13, 94.
glacer, 71, 83.
glacière, 44, 88.
glaçon, 55, 56.
gladiateurs qui se battent, 48, 84.
glaise, 60, 80.
gland, 2, 23.
— de chêne, 8, 28.
glands, 2, 23.
glands de chêne, 3, 33.
glands (marchande de), 1, 71.
glaner, 2, 85.
glaneur, 56, 60.
glaneuse, 15, 55.
glissade, 29, 90.
glissement, 6, 66.
glisser, 24, 45.
glissoire, 69, 90.
globe, 25, 56.
— sphère, 44, 49.
gloire, 49, 59.
— ostentation, 20, 40.
glorieux, 48, 84.
glorieuse, 34, 43.
gloriole, 17, 72.
glose, 29, 78.
gloser, 20, 49.
glouton, 45, 67.
gloutonne, 27, 76.
glu, 67, 89.
gluant, 2, 90.
gobelet, 49, 90.
— d'argent, 54, 59.
— de cristal, 25, 58.
— d'étain, 14, 90.

gobelets quelconques, 23, 78, 87.
— (vendeur de), 35, 43.
— (vendeuse de), 19, 42.
gobelins, 80, 84.
gobelotter, 5, 59.
gobe-mouche, 49, 54.
goguenard, 60, 70.
golfe, 39, 49.
gomme, 22, 90.
— arabique, 59, 69.
gommer, 34, 87.
gond, 2, 39.
gondole, 1, 25.
gondolier, 2, 89.
gorge, 3, 60.
— de femme, 9, 37.
— blanche, 75, 80.
— ronde, 10, 29.
— bien faite, 28, 82.
gorges quelconques, 78.
gorgée, 4, 45.
gorgeret, 6, 78.
gorgerette, 1, 23.
gorgerin, 4, 56.
gosier, 1, 9.
goujon, 68, 87.
goulu, 9, 90.
goupillon, 45, 48.
gourmand, 40, 44.
gourmande, 6, 68.
gourmandise, 2, 62.
gourme, 7, 79.
gousse, 8, 80.
gousset, 24, 31.
goût, 26, 36.
goûter, 10, 50.
goûter, collation, 1, 23.
goutte, 17, 68.
— d'eau, 60, 90.

goutte, maladie, 1, 23.
goutte quelconque, 4, 56.
goutteuse, 10, 11.
goutteux, 7, 89.
gouttière, 12, 23.
gouvernail, 19, 87.
gouvernante, 39, 56.
gouvernement, 49, 73.
gouverneur, 21, 29.
grabat, 22, 34.
grâce, 23, 45.
grâces (bonnes), 58, 85.
gracieuse, 1, 22.
gracieux, 2, 33.
gradin, 3, 44.
graduel, 4, 55.
graillon, 5, 66.
grain de blé, 34, 49.
— de seigle, 18, 90.
— de froment, 27, 73.
— d'orge, 36, 63.
— de maïs, 34, 43.
— de sarrasin, 5, 55.
— quelconque, 80, 90.
graine de melon, 17, 71.
— de vers à soie, 45, 54.
— de raisin, 87, 90.
— de cyprès, 80, 89.
— de gingembre, 24, 56.
— de laurier, 16, 61.
— de chêne, 80, 87.
— de genièvre, 80, 85.
— de trèfle, 9, 90.
— de colza, 26, 66.
— de lin, 8, 89.
— de caméline, 46, 64.
graissage, 2, 35.
graisse, 4, 38.
— quelconque, 28, 89.
grabuge, 2, 27.

graisse pour les roues, 10, 50.
graisser, 4, 45.
graisseux, 2, 59.
grammaire, 49, 50.
grammaires, 14, 69.
grand péril, 56, 70.
— croix, 30, 59.
— messe, 56, 66.
— maître, 49, 80.
— feu, 30, 69.
— homme, 59, 70.
— chemin, 34, 65.
— duc, 25, 35.
— d'Espagne, 57.
— mère, 17, 57.
— père, 2, 27, 50, 70.
— veneur, 80.
— fou, 76, 82.
— prince, 58.
— bouquet, 5.
— navire, 30, 38, 89.
— pot de terre avec huile, 60.
— salon, 44.
— miroir, 25, 28.
grande-duchesse, 27, 55.
— femme, 42.
— pinte de vin, 58.
— maîtrise, 45.
— caisse, 84.
— folle, 1, 19, 44.
— cuiller, 26, 83.
— renommée, 68.
— fourche, 7.
— et petite pinces de feu, 23, 25.
— et petite galoches, 6.
— égratignure, 7.
— épingle, 69.

grande épingle à tête , 59.

— guenille , 83.

— rue, 64, 84.

grandes lunettes , 53, 80, 83.

grands bâtons , 36.

— épinards , 70.

grandeur extraordinaire , 90.

grandir, 7.

grappe de raisins , 20.

— de verjus , 50 67.

grapiller , 8, 19.

grappin , 40, 84.

gras , 15, 80.

— quelconque , 60.

grattelle , maladie , 56.

gratter, 41, 52.

gratification , 19, 90.

gratigner, égratigner, »0, 30.

grattoir , 1, 12.

gratuit, 82.

graver, 2, 19.

gravé , gravée , 4, 70.

graveur, 1, 10, 25, 27.

— sur cuivre , 1.

gravier, 12, 41.

gravir, monter, 59.

gravité, 13, 31.

— espagnole , 72.

gravure, 9, 30.

— en bois , 10.

— en cuivre , 2.

grec et grecque, 12, 71.

grecque, (femme), 1, 34. 52, 55.

greffe, 3, 47, 54.

greffier, 1, 83, 86.

greffer, 64.

grège, soie, 83.

grêle et grêler, 19, 75, 77, 79, 88

grelot, 16, 62.

grelots, 19, 62, 65, 80.

grenade, 55.

— fruit, 55.

— à feu, 57, 87.

grenadier, soldat, 1, 23, 33.

— arbre, 40.

grenadiers, 33, 85.

grenier, 1, 18, 60, 62, 65.

grenier où on met les grains, 25.

grenouille, 7, 31.

grenouilles en quantité, 66.

grenouilles, 7, 31, 54, 83, 85.

grenouilles , (preneur de), 13, 56.

grenouillère, 83, 85.

grève, 70, 88.

grief, 56, 65.

griffe, 62, 90.

griffes d'animaux, 5.

griffon, oiseau de proie, 44, 77.

griffonner, 66.

gril à griller, 25, 34.

gril et grille, 12, 28.

— ou grafiner, 24, 28.

grils (deux), 10, 28.

grille de fenêtre, 52, 87.

— de religieuses, 60.

— quelconques, 7, 17.

grillet, 19, 30.
— grelot, 55.
— ou cliet qui chante,
  31.
grillot, 2.
grillon qui chante, 51.
grimace, 7, 54, 79.
grimacer, 82, 86.
grimacier, 90.
grimaces, (faire de ,
  81, 87.
grimaceuse, 3, 81.
grimoire, 19.
grimper, 18, 24.
— pieds et mains, 77.
grincement de dents.
  32.
griote, 36, 88.
gris, couleur, 52.
grisette, 21, 62.
gris (papier), 17.
gris (petit), 7, 50.
gris (ambre), 9 35.
gris quelconques, 18,
  84.
grive et grives, 25, 81.
grivois, 43, 54.
grivoise, 51, 72.
grivoiser, 3.
grogner, 47, 58.
gronder et gronderies,
  8, 32, 87.
grondeur, grondeuse,
  61.
gros, 5.
— bétail, 44, 60.
— grosse, 17, 21.
— chat, 3, 64.
— lièvre, 58.
— coq, 82, 90

gros jeu, 54.
— grain, 18, 39, 82.
— quelconque, 1, 17, 83.
— ravins, 71, 79.
— linge, 49.
— radis, 1, 11.
grosse botte, 2, 42.
— de marchandise, 51.
— femme enceinte, 64.
groseilles blanches, 7.
— rouges, 2.
grosse (femme), 50.
grosse tête, chef, 9.
grossesse, 5, 89.
— (deux), 50.
— ros, 2.
grossier, 4, 14, 50.
grossière, 20, 51.
grossir, 13, 49.
groin, 9, 85.
grotte, 63, 67, 74, 75.
grue, oiseau, 56, 76,
  77.
gruau, 30, 36.
gruger, 24, 51.
grumeau, 46, 71.
gué, 9, 39, 41.
guérir et guérison, 25,
  66, 71.
guérite, 1, 21, 67.
guerre, 51, 55, 58.
guerrier, 42, 64, 76.
guerriers, 58.
guenilles, 83.
— pour faire le papier,
  24.
— vieilles, 43, 7.
— (vendeur de), 71.
— (vendeuse de, 5.
  19.

guenilles grandes, 83.
guenon, singe femelle,
  17, 42.
guêpe, 6, 69.
guêpes, mouches, 79.
—(nid de). 53.
guet, 24, 54.
—à pied ou à cheval, 2,
  12, 24, 70.
guetter quelqu'un, 2.
gueule, 41, 50.
grelot, ou clochette,
  16, 62.
grelots, ou clochettes,
  19, 62.
gueuse, métal, 66, 70.
gueuser, 31.

gueux, gueuse, 26, 30.
guichet, 23, 72.
guichetier, 26, 42.
guide, 44, 61.
guider, 31, 32.
guidon, 44, 72.
guide-âne, 24, 33.
guimpe, 61, 72, 80, 86.
guinder, 1, 82.
guillocher, 4, 50.
guirlande, 22, 76, 82.
guirlandes, 82.
guitare, 11, 13, 26, 36.
—grande, 29.
—petite, 89.
guitares (faiseur de), 7.
gypse, plâtre, 3, 57.

H

Habile, 1, 20.
habillement, 12, 47,
  70.
—sorte d'habit, 76.
—et s'habiller, 65.
habileté, 33, 41.
habiller, 20, 46.
habit, 23, 31.
—fourré, 21, 30.
—de deuil, 70, 80.
—galonné, 21, 35.
—brodé, 72.
—de masque, 69.
—religieux, 54, 81.
—de livrée, 76, 88.
—de parade, 1, 3.
—d'hiver, 60.

habit d'été, 41, 54.
habit de cour, 64.
habit d'homme, 4, 22,
  62.
habit de femme, 1, 47.
habit de dessus, 48.
habits, 11.
habits (beaux), 80.
habits ordinaires, 28,
  67.
habits magnifiques, 80.
hache, outil, 7, 8, 70,
  73.
hâché, 7, 57.
hâcher, 12, 18, 54.
hâches, 26.
hâcheur, 45.

haie verte, 12, 33.
haie sèche, 41, 63.
haie (border la haie), 46, 72.
haie d'épines, 46.
haillon, 83, 86.
haillon quelconque, 66.
haine et haïr, 49, 51, 64, 88.
haire, 71, 72.
...chaleur, 42, 50.
haleine, 1, 2, 21, 55.
haleine, respirer, 40.
halle, 55.
halle, marché, 42, 50.
hallebarde, 46, 80.
hameau, 12, 70.
hameçon, 11, 23.
harpe, 45, 80.
hanche, 19, 72.
hanneton, 28, 49.
hanneton, 45, 80.
harangue, 13, 30, 90.
hardes, 14, 61.
harasser, 21, 60.
harceler, 2, 3.
harde, 14, 60.
hardi, 24, 56.
hardiesse, force, courage, valeur, 2, 41, 59, 61.
hareng, 15, 51.
harengs frais, 10.
hareng salé, 61.
harengs salés, 17.
haricots, 6, 12.
harnais, 6, 70.
harnaché, 41.
harnacher, 11, 72.
harpe et enjouer, 6, 64.

harpe, instrument, 5, 6, 19, 64.
harpon, 64, 96.
hasard, 19, 41.
hasarder, 8, 9.
hâter, 1, 60.
havre, 14, 66.
hausse, 1, 41.
hausse-col, 49, 63.
hausser, 42.
haut, haute, 1, 59, 70.
haut et hauteur, 59.
haute-lice, 49.
haut-bois, 60.
haute-contre, 32, 40.
haute-justice, 19, 54.
haute-futaie, 13, 31.
haute-marée, 77.
hauteur, 20, 70, 61.
hébété, 15, 51.
hébéter, 14, 25.
hébreux, 88.
hémisphère, 44, 70.
hémorrhagie, 20, 41.
hémorrhoides, 16, 19, 24.
herbage, 64.
herbages, 11, 63, 96.
herbe, 21, 45.
herbé, 60, 71.
herbes odoriférantes, 88.
herbes au soleil, 19, 37.
herbe de capillaire, 24, 30.
herbes d'odeurs, 88.
herboriste, 8, 59.
herboriser, 11, 54.
herse, 45, 88.
hérédité, 24, 41.

hérésie et hérétique, 21,
26, 70, 87.
hérisser, 21, 72.
hérisson, 7, 40.
hérissonne épineuse,
51.
héritages et héritiers,
58, 70.
héritage, 19, 54.
héritier, 58, 90.
héritière, 44, 71.
héritiers, succession et
héritiers, 58, 90.
hermaphrodite, 21.
hermine, 3, 61.
hermitage, 21, 71,
90.
hermite, 5.
hermite femelle, 37.
hermites, 20, 73, 90.
hernie, descente, 16,
28.
héron, oiseau, 17, 81.
héros, 16, 28.
hêtre, arbre, 14, 35,
74.
heures, 12, 19.
heureux, heureuse, 21,
70.
heurt et heurter, 16.
heurté, heurtement,
choc, 16.
hurler, 44, 52.
hiacynte, 61, 72.
hibou, 2, 4, 9.
hideux, 46, 64.
hydre, 5.
hydropique, 2, 8, 16.
hydropisie, 34, 60, 87.
hyène, 20, 70.

hymen, 3, 3, 53.
hypocondre, 26.
hypocrisie, 90.
hypocrite, 44.
hypothèque, 33.
hirondelle, 45; 85.
hirondelles, 60.
hirondelles de mer, 14,
41.
histoire, 45; 64; 80.
histoire (lire ou conter
une), 64.
hiver (saison de l'), 2,
10, 48.
hochet, 21, 31.
hollander, 14, 40.
hombre, jeu, 27, 29.
homicide, 14, 50, 60.
hommage, 51, 60.
homme, 3, 19, 39.
homme à pied, 68.
homme qui court, 39.
homme à cheval, 12.
homme qui chante, 26.
homme d'affaires, 7,
24, 82.
homme d'affaires pour
les religieux, 25, 43,
78, 90.
homme lettré, 19, 75.
homme couché, 25, 42.
homme bien élevé, 84.
homme de robe, 2, 52.
homme d'épée, 33.
homme et femme, 1,
38.
homme d'écritures, 52.
hommes quelconques,
7, 19.
honneur, 1, 10, 60, 82.

honneurs, (faire les), 2, 26.
honte, 12, 24.
hôpital, 21, 33, 36, 73.
hôpital avec ses lits, 33, 73.
hoquet, 40, 44.
horloge, 20, 26.
horloger, 21, 36.
horlogers, 9.
horlogerie, 11, 17.
horloges, (avoir des) 21.
horoscope, 15, 26.
hospice, 1, 7, 50, 64.
hospitalité, 2, 9.
hostie, 50, 61, 75.
hosties (plusieurs), 33, 36.
hosties (faiseur d'), 14.
hôte, 8, 13, 43, 60.
hôte qui loge, 5, 24, 85.
hôte, aubergiste, 12, 21, 33, 45.
hôtel, 56.
hôtels, 37.
hôtel-dieu, 3, 70.
hôtellerie, 6, 40, 60.
hôtellier, 2, 56.
hôtelier qui loge, 36.
hôtesse, 40, 44, 55.
hôtesse qui loge, 80.
houille, 9, 59.
houlette, 21, 41.
houpe, 1, 26, 30.

housse, 40, 70.
hoyau, sape, bêche, 3, 7, 50, 60.
huche, 9, 86.
huche à pétrir le pain, 9, 16.
huguenot, 24, 36, 40, 61, 72.
huer, 12, 30.
huée, 3, 39.
huilé, 8, 9, 13, 17, 37, 86.
huile quelconque, 8, 9, 16.
huiler, 24, 25.
huiles-saintes, 7, 23.
huiles (faiseur d'), 25, 76.
huiles (faiseuse d'), 56.
huiles (vendeur d'), 7.
huiles (vendeuse d'), 1, 19.
huissier, 67, 78.
huître, 6, 40, 50.
humain, 43, 65.
humanité, 40, 50.
humeur, 20, 26.
humeur mauvaise, 14.
humide, 33, 66.
humidité, 44, 49.
humilité, 21.
huppe, 26, 31.
hurler, 40, 84.
hussard, 23.
hussards, 33, 71.
hutte, loge, 58, 66.
hyacinthe, 5, 70.
hyène, 8, 90.

I

IDOLATRIE, 71.
idolâtre, 71.
idoles , 22.
idiot, idiote, 34, 43.
ignorant, 29, 31.
île ou isle, 33, 54, 72.
illuminations , 2, 13,
  20, 27.
illuminer, 19, 34.
images, 33, 57, 60.
image quelconque , 6,
  60.
imager, 79, 82.
imagination, 16, 33.
imbécille , 26, 50.
imbiber, 13.
immeubles, 23, 36.
immobile, 3, 23.
immodeste, 4, 28.
immondice, 11, 19.
immondices, ordures,
  fumier, 3, 16.
immortalité et immor-
  tel, 1.
impatience et impa-
  tient, 3, 8, 38.
impatienter, 14, 28.
impénitent, 2, 17.
impératrice, 41.
impériale, 17, 84.
impertinence et imper-
  tinent, 4, 14, 41.
impétuosité, 80, 86.
impie, 2, 12.

impiété, 21, 62.
importance, 3, 36.
important, 25.
imposer, 40.
imposition, 35, 36, 51.
imposteur, 3.
imposteurs, 33, 37.
impôt, 17, 71.
impotent, 1, 9.
impression, 2, 60.
imprévu, 2, 25, 89.
imprévus plusieurs, 5.
imprimer, 21, 24.
imprimerie , 25 , 33,
  57, 60, 64, 72, 79.
imprimeur, 3, 17, 31,
  62, 81.
imprimeur d'estampes ,
  62.
imprimeur sur airain ,
  62.
impromptu , saillies ,
  bons mots, ou vers
  faits sur-le-champ, 2,
  17.
imprudence, 15.
imprudent, 18.
impudicité, 2, 35.
impuissant, 27, 45.
impuissante, 26, 72.
impunité, 14, 23.
incapacité, 2, 15.
incendie, 4, 8, 26, 30.
incendiaire, 3, 41.

inceste, 6, 14, 70.
inclinaison, 6.
inclination, 4, 44.
inclus, 60, 62.
incision, 1, 10.
incommodité, 2, 12.
inconsidéré, 90.
inconstance, 5, 23, 34.
incurable, 7, 70.
indécent, 28, 72.
indication, indiquer, 2, 4, 12.
indienne, 54, 67.
indice, 48, 52.
indifférence, 3, 5, 71.
indigestion, 2.
indigo, 58, 61.
indiscrétion, 2, 51.
indulgence, 20, 30.
indult du pape, 12, 40.
industrie, 19, 48.
infame, 3, 49.
infamie, 62.
infant, infante, 54.
infanterie, 14, 50, 80.
infidélité, 14, 16.
infirme, 46, 80.
infirme quelconque, 10, 19.
infirmerie, 1, 19, 33, 16.
infirmeries, 61.
infirmier, 11, 81.
infirmière, 16, 70.
infirmité, 44, 53, 67.
infortune, 42, 61, 85.
infusion, 45.
infusion quelconque, 4.
ingénieur, 43, 73.
ingrat, ingratitude, 17.
inhumain, 12, 29.

inhumer, 3, 11, 25.
inimitié, 12, 17, 22.
injure et injurier, 8, 16, 62.
injures, bagatelles, 21, 31, 81.
injustice, 8, 24.
innocence et innocent, 1, 3, 24.
inondation, débordement, 62.
inquiétude, 3, 9, 10.
inquiétudes d'ennemis, 32, 64, 81.
inquisiteur, 37.
inquisition, 7, 71, 78.
insecte, 26, 31.
insensible, 3, 5, 7, 49, 56.
insidieux, insidieuse, 2, 22.
insinuer, insinuation, 8, 28.
insolence, 40, 51.
inspecteur, 33, 56.
institut, 16.
institution, 36.
instrument quelconque, 16, 25, 87, 90.
instrument, harpe, 64.
insulte, 19, 70.
insulte, soufflet, 81.
insulter, 14, 25, 44.
intelligence, 68, 71.
intelligent, 6.
intendant, 15, 16.
intérêt, 23, 61.
interdire, défendre, 48.
intérieur de la maison, 5.

interprétation, 5, 68, 73.
interprète, 72.
intestin, 14, 80.
intolérance, 90.
intrigue, 1, 10.
intrigue d'amour, 27, 29.
introduction, 7, 11.
invasion de troupes, 7, 70.
inventaire, 6, 14, 71.
inventeur quelconque, 28.

inventeur, 28.
invention, 27, 50.
investir, 1, 45, 90.
invitation quelconque, 77.
invité quelconque, 77.
ironie, 11.
isle, 33.
italie, 30.
ivresse, 19, 34.
ivre, ivrogne, ivrognesse, 10, 14, 15, 44.
ivrognerie, 18, 61, 79.

J

JACOBIN, 44, 56.
jabot, 2, 13.
jaboter, 22, 33.
jachère, terre, 39, 43.
jaillir, 41, 74.
jalons, 6, 19.
jalouser, 71, 80.
jalousie, 6, 19, 80.
jaloux, jalouse, 5, 43, 77, 80.
jambage, 21, 30.
jambe et jambes, 1, 3, 11, 74.
jambe de bois, 14, 51.
jambe bien faite, 7, 77.
jambe mal faite, 8, 39.

jambon, 29, 35, 86.
janséniste, 7, 35, 86.
jantes, 12, 21.
janvier, 41, 62.
jardin, 5, 11, 25, 51.
jardins, 72.
jardin potager, 9, 33.
jardinage, 2, 9.
jardinier, 6, 17, 37, 52, 67.
jardinier dans le jardin, 52.
jardinière, 14, 50, 77.
jarnet, 7, 21.
jarretière, 8, 20.
— ligature de soie, 11.
jarretières, 9, 14, 33.

jaser et jaserie, 1, 6,
8, 19, 39.
jaseur et jaseuse, 50,
44.
jasmin, 2, 12, 55.
jasmins, 12, 55.
jatte, vase, 4, 21.
jaune, 6, 11.
— d'œuf, 40, 45.
jaunisse, 3, 13, 81.
javelle, 3, 33.
jésuite, 8, 10, 81, 90.
jet-d'eau, 1, 11.
jeter, 2.
— par terre, 4, 16.
— en moule, 19, 44.
— de toute façon, 2,
72.
— des pierres, 38.
— (se) de haut en bas,
3, 45, 59.
jetons quelconques, 4,
17, 35.
jeu, 19, 61.
— public, 4, 60.
— de barres, 90.
— d'enfant, 64.
— et jouer, 59.
— de cartes de cent
cartes, 29.
— de l'oie, 2, 63.
— de mail, 6, 65.
— de piquet, 35.
— de paume, 90.
— de ballon, 81.
— de cartes, 72, 83.
— de bannière, 57.
— d'homme de brou,
55.
— de quadrille, 18.

jeudi, 14, 19, 45.
jeûne, 8, 13, 38.
jeûner, 13, 19, 70.
jeune arbre, 44, 62, 73.
— homme, 17, 37,
57.
— homme d'étude, 61.
— femme, 14, 21, 25.
— vache, 15.
jeune homme à cheval,
23.
— fille, 60.
— garçons, 36.
— filles, 70.
— poules, 28, 59, 73.
— gens, jeunesse, 14,
22, 52, 57, 90.
joie, réjouissance, 49,
71, 80.
jointure, 34, 51.
joli garçon, 20, 59.
jolie fille, 17, 87.
jonc, 3, 7.
jonquille, 8.
jouailler, 69.
joue, 11, 33.
jouer, 22, 59.
joueur, 22, 56, 59,
75.
— de cartes, 8.
— de drapeau, 38.
— de boules, 72.
— de domino, 17.
— de guitare, 36, 70,
79.
— de trictrac, 16.
— de balle, 90.
joueurs de balle, 72.
— de cartes, 81.
— de loterie, 42.

joueur de vielle, 69.
joug, 14, 21.
jouir, 24, 60, 76.
jour, 2, 6.
journal, 14, 60.
journalier, 7, 70.
joûte, 22, 23.
joyau, 42.
joyaux, bijoux, 2, 15, 17, 52.
jubilé, 9, 39.
juge, 10, 44.
jugement universel, 90.
juger, 50, 51, 60.
juges, 50, 60, 61.
— assemblés, 72, 78.
juif, 39, 45, 51.
juifs, 88.
juillet, 29, 65.
juin, 6, 66.
jujube, 4, 13.
jujubes, 25, 49.

juive, 88.
juives, 3.
juiverie, 33.
julep, potion, 7, 21.
jugemeut, 14, 44.
juge, 7, 40.
jupon, 69.
— petit, 14.
— cotte, cotillon de femme, 10, 69.
jupons, 10, 14.
juré, 21, 35.
jurer, 18, 46, 55, 81.
jurement, 16.
jus, 6, 12, 71.
— de citron et de cédrat, 2, 10, 49.
— de limon, 2.
— de cédrat, 10.
justaucorps, 2, 8, 16, 22, 45.
justice, 14, 39, 60.

L

LABORATOIRE, 45.
labourer, 46.
laboureur, 46, 54.
— bouvier, 7, 67.
labyrinthe, 42, 44.
la prison, 87.
la boucherie, 1, 10, 15, 17, 67.
la lune, 6, 7, 17, 70.
la soupe, 68.
la boue, 28.
la nuit, 30, 88.

la patène du sacrifice de la sainte messe, 80.
la goutte, 68.
la terre, 11.
la monnaie, le lieu où on la bat, 46.
lac, 13, 31.
lacs, 57.
lac avec du poisson, 6.
— amas d'eau dormante, 13.

lacet, 7, 57.
lacets, 41, 52, 72.
lâche et lâcheté, 41, 50, 56.
lâchement endormie, 11, 20.
laque rouge, 2.
laïque, 3, 50.
laid, laide, 14, 80.
laideur, 41, 58.
laine, 17, 48; 64, 74.
laine (homme qui carde de la), 64, 67.
lainier, 81.
laitage, 55.
— pour les enfans, 68.
lait, 33, 53, 60, 75.
— à la crême, 1, 15, 61.
— d'ânesse, 11.
— de chèvre, 1.
— de vache, 21.
—caillé, fromage, piat, 8.
laitière, 28.
— de voyage, 44.
— femme, 1.
— (homme qui conduit la), 19.
laitier, mâle, 47, 75.
laiton, 11, 21.
laitue, 3, 16, 41.
— petite, 34.
lambert, 12.
lambris, 4, 12, 35.
lambruche, 44, 72.
lame d'épée, 1, 63.
— de fer, 63.
— quelconque, 51, 90.

lamentation, plainte, 2, 24.
lampe, 68, 71, 72.
— éteinte, 6, 71.
— allumée, 13, 14, 43.
— d'argent, 5, 15.
— de laiton, 2, 80.
— d'église, 44, 56.
— de fer, 62, 68.
— avec huile, 62.
— de cuivre, 11.
lampes, (faiseur de), 1.
lampion, 11.
lamproie, poisson, 13, 50, 51.
la mariée, l'épouse, 84.
lance, 48, 50.
lancer, 3.
lances (faiseur de), 3.
lancier, 74.
landes, 13, 61.
langage, 44.
lange, 7, 41, 54.
langue, 3, 27, 49, 62.
langues, 27.
languette, 56, 80.
languir, 14, 70.
lanière, 3, 7, 40.
lanterne, 19, 49, 50, 54.
lanternier, 49, 83.
lanternes (petites), 19.
— grandes, 53.
lapidaire, 1, 2.
lapin et lapereaux, 20, 60.
lapin seul, 20.
lapins, 20, 60.
laquais, 6, 33; 51, 90.

laquais, domestique, 7, 9, 89.
— livrée, 48.
— de religieuse, 33.
— ou raquette, 6, 90.
larcin, 13, 44, 48.
lard salé, 14, 32, 70, 73.
— frais, 18.
— (piquer du), 12, 32, 73.
lardoire, 2, 19.
lardon, 11.
lardons de lard, 11.
— gros, 32.
large plaie, 43.
largeur, 60.
largesse, 41, 54.
larme et larmes, 3, 57, 69.
las et lassitude, fatigué, 16, 60, 81.
las et rendu, 66, 90.
lasagne d'Italie, 44.
lasaroles, fruits, 56.
lasset et épingle, 6, 60, 64.
lassets, 41, 72.
— grands, 15.
lassitude, abattement, 2, 59.
latin, (parler) 11, 51.
laurier, 90.
lauriers, 8.
laurier (couronne de), 70.
lavande, feuille, 31, 39, 41, 46.
— mâle, 25.
lavage, 3, 11.

lavandière, 3, 11.
lave (homme qui), 66.
lavemains, cuvette, 3, 44.
lavement, 3, 7, 23, 40.
— des mains, 78.
— clystère, 3.
laver, 66, 84.
laverie, 20.
laveur de laine, 66.
laveuse, 44.
laveuses (plusieurs), 59.
lavoir, 70, 79.
lavier, l'évier, 79.
lamproie, poisson, 50.
le bareau, cour, 55.
lèche, lèchefrite, 50.
légèreté, 15.
législateur, 29, 31, 35.
légitimer, 14, 60.
legs, 54, 65.
légumes, 68, 88.
lent et lente, 9.
lentement, 3.
lenteur, 5.
lentilles, 9, 41, 85.
— petites, 41.
léopard, 37.
lézard, 30, 64.
lésine, 39, 75.
lésion, 86.
lessive ou lissieux, 30, 60.
— buée, 81.
lessivière qui lave, 44.
les communs ou les commodités, 18.
leste, vigilant, alerte, 22.
lettre, 2.

lestement, adroitement, 9.
léthargie, 12, 60, 80.
lettier et lettière, 44.
lettres, 4, 26, 39, 62.
—de change, 19, 85.
—de cachet, 40, 87.
lettré, lettrée, 21.
lettrées, 80.
levain, 5, 50.
levant, 27, 71.
levé, levée, 11, 19.
lever, 41, 46.
—(se) de bon matin, 70.
—tard, 40.
— les taches, 19, 21, 40, 42.
levier, 42, 72, 75, 81.
—de fer, 67.
l'évier, lavier, 79.
levraut, 5.
lèvre, des lèvres, 39.
—d'homme, 52, 74.
—d'une plaie, 13, 31.
lèvres quelconques, 1, 37, 74.
lévriers, chiens, 45, 49.
lézard, 5, 7, 27.
lézards, 29.
lézardes, 16.
—venimeuses, 10, 26, 33.
—l'homme qui prend des, 59.
libation, 20.
libérateur, 1, 50.
libération, 4.

libelle, 21.
liberté, 60, 74.
libertin, 26, 41.
libertinage, 60, 82.
libertine, 34.
libraire, 24, 35, 44, 76.
librairie, bibliothèque, 6.
libre, 50, 70.
licol, bridon, 24.
licols, 75.
lie du peuple, 80.
liége, 10, 40, 70.
lier, 20, 31.
lierre, 36.
—sur les murailles, 59.
lies de vin et autres, 72.
lieue d'une heure, 15, 35.
lieu de débauche, 5.
—quelconque, 1, 7, 82.
lieutenance, 21, 53.
lieutenant, 20, 62.
—général, 72.
—du roi, 79, 81.
—d'infanterie, 87.
—d'armée, 29.
—de police, 58.
lieutenans quelconques, 3, 55.
lièvre, 1, 25, 30, 84.
—seul, 10, 42, 50.
lièvres, 30.
lieux communs, 4, 79.
ligature, 6, 40.
—bande, 44.
—de soie, 11.

ligne, 3, 19, 55.
— pour pêcher, 25, 52.
— quelconque, 27, 75.
lignée, race, 34.
ligue, 45.
ligueur, 3.
lilas, 1.
limace, 8, 72, 73, 90.
limaçon, 3, 19, 70, 72.
limandes, 17.
lime, 19, 70.
limon, boue, 61.
limonade, 51, 56.
limonadier, 78.
limonier, 52.
lin, 11, 50.
— filé, 40, 49.
— dans le champ, 11, 50.
— à filer, 13.
linceul, 81.
linge, 42, 85.
— en quantité, 43, 65.
— de corps, 85.
— de table, 75.
— blanc, 43, 65.
lingère, 51, 55.
lingot, 29.
lion, 21, 24, 42, 48, 52, 60.
lionne, 63.
lions, 53.
lionceau, 41, 63.
lionceaux, petits lions, 42.
liqueur, malvoisie, 3, 46.

liqueurs, 42, 63.
lire, 6.
— un livre, 14, 58.
lyre, instrument de musique, 77.
lis, fleur, 7, 27.
— d'or, 55.
— panachés, 10.
— blancs, 1.
— seul, 47.
lisière, 12, 70.
lissoire, 26, 90.
liste, 8, 52, 81.
— des barbes, 12.
— de lessive, 70.
— de la loterie, 18.
— quelconque, 70.
lit simple, 4, 85.
— de noces, 61.
— quelconque, 49.
lits, 13, 17, 27, 43, 54, 73.
lit garni avec rideaux, 68.
liteau, 31.
litière, 55, 64.
livre et livres, 7, 47, 57, 68, 70, 73.
— broché, 32, 34.
— relié, 1, 83.
— blanc, 7.
— imprimé, 40.
livre, poids, 7, 34.
— monnaie, 20, 50.
— de quittance, 7, 82.
livre, roman, 42.
livrée, 48, 66.
livrées, laquais, 48.
livrer, 22, 3
livret, 59.

locataire, 64, 66, 17.
locataires, 66.
loge et loger, 50, 60, 90.
loges, 80, 90.
loge de théâtre, 4, 45.
logis, 51, 75.
— une loge, 50.
loi, 14, 88.
loir, 7, 11.
— rivière, 44, 76.
loire, rivière, 17, 46.
l'oie, animal, bête, 7, 11.
loisir, 17, 33.
lointain, 18, 81.
l'ombre, 43.
londres, 34.
longue vue, 41, 70, 90.
longueur, 75.
loquet, 51, 76, 77.
— de porte, 51.
— petit, 74.
loquetière, 16, 31.
lorgner, 88.
lot, 11, 33.
— (gros), 51.
loterie, 3, 7, 64, 79.
louage, 10.
louages, 1.
louange, 11, 76.
louche ou borgne, 11, 33, 76, 81.
louer ou donner à ferme, 15, 31.
louis d'or, 61, 75.
loup, louve, 7, 11, 31, 39.
loupe, maladie, 41, 53.

loups, 11, 41, 43, 47, 31.
loupe de cristal, 15, 88.
lourd, 65.
loutre, 70, 78.
louvre, 4, 44.
loyer, 2, 31, 50.
lucarne, 41, 61.
lueur, 16, 61.
lugubre, 81.
luire et luisant, 71.
lumière, 44, 50, 71.
lundi, 11.
lune, la lune, 6, 7, 17, 3, 60, 70.
— pleine, 10.
— manquant, 18.
— (quartier de) 1, 34, 41.
lunettes, 11, 76.
lunette petite, 81.
— d'approche, 1, 58, 60, 70.
lunettes d'approche, 9.
lunette grande, 51, 80, 81.
lunettes (vendeur de) 5, 80.
lustre, 83.
— de cristal, 11.
luth, instrument, 16, 54, 71.
luthérien, 81.
lutin, 17, 41, 45.
lutrin, 19, 18.
lutrin, (chanteur de) 5, 17.
lutte, combat, 1, 17, 44.

luxe, 1, 3, 75.
luxure, 4, 19.
luxurieux, 18, 66.
lynx, 40.

lyon, 10, 51.
lys (fleur), 47.
lys d'or, 33.
lucerne, 17, 55.

M

MACARON, 26, 52, 54.
macarons, 20.
macaroni, 26, 52, 54.
mâcher, 16.
machine, 7, 28.
— quelconque, 12.
machiner, 1, 19.
machiniste. 46, 50.
mâchoire, 7, 13, 70.
maçon, 24, 26, 30.
— qui fait le mur, 14,
  26, 30, 50.
maçonner, 2, 7, 60.
maçonnerie, 54, 72.
macreuse, oiseau, 10,
  21, 40, 73.
madame, 26, 90.
mademoiselle, 2, 80.
madriers, 26, 60.
magasin, 32, 54, 57.
— de charbon, 67.
— de châtaignes, 12.
— de grains, 57.
— de toile, 28, 82.
— de drap, 77.
— de dentelle, 89.
— de dorure, 25, 42.
— dé chapeaux, 60, 71.
— d'épicerie, 32, 71.
— d'étoffes, 3, 25.

magasin de foin, 7,
  83.
— de morue, 8, 28.
— de quincaillerie, 19.
— de librairie, 4.
— de modes, 27, 72.
— d'armes, 46, 71,
  83.
— boutique, 64.
— (l'homme dans le)
  49.
— (la femme dans le)
  57.
magasins quelconques,
  2, 18.
magicien, enchanteur,
  1, 14, 60.
magicienne, fée, 2,
  56.
mage, 19, 52.
magie, 14, 46.
magistrats, 8, 63, 90.
magnésie, 7, 86.
magnificence, 88.
mai, mois, 5, 15.
majesté, 7, 45.
majeur, 60, 80.
maigre, 14, 19.
mail, jeu, 54, 65.
maille, 3, 26.

maillots, 54.

main ou mains, 5, 55.

—de papier, 15, 25.

—de fer, 31, 74.

—de bois, 38, 45.

—d'homme, 20, 30.

—quelconque, 3, 53.

major, 12, 24, 36, 63.

—d'un régiment, 73.

—de place, 34, 61.

majorité, 12, 82.

maire, 26, 70.

mairie, 36, 80.

maison, 14, 69.

—d'un curé, 26, 31.

—neuve, 4, 26, 28, 29, 60, 64, 66.

—que l'on bâtit, 62.

—de campagne, 28.

—déserte, 11.

—royale, 14, 40.

—quelconque, 12, 66.

—de force, 80, 90.

—de fous, 61.

maître (le), 44, 50.

—d'écriture, 15.

—d'école, 1, 8, 17, 42.

—de poste, 43, 41.

—en fait d'armes, 23, 34, 48, 68.

—d'hôtel, majordome, 6, 19, 61.

—de musique, 5, 11.

—de danse, 29, 65.

—des requêtes, 20, 30.

—du clergé, 50.

—des cérémonies, 6, 66, 67, 73.

—de mathématiques, 45.

maître d'école et maîtresse, 11, 49.

à lire et écrire, 29.

et maîtresse de maison, 44.

d'arithmétique et d'écriture, 23.

de chambre, 61.

de maison, 62.

de justice, 14.

maîtres (deux) de maison, 46, 79.

maîtres-d'armes (deux), 34, 68.

maître-ès-arts, 17, 58.

de pension, 1, 15.

de langue, 80, 90.

maîtresse de pension, 60.

à broder, 10, 44.

à danser, 19, 81.

à chanter, 18, 51.

de lecture, 45.

d'écriture, 69, 89.

de couture, 48.

rubanière, 18, 35.

pointière, 30, 58.

en galanterie, 20, 60.

de maison, 76, 84.

mal, 1, 73.

de tête, 12, 19, 48, 49.

de cœur, 6, 16.

d'enfant, 11, 14.

de ventre, 50, 60.

de Naples, 2, 26.

d'estomac, 7, 44.

caduc, 72, 89.

contagieux, 13, 33.

mal, fièvre d'étique, 40.
   quelconque, 1, 22.
   propre, 11, 60.
   propreté, saleté, 4.
   propreté, saloperie, 14, 16.
malade et malades, 7, 26, 37, 46, 62, 73.
malades (deux), 73.
maladie, 26.
   quelconque, 49.
maladies, 61, 73.
malle, coffre, 2, 60.
mâle, 19, 31.
   dru, 38.
malédiction, 83.
maléfice, 18.
malfaiteur, 37, 45, 56, 72.
malheur, 14, 53, 72.
malice, sort, 14, 74, 85.
malin et maligne, 11, 48, 90.
maltraitement, 50.
maltraiter, 25, 29.
malvoisie, liqueur, 3, 35, 46.
maman, 22, 45.
mamelle, sein, teton, 5, 28.
mamelles ou deux tetons, 5, 18, 84.
mamelon, 3, 16.
manant, 14, 34.
manche d'habit, 16, 27.
manches, 16.
   quelconque, 1, 41.
manchettes, 7, 31, 34, 40, 60.
   à dentelle, 72.

manchon, 10.
manchons, 10, 73.
manchonnier, 62, 63.
manchonnière, 5, 64.
manchot, manchotte, 13, 31.
mandement, 18.
mandoline, 6.
mandrin, 26, 56, 71.
manége, 22, 51.
mangeaille quelconque, 12.
manger, 9, 17, 32, 65.
manier quelque chose, 15.
   des étoffes, 77.
manières, 54, 62.
manivelle, 60, 70.
manne, 41, 46, 50.
   petite, 5.
   à purger, 46.
manœuvre, 2, 4.
   de maçon, 2.
manœuvrer, 25, 40.
manteau, 44, 30, 31, 36, 66, 73, 88.
   long, 15, 51.
   court, 44, 72.
   pour femme, 10.
manteaux, 88.
mantelet, 73.
mantille, 76.
mantilles, 4.
mantonnet ou tourniquet, 7.
manufacture, 13, 14.
   d'or, 1, 25.
   d'argent, 6, 76.
   de soie, 3, 34.
   de draperie, 9, 25.

manufacture de bas, 13, 31.
— d'étoffes, 11, 22.
— d'indienne, 16, 61.
— de toile, 15, 44.
— de papeterie, 13, 82.
— de glaces, 18, 77.
— royale, 10, 30.
— de faïence, 11, 26.
— de verrerie, 17, 70.
— de blondes, 3, 19.
manuscrit, 49.
mappemonde, 17, 50.
maquereau, 15, 27, 40, 60, 80.
maquerelle, 2, 49, 70.
— russienne, 77.
— amoureuse, 10, 40, 49.
maquignon, 23, 47, 51.
marais, 12, 16, 60.
marâtre, 24, 31.
maraud, 19, 74, 76.
marauder, 71, 80.
marbre, 3, 15, 19.
marbrer, 69, 72.
marc, poids, 25, 34.
— d'argent, 44.
— de cuivre, 51.
— d'or, 40.
marchand, 31, 41.
marchands et marchandes, 7, 81.
marchand dans sa boutique, 46, 52.
— de fruit, 7, 58.
— de blé, 3, 44.
— de vin, 50, 72.
— de bois, 4, 16, 47.
— de bouteilles, 26.

marchand de chanvre, 53, 55.
— de chocolat, 23, 43.
— de citrons, 10.
— d'oranges, 22.
— de choux, 33, 42.
— de joncs ou cannes, 5, 47, 57.
— de boucles, 5, 47.
— d'estampes, 14.
— de corbeilles, 62, 76.
— d'eau-de-vie, 22, 52, 85.
— de fromage, 28, 39, 58, 60, 90.
— d'huile, 76, 82.
— de lard, 12.
— de gants, 4, 31, 40.
— de clincaillerie, 19, 64.
— de vermicelle, 4, 5, 55.
— de bijouterie, 46.
— d'argenterie, 52.
— de galon, 10.
— de soie, 18, 81.
— de rubans, 4, 17, 27, 55.
— de plats, 10, 38, 78.
— de culottes, 68.
— de modes, 37, 79.
— de tabac, 7, 42, 70.
— de bas, 32, 40, 41, 79.
— de chandelles, 50.
— de chapeaux, 1, 12, 28, 42.
— de colifichets, 71.
— de couteaux, 5.

marchand de cruches, 55, 70.
  de drap, 16.
  de fleurs, 37.
  de foin, 17.
  de grains, 71.
  de mercerie, 26.
  de pauiers, 50, 62, 87.
marchande de paniers, 50.
  de simples herbes, 8, 59, 88.
  de soie, 48, 74, 78.
marchands et marchandes de drap, 35.
  d'indienne, 11, 22.
  de toutes sortes de marchandises, 75, 81.
marchandise emballée, 18.
  quelconque, 3.
marchandises, 13.
marche d'armée, 13, 72.
  de tambour, 82.
  pied, 40.
  quelconque, 34, 55.
marché et foire, 63.
  quelconque, 63.
marcher à quatre pieds, 2, 4, 27.
  droit, 7, 54.
  à grands pas, 12, 82, 83.
  avec des béquilles, 73.
  sur l'eau, 81.
  à reculons, 71.
  à tâtons, 72.

marcher avec vitesse, 5.
marcotte, 20, 25.
marcotter, 21, 77.
mardi, 3, 58.
  gras, 90.
marécage, 22, 25, 55.
marécageux, 22, 30, 63.
maréchal de France, 26, 83.
  des-logis, 6, 70.
  de camp, 14, 80.
  ferrant, 4, 13, 31, 40, 44, 56, 58, 79.
  d'armée, 90.
maréchale, 4, 58, 82
marée, 26, 42.
marge, 13, 9.
marguillier, 35, 51.
marguerite, 56.
mari, 6, 87.
  commode, 12, 90.
  cocu, 17, 23.
  de nom, 87.
  et femme, 44.
mariage, 20, 65, 82, 89.
marie, sainte, 7.
mariée, épouse, 84.
marier, 20, 60.
marin, 3, 26.
marine, 44, 51.
  vue de la mer, 76.
marinier, batelier, 12, 17, 50, 60, 71.
  quelconque, 88.
mariniers, bateliers, 26.
  matelots, 43, 47, 77.
marins et matelots, 88.
marionnettes qui dansent, 6, 65, 71.

marmelade , 19, 62, 87.
    quelconque , 19, 60.
marmite , 7, 26.
marmiton , 11, 62.
marmotte , 11, 24, 40,
    64.
marmottes, 88.
marmouset, 19, 71.
marne , 11, 29, 35.
marrons de mouton frits,
    83.
maroquin , 19, 76.
marquer , 11 , 20.
marques : quelconques,
    28, 77.
marqueter , 9, 17.
marqueterie, 14, 50.
marquis , 7, 26.
marquise , 1, 9, 85.
marraine , 14, 70.
marrons et châtaignes,
    19, 36, 50.
marronnier, 41, 66.
mars , 3, 33.
marteau de fer, 29.
    seul, 7.
marteaux quelconques ,
    71, 80.
martinet, 26, 64.
    oiseau, 1, 12.
martre , animal, 41 , 66.
martyre, 10, 30, 70.
mascarade, 6, 11.
masque, 10, 77.
masques , 11, 44, 45, 77.
massacre , bataille , 52 ,
    62, 77.
massacré et massacrer ,
    19, 34, 90.

masse , globe , sphère , ,
    44, 45.
    quelconque, 19, 38,
    57.
massepain , 41 , 46.
massepains , 43.
massif , 2, 14.
massue , 12 , 20, 90.
mastic (faiseur de), 16,
    22.
mât , arbre de vaisseau ,
    17, 35.
mat, or et argent, 20,
    58.
mâter un navire, 1, 60,
    90.
matador, 24, 42.
matelas, 21, 25, 29, 36.
matelas, 1 , 19, 42.
    (faiseuse de), 75.
    (faiseur de), 9, 21 ,
    26.
matelot, 15, 60.
mathématiques, 46, 50.
matériaux , 12, 17.
matériel, 59.
matières, 41 , 60.
mâtin, chien, 13.
matin, jour, 17, 31.
matines, 53.
matrice, 41 , 53.
matricule, 17, 41.
maturin, 26, 40.
maudire, 43.
maure, 80.
mausolée, 26, 31, 82.
mauvais temps, 56, 60,
    70, 83.
mauvaise humeur, 14.

mauve, plante, 41, 45, 80.
maux, 12, 17.
maxime, 66.
mazette, 3, 19.
mécanique, 61, 70.
méchant, malin, 11, 12, 48.
   ruisseau, 9.
méchanceté, crime, 10, 18.
mèche, 26, 71.
mèches à fusil, 47.
mécompte, 26, 50.
méconnaître, 44.
mécontent, 26, 72.
mécréant, 14, 19.
médaille, 6, 57, 80.
médailles, 47.
   (faiseur de), 36, 64.
médecin, 12, 13, 16, 30, 51.
médecine, 16, 51.
   quelconque, 85.
médecins, 13.
médire, 23, 72.
médisance, 44, 70, 76.
méditer, 41, 57.
méditerranée, 23, 81.
méfiance, 64, 86.
mégarde, 6, 70.
mélancolie, 46, 51, 72.
mélancolique, 1, 60.
mélange, 3, 16, 34.
mélèse, 40, 50.
mélisse, 62, 71.
melon, 13, 50, 61.
   d'eau, 11, 42.
   dernier, 30.
melons, 50, 61, 62.

melons d'eau, 62.
   (vendeur de), 11.
   (vendeuse de), 5.
melonnière, 5, 50.
membre du corps, 27, 50.
   féminin, 14.
membrane, 27, 79.
membres quelconques, 27.
mémoire, 38, 78.
mémorial, 27, 38, 78, 87.
menace, 50, 62.
menaces, 73.
ménage, 7, 18, 22, 24, 67, 70.
ménagerie, 72, 74.
   d'animaux, 68.
ménagère, 10, 25.
mendiant, gueux, 2, 3, 7, 17, 41, 74.
mendians, 27.
mendier, 16, 17, 22.
mener, 6, 70.
meneur d'ours, 83.
   de loup, 77.
   de lion, 26.
   de tigre, 44.
menotte, 7, 74.
menottes, 74.
   de fer, 74.
mensonge, 31, 76.
menstrue, 79.
menthe, herbe, 19, 80.
menteur, 17, 44.
menteuse, 44, 65.
menterie, 31.
menton, 3, 34, 60.
   quelconque, 3.

menuet, 26, 33.
menuisier, 4, 16, 28, 41, 53, 73.
méprisant, orgueilleux, 35.
mépris, 16, 60.
mépriser, 4, 13.
méprise, 50, 70.
mer (la), 1, 15, 51, 53, 80, 90.
— calme, 3, 42.
— orageuse, 16.
— vue de loin, 76.
mercerie, 30, 36.
merceries, 36.
mercier, 55, 72.
mercredi, 3, 33, 63.
mercure, 3, 14, 60.
merde, 9, 14, 35.
— fiente, 54.
mère, 1, 38.
mère-perle, 17, 70.
mérite et mériter, 64, 71.
merlan, 14, 26.
merle, 14, 19, 60, 68.
merles, 14.
— petits, 76.
— (marchande de), 3, 61.
merlets, 22, 70.
merlette, 22, 70, 76.
merluche, 5, 80.
— petite morue, 5.
— poisson de mer, 77.
— (marchand de), 78.
merluches, 5.
merveille, 72.
merveilles, 72, 78.
message, 3, 70.

messager, 3, 19, 43, 84.
— solliciteur, 48.
— commissionnaire, 17, 19.
messagerie, 19, 48, 84.
messe, 86, 60.
— de chasseur, 24, 72.
— paroissiale, 16, 70.
— basse, 86.
— (grande) chantée, 54.
messes, 89.
messieurs, 8, 16, 82.
nobles, 69.
mesure, 3, 50.
— quelconque, 88.
mesures, 88.
mesurer, 16, 88.
mesureur de champs, 75.
métairie, 6, 19.
métal, 44, 72.
— mêlé, bronze, 12, 29.
— quelconque, 5, 59.
métamorphose, 56.
métayer, 24, 25, 40.
métier, 17, 70.
— de tisserand, 22, 49.
— de passementier, 24, 40.
— de fabricant d'étoffes, 52, 71.
— de bas de soie, 18, 24.
— de broderie, 12, 63.
— de draperie, 27, 72.
— de toile ou étoffe, 29, 79.
— de dentelle, 25.
— quelconque, 11.
métier quelc. 1, 8, 81.

métropole, 9.
mets , 6, 11.
— pétrin, 52.
— fait avec du fromage,
etc., 18, 26.
— à manger, 51.
metteur en œuvre, 89.
mettre la main à la
poche, 40, 72.
— (se) à la fenêtre ,
17, 48.
— l'épée à la main , 1,
19.
— de toute façon , 28,
37.
— (se) à table, 82, 90.
— (se) au lit, 73, 74, 86.
— au bleu, 33.
meubler, 22.
meubles, 11, 61.
meugler, 24, 46.
meule à moudre, 4, 7,
45.
meules à écacher l'or et
l'argent, 39, 51.
— quelconques, 17, 60.
meunier, 15, 23, 24 ,
70.
meunière, 27, 58.
meurtre, 62.
meurtrier, assassin, 2 ,
11, 46.
meurtrir, 22, 33.
meute , 30, 90.
miauler, 12, 70.
mi-carême , 77.
miche, 31, 50.
microscope, 62.
midi, 5, 45.
— sur le, 45.

mie de pain, 12, 26,
48.
miel, 22, 45, 56, 63, 77.
miettes, 2, 12.
mignardise, 7, 24.
migraine, 9, 61, 64.
miguel, 3.
mijaurée, 78.
mil ou millet, 1, 21,
90.
milan , oiseau de proie,
7, 25, 27.
milice, 32, 45, 52.
milieu, 1, 21.
militaire, 37, 65, 70,
88.
militaires, 2, 65.
mille et lieue, 12, 39.
millier quelconque, 90.
milliers, 12, 39, 82.
mine, 1, 38, 40.
— de charbon, 46, 78.
— de plomb, 25, 52.
— de soufre, 1, 12.
— d'or, 1, 7, 21.
— d'argent, 3, 17.
— de cuivre, 53.
— chargée, 10, 25.
mines, 70, 78.
mines quelconques, 9,
74.
mineur, 1, 19.
minérai, 7, 17.
minéral, 34, 54.
miniature, 17, 77.
minimes, 11, 34.
ministre, 1, 5.
— prédicant, 10, 70.
ministres, 1, 68.
minutes, 7, 16.

mirabelle, 3, 25.
miracle, 36, 66, 70.
miracles, 66.
miroir, 6, 26, 30, 64, 80, 89.
— s'y voir, 31, 41.
— (grand) 25, 28.
miroirs, 29, 62.
miroitiers, 71, 73.
misérables, 66, 86, 87.
misère, 50, 62, 75.
miséricorde, 16, 88.
mission, 60, 70.
mitaines, 24, 35.
— petites, 41.
mite, 23, 36.
mitre, 18, 41, 70.
mithridate, 28, 73, 78,
modèle, 7, 40.
— quelconques, 40.
modéré, tempéré, 43, 87.
modérer, tempérer, 90.
modes quelconques, 17, 70.
modeste, 4, 16.
modestie, 2, 19.
moelle, 48, 50.
moellon, 44, 50.
moine, 37, 43, 60.
moines, 37, 60.
— religieux, 43.
moines et prêtres, 37, 45.
moineau, 19, 70.
— femelle, 13, 61.
— mâle, 19.
moire, étoffe, 40, 50.
moiré, moirée, 51, 70.
mois, 4, 50.

moisi (sentir le), 67.
moisir, 41, 72.
moisson, 24, 40.
moissonner, 87.
moissonneurs, 85, 90.
moissonneuse, 77, 82.
moitié, 21, 33.
môle, 23, 46.
mollesse, 41, 81.
mollet, 74.
molleton, 3, 30.
moliniste, 25, 50.
moment, 10, 14.
momie, 51, 70.
monarchie, 17, 80.
monastère, couvent, 1, 50, 56, 76.
monceau, 87, 88.
monde, 90.
— savant, 20, 35, 80.
— ignorant, 1, 17.
monitoire, 46, 52.
monnaie, 26, 46, 50.
— d'or, 25, 70, 74.
— d'argent, 6, 11, 70.
— de cuivre, 5, 14, 17.
— louis d'or, 8, 16, 17.
— gros écus, 30, 70.
— écu, 66, 80.
— pièce de 24 s., 14, 17.
— de 12 s., 30, 60.
— de 6 s., 1, 15.
— quelconque, 26.
— (faiseur de), 53.
— écu, bouclier, 19.
— (la), où on la fait, 7, 16, 46.

monnoyeur, 53, 56.
— (faux), 54.
monopole, 16.
monsieur, 41.
monstre, 54, 66.
montagne, hauteur, 75,
66, 90.
— bien haute, 18, 90.
montagnard, 44, 45,
48.
montagneux, 1, 30, 60,
90.
montée, 23, 72.
monter, 17, 46, 50.
— dans les nues, 90.
— avec peine, 18.
— toutes sortes d'ani-
maux, 81.
— par l'échelle, 10.
mont-haut, 52.
mont-de-piété, 6.
monteurs sur bancs,
54, 60.
monteuse de coiffes, 2.
— de bonnets, 2.
montre, horloge, 20,
24, 58, 72.
— de marchandises, 30,
90.
montrer, enseigner, 8,
60.
monture, 70, 80.
moquerie et se moquer,
14, 17, 83.
morale, 3, 31.
morceau, 90.
mordant, 14, 70.
mordre, 27, 52.
morilles, espèces de
champignons, 21.

morfondre, 46, 70.
morgue, où l'on expose
les morts, 64.
morguer, 64, 69.
moribond, 49, 76.
morpion, 39, 58, 90.
morsure, 6, 34, 37,
76.
mort et morts, 33, 57,
45, 47, 50, 78.
— d'ames, 23, 32.
— dans la bière, 50.
— ressuscité, 47.
— (un), 50.
morte (une), 33, 78.
mortel, 19, 22.
mortels (les hommes),
14.
morts (plusieurs), 13,
67.
mortier, 16, 42, 60,
78.
mortification, 1, 15, 17,
19, 39.
mortifier, 44, 81.
mortaise, 64, 70.
morue, 17, 30, 45.
morve, 16, 50.
morveux, 64, 73.
morveuse, 32, 71.
mosaïque, 80.
moscateline, 80.
mosquée et mosquées,
79.
mot, 64.
motte de terre, 56.
mou de veau, 40, 80.
mouchard et moucharde,
2, 24.
mouche, 89.

mouches (quantité de),
29, 69, 75.
— à miel seule, 34,
86.
— à miel et cire, 3,
80.
— qui ressemble à la
guêpe et aux abeilles,
41.
— qui vole la nuit,
20.
moucher (se), 16.
mouches au visage,
40.
— pour le visage, 40,
75.
— à miel, 17, 70.
— blanches , 79.
— ou moucherons sur
le vin, 87.
moucheron, 36, 39.
moucherons, 87.
mouchettes , 60 , 86.
moucheur de chandelles,
60 , 86.
mouchoir de soie, 66.
— de col, 6.
— quelconque, 70.
mouchoirs de soie, 66.
— de coton et de fil,
76.
— quelconques, 70.
mouchure de chandelle,
86.
— de chandelles, 44,
86.
moudre, 45, 46, 48.
moufle, 24, 40.
mouille, mouiller, 25,
50.

moule, 60, 64, 71.
— blanche, poisson, 60,
66.
— de bois, 87.
moules de mer, 60.
mouler, 26, 30.
moulin, 15, 85.
— à vent, 20, 50, 51.
— à café, 47, 56.
— quelconque, 15, 24,
85.
moulinet, 17, 70.
mourir, 72, 80.
— (rêver de), 38.
mousquetaire, 51, 60.
mousse de mer, 60.
— quelconque, 56, 81.
mousseline, 56, 70.
moustache, 15, 40.
moustaches , 15.
moût, 56, 70, 88.
moutarde, 11, 51, 72.
mouton, 80, 90.
moutons, 90.
mouture, 17, 45.
mouvement, 13, 17.
— quelconque, 5.
muet, muette, 19, 79.
mugir, 42, 48.
mugissement, 34, 60, 62.
— de bœuf, 42, 48.
muid, 51, 72.
mule, animal, 15, 51.
— pantoufle, 82.
— quelconque, 7, 72.
mulet ou mulets, 7, 54,
60, 77.
muletier, 5, 13, 15, 51,
88.
muletiers, 67.

muletier, qui conduit
  litière, 19.
muletière, 88.
multiplication, 76, 90.
multitude, 49.
munition, 45.
muraille, 11, 56, 60.
mur et murer, 11, 39.
mûrier, 53.
mûriers, 73, 80.
murmure et murmurer,
  4, 16, 23, 33.
musc, 1, 10, 36, 90.
muscade, 54, 60.
— noix, 10.
muscat, 6.
— raisin, 6.

muscle, 52.
muses, 60.
museau, 60, 70.
musette, 69.
musicien, 18, 66, 72.
— chanteur, 75.
— et musicienne, 2,
  11, 55.
musiciens, 11, 33, 75.
musiciennes, 13, 58.
mutin, 11, 51.
mutiner, 54, 60.
mutuel, 27, 45.
myrrhe, 37.
myrte, 5, 26, 65.
mystère, 71.
mystérieux, 79.

N

Nacre de perle, 8, 80.
nacelle, 41, 64.
nage (un homme qui),
  67.
nager, 11, 54.
nageur, 7, 54, 67.
— (un) qui se noie,
  13.
nageuse, 13, 70.
naïf, 52, 74.
nain, naine, 51, 64.
nains, 15.
naines, 19.
naissance heureuse, 87.
— malheureuse, 78.
naître, 41, 60.
nappe, 8.

nappes, 1, 59, 72.
narcisse et narcisses,
  fleurs, 8, 47.
narine, 17, 21.
naseau, 16, 40.
nasiller, 58, 90.
nation quelconque, 72,
  83.
nature, 20, 40, 50.
— de femme, 80.
naturel, 66, 72.
naufrage, 82, 86.
naulage, frêt, 46.
navet, 34, 50.
navets, 10.
navettes, 6, 14, 51,
  74.

navigation, naviguer, voyage de mer, 64, 70.
navigateur, 66, 72.
navire, 53, 73, 87, 88, 89.
— grand, 3, 88, 89.
— petit, 65.
navires plusieurs, 3, 21, 28.
ne pouvoir parler, 6, 17.
nécessaire, 42.
nécessité, 3, 61, 62.
nectar, 49.
nef, 60, 70.
nèfle, 56, 71.
nèfles, 33, 35.
négre, 12, 47, 70, 80.
négresse, 4.
négligemment, 20.
négligence, 76, 88.
négoce, 14, 70.
négociant, 6, 40.
négocier, 1, 14.
neige, 17, 21, 41, 53, 70.
neiges, 21, 53.
neige et neiger, 10, 21.
neiger, tomber par flocons, 71.
neige (l'homme qui est couvert de), 59.
— (la femme qui vend la), 21.
— (l'homme qui vend la), 53, 76.
nerf, 4, 46.

nerf de bœuf, 4, 20, 50.
nerver un battoir, 3, 4, 11.
nerveux, 16, 40.
nettoyer, 6, 12.
— quelque chose, 41.
neveux, 38, 64, 72.
— et nièces, 38.
neuf, 56, 60.
nez, 12, 16, 60, 80.
— cracher au, 6.
niais, 46, 51, 72. —
niche, 44, 51, 70.
— de poules, 3, 5, 28, 34.
— quelconque, 51.
nid, 80.
— d'oiseau, 55, 80.
— d'hirondelles, 85, 90.
— de fourmis, 18. —
— d'œufs de poules, 76.
— de mouches guêpes, 53.
— quelconque, 52, 54.
nièce, 56, 61.
nielle, plante, 14, 40.
nier, 56, 70.
nigaud, 51, 57.
nigauds, 29.
nippes, 2, 12, 46.
nitre, 54, 60.
niveau, 61, 78.
niveler, 41, 50, 81.
nobles, 17, 71.
— messieurs, 61.
— dames, 4.
nobles et noblesse, 79.

noblesse, 4, 11.
noce, 10.
noces et festins, 10, 89.
nœud et nœuds, 15, 83.
— (un) et des nœuds, 83.
— de ruban, 14, 15, 48.
— d'amour, 10, 53.
nœuds de rubands, 18, 19.
— quelconques, 56, 70.
noir, 51, 76.
— et noircir, 62.
— et brun, 5.
noirceur, 10, 67.
noisette, 8, 64.
noisettes, 8.
— beaucoup de, 60, 64.
noix, 6, 12, 24.
— de galle, 60, 80.
— muscade, 12, 65.
— (une), 6, 12.
— beaucoup de, 24.
— (brou de) 67.
— quelconques, 51, 82.
nom, 46.
noms, des noms, 46.
nombre, 44, 71.
nombril, 10, 60.
— ou la boude, 17, 67.
nommer, 46, 62.
nompareille, 10, 81.
nonce du pape, 71.
notaire, 10, 25, 61.
— civil, 25.
— criminel, 3, 61.

notaires plusieurs, 10, 67.
note et noter, 2, 14.
noter, 17, 29.
notice, 18, 46.
novice, 12, 25.
noviciat, 36.
noviciats, 12, 25.
nourrice, 44, 66, 68, 84.
— avec nourrisson, 88.
nourrices, 45.
nourrir (se), 32.
nourriture, 12, 88.
— quelconque, 12.
nouveau, 40, 44, 63.
nouveauté, 51, 60, 72.
nouvelles, 45, 71.
nouvellistes, 51, 60.
noyau, 17, 36.
noyer (se), 2, 61, 64.
noyé ou se noyer, 2.
noyer, arbre, 41, 49.
noyer (rêver de se), 10, 51.
nuage, 8.
— et nuée, 5, 8.
nuages, 12, 14.
nuances, 45, 48.
nud et nue, 5, 10, 12, 50.
nudité, être nu, 18, 62, 70.
nuire et nuisible, 27.
nuit, la nuit, 30, 86.
nullité, 53, 82.
numero, 30, 88.
numeros, 46.
—de la loterie, 46, 67, 86.
numéroter, 11, 80.

O

Obéir, 41, 70.
obéissance, 5.
obéissant, 5, 54, 58.
obélisque, 14.
objet, 52, 78.
obligation, 2, 14.
obligeant, 6, 10, 62.
obliger quelqu'un, 6.
obscur, 56, 60.
— brun, 69, 79.
obscurité, 3, 31.
obscurités, 30, 38, 88.
obscurcir, 44.
obsédé du démon, 35.
obsèques, 61, 70.
observation, 3, 13.
obstacle, 4.
obstination, 72.
obstiner (s'), 50, 69.
occasion, 14, 48, 82.
océan, 41, 48.
occident, 51, 90.
octobre, 10, 30, 69.
oculiste, 44, 56, 72.
occupation, 17, 24.
odeur, 17, 26, 35.
— quelconque, 35.
— aromate, 16.
œil, 20, 25.
— et des yeux, 24, 44.
œillades, 24, 76.
œillet, 3, 8, 54, 76.
œillets, 2.
œillettes, 7, 47.

œufs (des), 25, 50.
— de poisson en fromage, 25.
— durs ou mollets, 53.
— (nid d'), 76.
— (vendeur d'), 25.
— de poisson, 25.
— durs, 53.
— au beurre noir, 75.
— au miroir, 16.
— quelconques, 4, 40, 77.
œuvres quelconques, 56, 82.
offense, 45, 56.
offenser, 3, 70.
office, 74.
— (petit), 52.
— charge, devoir, 8.
— de notaire, 43, 72.
— quelconque, 74, 90.
officier, 8, 85.
officialité, 16, 17.
officier, 2, 20, 21.
— major, 30, 70.
— de bouche, 85.
— de quartier, 13, 40.
officiers, 85.
oie, 5, 12, 63, 76.
— (jeu de l'), 63.
— jeune, 5, 15.
— quelconque, 19, 50.
— et oison, 12, 76.
oignon, 19, 56.

oignons (vendeurs d'), 5, 82.
— plusieurs, 45, 82, 86.
— de fleurs, 17, 82.
— (botte d'), 19, 59.
— quelconque, 10, 19, 45.
oignons, 82, 86.
oindre, graisser, 7.
oint, 32.
— gras, 32.
oiseau, 76.
— marin, 18.
— en cage, 7.
— de nid, 17.
— fauvette, 11, 67.
— grue, 76.
— de proie, milan, 25.
— oie, 12, 70.
— quelconque, 36, 63, 77.
oiseaux, 18.
oiseleur, 24, 29.
oiselier, 29.
oisif, 74.
oison, 16, 40.
— et oisons, 5.
olive, 48.
— ou olives, 69.
olives, 17, 70.
— (marchand d'), 43, 65, 69, 79.
olive et olivier, 48, 64.
olivier, 68.
— et les branches, 64.
— et palmier, 64.
oliviers, 56, 64, 80.
olivâtre, 44.

ombrage, 6, 70.
ombrager, 19.
ombre, 43.
omelette, 44.
once, 2, 61.
oncle, 35, 89, 90.
— et tante, 15.
onction, 2, 61, 74.
onde, 3, 14.
ondoyer, 1, 5, 11.
ongle et ongles, 59, 62.
— de la main, 59.
— du pied, 15, 62.
— quelconque, 59, 64.
ongles (couper les), 18.
onguent, 24, 90.
— quelconque, 90.
opéra, 16, 71.
— bouffon, 41, 61.
opérateur et ses comédiens, 49.
opération, 45, 50, 52.
opiat, 3, 14.
opilations, 17, 40.
opinion, 49.
opposer, 24, 40.
opposition, 2, 14.
oppression, 72.
— étouffement, 89.
opprobre, 86.
opter, 44.
optique, 12, 19.
opulence, 72, 74.
or, 6, 62.
— faux, 55.
— métal, 38, 89.
— bruni, 77.
— mat, 82.

or en lingot, 70.
— en feuilles, 57.
— filé, 68.
— quelconque, 80.
oracle quelconque, 17, 52.
orage, tempête, 56, 50, 85.
— quelconque, 82, 86.
oraison, 2.
— quelconque, 1, 19, 44.
orange, 8, 22, 53.
— quelconque, 8.
oranger, 47, 65, 70.
orangerie, 17, 30, 71.
orangeade, 1, 22.
oranges, (des) 8, 22, 53.
orateur, 58, 75.
oratoire, 31, 51, 65.
orchestre, 7, 59.
ordinaire, 10, 33.
ordonnance quelconque, 15, 51.
ordre du Saint-Esprit, 10, 72.
— quelconque, 7, 63.
ordure quelconque, 9, 84.
ordures, 3, 14. 16.
oreille, 14, 21.
oreilles, 5, 38.
— quelconques, 52, 73.
— d'âne, 61.
oreiller, 31, 38.
— quelconque, 31.
orfèvre, 35, 51, 63, 86, 88, 90.

orfèvre et sa boutique, 35, 88.
orfèvres, 8, 43, 53, 88.
organiste, facteur d'orgues, 15, 19, 56.
orge, grain, 11, 14, 16, 31.
— mondé, 21.
— quelconque, 11, 74.
orgue, 51.
— (femme qui touche de l'), 56.
— (homme qui touche de l'), 25, 76, 82.
— quelconque, 51.
orgueil, 2, 7, 14, 28.
orgueilleux, 21, 25, 37.
— méprisant, 55.
orgueilleuse, 39, 65.
orgeat, 60.
orient, 9, 49.
oriflamme, 3, 17, 81.
origan, plante, 12, 75.
originaire, 11, 23.
original, 21.
— quelconque, 13, 77.
origine quelconque, 62, 70.
oripeau, 16, 50, 55.
ornement, 3, 5.
— d'église, 60.
— quelconque, 3, 5.
— sacré, 60.
ornemens sacrés, 90.
ornière, 11, 60, 76.
orphelin, 41, 86, 89.
orpheline, 86.

orphelines plusieurs, 2,
41.
ortie, 84.
orties, 37, 84.
orthographe, 54.
ortolan, oiseau, 14,
30.
— femelle, 15.
—. mâle, 36, 46, 47.
ortolans, 15.
orviétan, 8.
os, 8, 80.
os et des os, 41.
oser, 12, 17.
oseille, 4, 42.
osier, 7, 70.
osier vert et sec, 29,
37.
ostentation gloire, 40.
oublie, empese ferme,
21, 24.
— ou gaufre, 8.
oublies ou gaufres, 12.

oublier, 14, 25.
— quelque chose, 43.
ouir, 8, 21.
ourdir, 15, 85.
ourlet, 18, 69.
ours, 7, 17, 36, 55.
— et chien, 7.
— plusieurs, 52.
outil, 54.
outrage, 12, 53.
outre, 1, 2, 17.
ouverture, 17, 70.
— quelconque, 44.
ouvrage, 14, 50.
— d'architecture, 77.
ouvrier, 29, 35.
ouvriers en soie, 48,
84.
ouvrières en soie, 74.
ouvrir, 16, 83.
ovale, 76.
ovales, 75, 76.
ovaire, 76, 82.

P

PACIFIER, 10, 20.
pacifique, 6, 40.
— (mer), 62, 70.
pacotille, 72.
pacte quelconque, 23.
— avec le diable, 14.
page de papier, 1, 14.
— gentilhomme, 70.
pagode, 17, 26.
pagure, 9.
paillard, 6, 12, 14.

paillardise, 14, 17, 29,
71.
paillasse, 1, 10, 90.
— seule, 19.
paillasses, 40.
paillasson, 1, 90.
paille, 15, 25.
paillettes, 87, 89.
paillon, 25, 36. —
pain, 50, 55, 84.
— bénit, 11, 60.

pain à cacheter, 16, 70.
— de sucre, 2, 13.
— jaune, 67.
— de marine, biscuit,
12.
— biscuit de sucre, fa-
rine et œuf, 52.
— petit, 50.
pains (petits), 12, 72.
pair de France, 72,
84.
paire, couple, 2, 12,
22.
pairs, 21, 32.
paisible, 1, 37.
paisson, 9, 17.
paître, 33, 62, 63.
paix (la), 17, 37, 60,
62, 69.
— avec les ennemis,
19.
palais, 15, 81, 60.
— royal, 11, 42, 70.
— de la bouche, 3,
72.
— du parlement, 7.
— quelconque, 60.
pâle, 73.
— couleur, 2, 6.
pâles couleurs, 35.
palefrénier, 7, 67.
palet, 10, 70.
palette, 51, 56.
pâleur, 50, 55, 60.
palissade, 76, 79.
pallium, manteau royal,
12, 62.
palme, 64, 90.
palmier et olivier, 64.
palpitation de cœur, 5.

pâmer, 17, 42.
pampre de vigne, 8.
pan, mesure, 6, 70.
panache, 14, 29, 64.
panais, plante, 6, 17.
panaris, tumeur, 3, 7.
pancarte, 72, 82.
paner, 20, 60.
panne, 6, 72.
panneau, 60, 90.
panetier, 4, 20, 28, 41,
62, 87.
panetière, 4.
panier, 27, 30, 63,
72, 90.
— de femme, 79.
— à chauffer linge, 30.
— corbeille, 20.
paniers, 48.
paniers, corbeilles, 27.
— (faiseur de), 72.
— (faiseuse de), 64.
— (marchande de), 50.
— (marchands de), 62, 87.
— à bouteilles, 37.
— (petits), 5.
panique, 80.
pan ou paon, 13, 23,
55, 62, 66.
pans (petits) ou paons,
57.
pans ou paons, 51, 62.
panser une plaie, 7, 41.
pantoufle, 6, 7.
papa, 10, 60.
pape, 42, 49, 55, 58.
papeline, 44, 60.
papetier, 51, 70.
papier, 55, 64, 76.
— timbré, 19, 31.

papillon, 2, 21, 69.
papillons, 54, 63.
papillotte, 44, 76.
pâque, 14, 28.
paquet, 3, 9.
— de soie, 16.
parade, 40, 72.
paradis, 2, 6, 12.
parage, 40, 50, 60.
parallèle, 50, 62.
parapluie, 50.
— et parasol, 51.
parasite, 3, 56.
parasol, 5, 6, 26.
parasols (faiseur de),
    39.
— (vendeur de), 14.
paravent, 12, 43, 52.
parc, 16, 23.
parchemin, 38, 39.
parcourir, 42, 64.
pardon, 7, 26, 82.
— d'église, 82.
pardonner, 60.
pareil, égal, 56.
parens, 33.
parent, 16, 51, 52.
parer, 8, 15.
paresse, 18, 24.
paresseux, 39, 59.
parfait et parfaite, 1, 7,
    13.
parfum, 3, 56.
parfumeur, 5, 9, 39.
parfumeuse, 26, 36.
parjure, 17, 74.
parlement, 20, 57, 90.
parler, 6, 7, 14.
parloir, 8, 16, 70.
parmesan, fromage, 18.

paroi, 33, 74.
paroisse, 2, 17, 40.
paroissien, 22, 52, 54,
    88.
paraître, 3, 4, 25.
parole, 17, 40.
parquet, 51, 65.
parrain, 2, 90.
parsemer, 6, 90.
part, 2, 80.
partager, 15, 21.
parterre, 3, 15.
— ou pavé, 57.
partie, 3, 61.
particulier, 17, 26.
partie, 19, 90.
parties, 6, 80.
— nobles de l'homme,
    10, 36, 81.
— nobles de la femme,
    21, 52, 77.
partir, 13, 54.
partisan, 15, 90.
partition, 6, 12.
parvenir, 15, 40.
parvis, 3, 14.
parure, 18, 31.
pas, marche, 4, 19,
    29.
pasquinade, 72, 76,
    87.
pasteur, 12, 22, 45.
— d'âmes, 22.
pastille, 6, 41.
pastoral, 2, 21.
passage, 3, 39.
— et pas, 39.
— d'une rivière, 24,
    40.
passager, 24, 41.

passant, 6, 10.
— qui se loge, 5.
passementier, 2, 40, 66.
passe-partout, 42, 60.
passe-passe, 15, 46.
passe-pied, 6, 46.
passe-port, 5, 15, 60, 79.
passer, 6, 41.
— l'eau en bateau, 8.
— à la nage, 66.
— la nuit, 61.
— son temps à quelque chose, 23.
passereau, 61, 72.
— femelle, 13, 61.
— mâle, 19.
passe-temps, 3, 13.
passe-velours, 3, 15.
passe-volant, 2, 70.
passion, 17, 26.
— honnête, 3, 17, 70.
— déshonnête, 11, 44.
passoire, 42, 54.
passoire pour le blé, 90.
pâte, 23, 59, 80.
— (faiseur de) 31.
— sèche en bâtons, 19, 90.
— mince de farine, 44.
— (faiseur de) mince, 31.
— (petite) mince, 48.
— cuite avec de la farine, 10.
pâté, 12, 16, 23.
— royal, 80.
pâtés quelconques, 8, 59.

pâtés d'amande, 15.
— de blé de Turquie, 4, 10.
— (petits), 24.
patène, 3, 17.
— (la) du saint sacrifice, 80.
patente (une) quelconque, 70.
patentes quelconques, 70.
pater noster, 87.
patient, 9, 12.
— qu'on mène au supplice, 39.
patience, 39.
patin, 7, 46.
pâtir, 2, 41.
pâtisserie, 14, 28.
pâtissier, 6, 18, 40, 74, 88.
pâtissière, 27, 46, 72.
pâton, 17, 58, 82.
pâtre, 16, 87.
patriarche, 77.
patrie, 50, 56, 70.
patron, 3, 6.
patrouille, 7, 29.
patte, 8.
— d'animal, 14, 52.
pattes, 8, 77.
— (petites) marinées, 11.
pâturage, 5, 15.
paume et y jouer, 65.
paumes, 33, 67.
paupière, 16, 90.
pause, 31, 78.
pauvre, 48, 50.
— (un seul), 32.

pauvre qui se soutient, 90.
pauvres, 56.
— médiocres, 66.
pauvreté, 2, 22.
— certaine, 16.
pavé ou parterre, 18, 52, 57.
paver, 21, 66.
pavillon, 39, 43, 70, 83, 84.
pavot, 6, 72.
— coquelicot, 3.
pavots, 33.
pays, 62, 87.
paysans, 19, 35, 68, 76, 81, 82.
— avec des bœufs qui hersent, 25.
villageois, 11, 37, 70.
et paysanne, 25, 88.
paysanne, 12.
paysans, 4.
paie, 29, 39.
païen et païenne, 2, 4, 64.
païens, 3, 85.
payer, 32, 49.
argent comptant, 59.
payeur, 50.
péage, 46, 87.
peau, 13, 40, 50.
pêche, 39, 41.
fruit, 11, 59.
pêches (des), 39, 60.
pêcher, 32.
à la ligne, 41.
arbre, 12, 82.
du poisson, 51, 56.
peché mortel, 4, 40, 53.

pécher, offenser Dieu, 1, 82.
pêcheur, 2, 20, 29, 81.
de mer, 69.
de crabes, 55, 82.
à la ligne, 41, 32, 60, 73.
à l'hameçon, 48.
pêcheur, action de pécher, 41.
pêcherie ou halle, 2, 12, 51.
pédant, 9. 59, 66.
peigne, 13, 48.
quelconque, 17, 72.
d'ivoire, 13, 14.
peigner, 13, 31, 44.
peignes, 48.
peigneur, 1, 31, 36.
peigneuse, 71.
peignoir, 10, 30, 48, 65.
peindre, 5, 16, 26.
peine, 51, 52.
— souffrance de cœur, 2.
peines, 5.
et afflictions, 3, 17.
peintre, 5, 15, 16, 36, 41, 55.
de miniature, 17, 87.
de tableaux, 5, 15.
peintres de miniature, 82.
— de tableaux, 5, 15.
peinture, 3, 41, 55, 70.
pelle, 4, 22, 73.
pelles, 51.
pêle-mêle, 77.
peler, 13, 55.

pélerin, 6, 21, 24, 34, 70, 75.
— et un suisse, 75.
— et pélerine, 21, 35, 75.
pélerinage, 73.
pélerine, 35.
pélerines, 70, 76.
pélerins, 75.
pelletier, 8, 10, 11.
pelleterie, 21, 24, 76.
pelote, 20, 29.
pelote, petite pelle, 4, 22, 24.
peloter, 17, 50.
peloton, 14, 40.
pelotons, 8, 10.
pelouse, 23, 52.
peluche, 64, 66.
pelure, 10, 31.
pendans, 51, 59, 89.
— d'oreilles, 51, 52, 39.
pendre, 6, 11, 50.
pendu, pendue, 39, 47.
pendus, 29, 39.
pendule, 31, 37.
péninsule, 53.
pénitence, 3, 85.
pénitent blanc, 1, 13, 19.
— noir, 9, 70, 80.
pénitent quelconque, 12, 54.
penots, ailes d'oisous, 6.
pensée, 6, 60.
penser, 2, 19.
pension, 24, 28.
pensionnaire, 7, 90.
pentagone, 39.

pente, 4, 24.
pepin, 40, 90.
pepins, 70.
pépinière, 17, 61.
percer, 13, 17.
perche, 23, 36.
— de bois, 39.
percher, 24, 39, 41, 51.
perdre les honneurs, 16, 70.
— au jeu, 5.
perdreaux, 77.
perdrix, 7, 18, 27, 38, 72, 78.
— seule, 16.
— plusieurs, 70.
père ou papa, 9, 20, 39, 47.
— gardien, 60, 70.
— moine quelconque, 54, 60.
— (grand-), 9.
— (beau-), 1, 40.
pères (beaux-), 60.
perfection, 52, 86.
perfidie, 80, 90.
péril, 56, 64.
— de mort, 61, 82.
périlleux, 64.
perle, 9, 90.
perles, 90.
permission, 7, 72.
perroquet, 22, 24, 48, 51.
perroquets, 48.
pérou, 2, 60.
perruque, 1, 15, 40, 52.
perruques, 1, 52.
perruquier, 72, 75, 76.
perruquière, 58.

persécuteur et persécutions, 18, 45.
persécution d'ennemis, 70; 80, 83.
— quelconque, 7, 27.
persévérance, 2, 17.
persil, 12, 36, 49, 75.
persister dans son opinion, 30, 37.
personnage, 3, 17, 40.
personne, 61, 64.
— qui va à pied, 9.
personnalité, 17.
perle, 13, 82.
— de sang, 59.
— d'amis, 54, 7.
pervers, 61, 70.
peser, 12, 19.
peseur, 60.
peseuse, 60.
peson, 33
pesons, 81, 85.
— (faiseur de) 79.
peste et empesté, 19.
pet, 83, 90.
pétard, 12, 61.
pétarder, 41, 70.
pétillant, 43, 76.
petit arbre, 27.
— enfant, 1, 4, 40.
— garçon, 15, 20.
— criblé, tamis, 65.
— salé fumé, 18.
— bois de chataignes, 5, 12.
— citron, 40.
— pigeon femelle, 60.
— collet, 65, 74.
— cordonnet, 71.
— fleuve, 61.

petit jupon, 14.
— foin, 35.
— loquet, 74.
— manteau, mantelet, 44.
— navire, 65.
— brouillard, 11, 80.
— pain, 50.
— pot, 18.
— sac, 72, 82.
— gibier, 38.
— cabinet de papiers, 1, 42.
— bureau à écrire, 43.
— son, 24.
— sonnet, 39, 24.
— soufflet, 63.
— pinceau, 7.
— tambour, 40.
— trépied, 22.
— van, 51.
— vase quelconque, 30.
— volant, 51.
— tablier, 5, 67.
— abbé, 18, 35.
— maître, 70, 81.
— limon, 25, 40.
— peuple, 45, 90.
petite citrouille, 23, 49.
— balle, 40.
— bête, 79.
— couleuvre, 63.
— bourrache, 63.
— mitaine, 41.
— chambre, 10, 42.
— carafe, carafon, 80.
— bête à cent pattes, 60.
— ceinture, 8, 20.
— clef, 1.
— poulette, 11.

(135)

petite guitare, 69.
— colonne , 34, 44.
— couverture, 27.
— chaussette, 60.
— croix, 33.
— bouteille , 74.
— fontaine, 62, 72, 78.
— carafe, 89.
— pâte mince , 48.
— laitue, 34, 46.
— fleur, comme jasmin, 3.
— manne, 5.
— pomme sauvage, 80.
— dentelles, piquot, 22, 70, 76.
— pincette de feu, 23, 25.
— vérole, maladie, 69.
— pelle , 4, 22 , 25.
— pièce du Levant, 55.
— et grandes pantoufles, 6.
— porte , 40, 43.
— fille , 90.
— coiffure , 31 , 64.
— égratignure, 7.
— épée, 10, 29.
— épine , 55 , 89.
— bottine de velours , 57
— figure de cire , 25.
— allemande , 78, 87, 89, 90.
— turque, 10, 61.
— corbeille, 6.
— pâte marinée , 11.
— courage , 45.
petits et petites, 22.
— boutons, 21, 29.
— garçons, 46, 50.

petits collets, 65, 74.
— oignons, 42, 55.
— couteaux , 7, 43.
— cordons, 71.
— enfans, 36, 45, 60.
— sifflets, 6, 9.
— poulets, 27, 44, 65, 73.
— fleurs, 61; 73.
— grains, 81 , 90.
— bonnets, 15.
— singes, 8 , 47.
— citrons, 5, 25, 66.
— citronnelle, 39, 57.
  sentiers, 38.
  coqs, 68.
  marchands, 18.
  barils, 87, 89.
  sots, 15.
  pieds, 11, 33.
  filets, 34.
  enfans de cire, 2, 13, 85.
  plats, 34.
  vases, 60.
  pains, 12, 72.
  boucles, 11.
  barques, 65, 78.
  caisses, 12.
  abbès, 38.
  vers, 3, 38, 59, 90.
  bâtons ou pâte sèche, 19, 90.
  biscuits, 15.
  gâteaux, 18.
  ennemis, 83.
  pots d'huile, 10.
  pains, 12, 72.
  maîtres, 11 , 33.
  peuple, 45, 90.

petits escarpins, 14, 22, 25.
   cochons d'Inde, 60.
   épinards, 72.
   vases de cristal, 85.
petites clefs, 46.
   côtes, 39, 55.
   herbes, 88.
   filles, 45, 80, 90.
   fenêtres, 10, 25.
   robes, 14, 45.
   grilles, 75, 81.
   amandes, 60.
   bagues, 1, 21.
   chambres, 4, 54.
   cordelettes, 3, 71.
   croix, 33, 54.
   cruches, 10, 70, 78.
   montagnes, 14, 25.
   maîtresses, 22, 26.
   tables, 43, 62.
   pommes, 26, 64.
   poires, 72, 80.
   femmes, 10, 34.
   chaises, 16, 78.
   cornes, 19, 46.
   cannes, 69.
   dames, 24.
   lanternes, 19.
   lentilles, 9, 41, 85.
   mouchettes de fer, 7, 31, 75.
   lunettes, 88.
   puces, 12.
   bobines, 71.
   coiffures, 32.
   étoupes, 5, 51.
   figures de cire, 85.
petitesse, 19, 34.
pétrifier, 11, 60.

pétrin, 8, 32.
pétrir, 2, 28.
peuplade, 14, 61.
peuple, 30, 72.
peupler, 12, 70.
peuplier, arbre, 39, 79, 88.
peur, épouvante, 90.
— avoir, 67, 70.
peureux, 26, 31.
phalange, 54, 62.
phare, 3, 82.
phénix, 52, 74.
phénomène, 6, 39, 70.
philosophe, 33, 48, 84.
philosophes, 33, 60.
philosophie, 44.
phrase, 37, 60.
physicien, 15, 50.
physionomie, 56, 71.
physique, 42, 44, 76.
pic, outil, 52, 56, 82.
— terme de jeu, 30, 40.
picot, 50, 60.
— engelure, 22, 70, 76.
picoter, 24, 32.
pie, oiseau, 60.
pièce d'étoffe, 6, 71.
— de canon, 54, 76.
— de terre, 2, 65.
— de théâtre, 51, 62.
— d'échecs, 55, 61.
— de four, 60, 74.
— quelconque, 41, 70
— d'estomac, 1.
— piquée, 63.
— de Notre-Dame, 7.
pied, 1, 5, 16, 45.
— d'arbre, 61, 82.
— pelé, 34.

pied de quenouille, 7.
— nu, déchaussé, 19.
— quelconque, 14, 61.
— mesure, 4, 54.
piédestal , 25, 29.
pieds de mouton, 3, 11, 34.
piége , 6, 75.
piéges (tendre des), 3, 72.
pierre, 2, 47.
— ponce, 62, 82.
— d'aimant, 54.
— précieuse, 35, 42.
— dans les reins, 51, 72.
— à feu, 60, 90.
— d'attente, 26, 46.
— à chaux, 70, 72.
— caillou, 6, 12.
— précieuse jaune, 10, 12.
— (une) et des pierres, 41.
— quelconque, 8.
pierres, 7.
— précieuses, 35, 72.
— (tireur de), 22.
— (tireurs de), 14.
pierreries, 50, 81.
pierreux, 24, 31.
pierrier, canon, 10, 29.
pies du Levant, 55.
piété, 56, 72.
pieux, 21, 27.
pigeon (petit) femelle, 60.
— mâle, 32.
pigeons , 6, 23, 33, 61, 67.

pigeon et pigeons, 6, 51.
pigeons, (petits), 43.
— de volière, 13.
— fuyards, 6, 61.
— ramiers, 67.
— pattus, 43, 50.
— quelconques, 12, 14.
pigeonneau , 33, 61, 87.
pigeonneaux, 13, 31, 87.
pigeonnier, 16, 70.
pygmée, 18, 45.
pignon, fruit, 7, 27.
— d'horloge, 3, 24.
— pour roue, 6, 22.
pignons quelconques, 24, 70.
pilastre, 2, 9.
pile, 89.
— de cartes, 28.
— de pots, 69.
— quelconque, 26, 31.
piler, 14, 70.
piller, 26, 72, 86, 88.
pilon, 1, 13, 62.
pilori, 13, 21, 71.
pilotage, 26, 36.
pilote, 27, 67.
— de navire, 27.
piloter, 41, 56.
pilotis, 60, 90.
pilule, 6, 42.
pimprenelle, 39, 71.
pin, arbre, 11, 36, 83.
pince-maille, 21.
— tenaille , 14, 17.
— de cheval, 46, 50.
— d'écrevisse, 14, 41.
pinces et pincettes de feu, grandes et petites, 23, 25.

pinces quelconques, 6,
15.
pinceau, 10, 11, 23, 26,
60.
— pour blanchir, 12,
46.
— pour peindre, 70, 80.
pinceaux (faiseur de),
45.
pinceaux, 19.
pincée, 30, 90.
pincer, 1.
— toutes choses, 12, 46.
pincette pour nettoyer
les étoffes, 13, 21.
pincettes, 13.
— quelconques, 23, 25.
pinson, oiseau, 12, 14,
87.
pinte, mesure, 48.
pioche, 71, 76.
piocher, 44, 71.
piauler, crier, 79.
pion, pièce d'échecs, 2,
31.
pionnier, 22, 28, 62.
pipe à fumer, 7, 40.
pipes, 59, 70.
— mesure, 2, 26.
pipeaux, instrument, 8,
48.
piquant, 2, 11.
pique, arme, 7, 42.
piquer, 51, 70.
piques et lances, 26.
piqûre, 1, 11, 13, 16,
18, 72.
piqueur, 34, 44, 61, 65,
69.
piquet, 13, 90.

piquet de soldats, 9, 65.
— jeu de, 75, 86.
pyramide, 4, 60.
pirate, 2, 19.
piraterie, 67, 74.
pirouette, 62, 76.
pirouetter, 12, 34.
pisser, 6, 14.
pistache, 82.
pistaches, 28, 82.
pistachier, 29.
piste, trace, 44.
pistolet, 70, 76.
pistolets, 70.
piston, 16, 60.
pitance, 12, 29.
pitié, 7, 26.
piton, 83, 90.
pitoyable, 51, 56.
pivoine, fleur, 42, 54.
pivot, 21, 2.
placage, 17, 90.
placard, 24, 31.
place, 40, 70, 72.
— d'armes, 6, 50.
— des Terreaux, 19,
82.
— des Cordeliers, 25,
60.
— des Jacobins, 30, 70.
— Bellecour, 1, 13, 17,
59.
plafond, 10.
plage, 4, 50, 80.
plaider, 22, 30.
plaidoyer, 2, 35.
plaie, 36, 40, 47, 50.
— quelconque, 47.
plaindre, 2, 24, 87.
plaindre (se), 2.

plain-chant, 6, 70.
plain, uni, 17, 72.
plaine, 6, 70,
plainte, 14, 27.
plaire, 24, 56.
plaisant, 14, 70.
plaisir, 18, 45, 50.
plan, 2, 31.
— de maison, 3.
planche, 16, 90.
— à tailler, couper, 7.
plancher, 74, 76, 85.
planchette, 16, 83.
planer, voler, 14, 25.
— unir, 12, 24.
planètes, 60.
plante, 22, 35, 83.
— (l'homme qui), 79.
planter, 31, 72.
plantes, 43.
plaquer, 17, 64.
plat, 45, 74.
— d'argent, 80.
— quelconque, 17, 71.
— bord, 46, 70.
plateau, 10, 14.
plate-bande, 20, 40.
plate-forme, 15, 47.
platine, 6, 60.
plâtre, 10, 46.
plâtrer, 1, 23, 51.
plats, 40.
— rouges, 34.
— empilés, 70.
— (faiseur de), 10, 38, 79.
plein, pleine, 48, 88.
pleine lune, 2, 17.
— marée, 44, 83.
— remplie, 63.

pleurer, 3, 19.
pleurésie, 22, 71.
pleureur, 1, 36.
pleureuse, 7, 67.
pleurs, 45, 57.
pleuvoir, 4, 12, 50.
pli, 6, 33.
plier, 14, 88.
plisser, 45, 48.
plissure, 24, 70.
plomb, métal, 44.
— (à), 38, 74.
plomber, 31, 76.
— quelque chose, 34.
plombeur, 79.
plombeuse, 79.
plombier, 44, 46.
plombure, 14, 25.
plongeon, 3, 17.
plonger, 26, 72.
plongeur, 90.
pluie, 12, 25.
— d'argent, 6.
— d'or, 24.
plumasseau, 16, 50.
plumassier, 47, 80.
plumage, 31, 33, 64.
      quelconque, 28.
plumages (faiseur de), 47.
plume, 69, 78.
plumes, 45, 54.
plumer, 69, 88.
— des oiseaux ou de la volaille, 15, 61, 71.
plumet, 24, 50.
plumets, 78.
plusieurs femmes, 55.
— laveuses, 59.
—querelles, 26.

plusieurs morts, 13, 67.
— rubans, 15.
— navires, 21, 28.
— notaires, 10, 67.
— orphelines, 41.
— poêles, 62, 72.
— pélerines, 71.
— beaux-pères, 69.
— choses salées, 5, 31, 33, 51.
pluvieux, 62, 89.
poche, 16, 57, 90.
poches et pochettes, 72, 82.
poêle à chauffer, 6, 19, 62, 66.
    à frire, 19, 66, 76, 83, 89.
poésie, 19, 70.
poète, 27, 76.
poètes, 3, 79.
— badins, 32.
— lyriques, 32.
poids, pesanteur, 46, 48.
poids, pour peser, 51, 52, 79.
poignard, 15, 70.
poignarder, 1, 11.
poignée quelconque, 3, 7, 38.
poil, 26, 34, 80.
poils, 80, 89.
— de chèvre, 26.
poinçon, 13, 70.
poing, 4, 17.
— au visage, 71.
poing (coups de) au visage, 71.
poindre, 8, 27, 82.
point, 3, 82.

pointage, 82, 90.
pointe, 51, 57.
pointe de lacet, 28.
pointe du jour, 5, 32, 75.
pointe quelconque, 28.
pointer, 22, 74.
pointes, 7, 50, 87.
    (faiseur de), 8.
pointes de lacets, 75.
pointilleux, 4, 64.
pointu, pointue, 14, 70.
pointures, 77.
poire, 12, 72.
— à deux yeux, 39, 40.
— beurrée blanche, 31.
— beurrée grise, 81.
— bon-chrétien, 42.
— cuisse-madame, 24.
— étranguillon, 45.
— muscadelle, 19.
— orange, 36.
poirée, 5, 41, 63, 65.
poireau, 62, 70, 72.
poireaux, 72.
poires, 7, 12, 85.
— de coin, 7, 12.
— Messire-Jean, 46.
poirier, 24, 33.
pois, 46, 48, 51, 56.
— blancs, 78.
— blancs-chiches, 8.
— chiches, 8, 10, 21, 68.
— d'Italie, 8.
— goulus, 56.
— passe-temps, 57.
— (petits), 46, 48.
— quelconques, 46, 56.
— rouges, 84.
— secs, 78.
poison, 24, 33.

poissardè, 49.
poisson, 17, 31, 37, 39.
— araignée de mer, 68.
— barbeau, 14.
— dans un lac, 6.
— d'eau douce, 34.
— de mer, 69, 73.
— (écaille de), 7, 32.
— frais, 3, 82.
— lamproie, 50.
— merluche, 77.
— moule blanche, 60.
— œufs en fromage, 25.
— quelconque, 17, 39, 88.
— sardine, 41, 60, 68.
— sous l'eau, 31.
— thon, 17.
— (vendeur de), 49, 53.
— (vivier, étang, réservoir à), 1, 90.
poissonnerie, 39.
poissonnier, 39.
poissonnière, 88.
poissons, 19, 39, 87.
poitrail, 14, 26.
poitrine, 1, 8, 12, 28.
— de femme, 8, 28.
poivrade, 26, 63
poivre, 4, 42, 64.
— d'Inde, 26.
— long, 54.
poivrier, 5, 52, 76.
poivrière, 57, 67.
poix, 37, 47.
poix résine, 18, 37.
polâcre, 40, 74.
police, 45, 60.
polichinelle, 4, 25.

police, 90.
polir, 22, 70.
polisson, 60, 75, 78.
polissounerie, 70.
polissure, 23, 30.
politique, 54, 72.
poltron, 70.
poltronne, 9.
poltrons, poltronnes, 4, 26.
poltronnerie, 16.
polype, 56, 37.
pommade quelconque, 2, 38, 71, 74, 90.
pomme, 2, 67, 77.
— d'amour, 46, 47.
— d'api, 77.
— de coin, 15.
— de grenade, 30, 89.
— d'or, 44, 46, 57.
— douce, 45, 77.
— quelconque, 22, 45, 56, 77.
pommeau, 54, 72.
pommelle, 4, 75.
pommer, 22, 33.
pommes, 2, 3, 13, 61, 67.
— calville, 65.
— de grenade, 57, 87.
— de pin, 83.
— d'or, 44, 46, 57.
— (petites) sauvages, 80.
— quelconques, 23, 45, 56.
— reinettes, 16, 49.
— roses, 64.
— sauvages, 77, 82.
pompe à eau, 67, 72.

pompe à feu, 6, 14.
— appareil, 82, 90.
pomper, 19.
pompons, 71.
ponce (pierre), 10, 24.
ponche, liqueur, 26, 33.
poudre, 12, 19.
pont, 6, 8, 68.
— de bateaux, 54, 81.
— de bois, 2, 25.
— de pierre, 68, 74.
— levis, 85.
ponte, 7, 8, 68.
ponton, 72, 81.
populace, 76, 90.
porc, 4, 55, 69.
— épic, 7, 64, 71.
— sanglier, 69.
— (viande de), 28, 71.
porcs, 66.
— sangliers, 33.
porcelaine, 22, 30, 31, 72, 88.
— de France, 34, 71.
— de Chine, 56, 59.
— de Saxe, 13, 90.
— de Japon, 55, 71.
porché, vestibule, 9.
pore, trou de la peau, 4, 19.
port, 33, 72.
— de mer, 33.
— royal, 70, 80, 90.
portage, 52, 65.
porte, 18, 60, 62, 68, 83.
— cochère, 1, 18, 60.
— coupée, 57.
— crayon, 2, 12, 21.
— croix, 72, 83.
— d'allée, 4, 29.

porte-enseigne, 4, 37, 38.
— étendard, 4, 25.
— faix, 6, 18.
— fausse, 42.
— fermée, 4, 85.
— feuille, 5, 16, 19.
— manteau, 8, 48.
— mitre, 90.
— ouverte, 14, 40, 51.
— petite, 40, 43.
— quelconque, 18, 72.
— queue, 70.
— voix, 52.
portée, 52, 70.
porter, 2, 14.
— (se bien), 74, 86.
porteur, 45, 70, 75.
— d'eau, 78.
— de bannière, 45, 73.
portier, 12, 41, 70.
portière, 24.
portières, 12, 21.
— quelconques, 2, 24.
portion, 19, 70.
portique, 4, 41, 42, 52.
portrait, 16, 49, 90.
position, 51, 70.
possédé, 35.
posséder, 3, 14.
possession, 72.
poste, 6.
— (homme de la), 43.
postérité, 41, 52.
postillon, 27, 73, 80.
— courrier, 22, 39, 76, 80.
postillons, 33, 71.
postulant, 70.
posture honnête, 72, 81.

posture indécente, 60 , 71.
— quelconque, 43, 49.
pot, 26,
pot à eau, 55, 39, 70 , 78, 79.
pot au feu, 69.
pot au lait, 66.
pot, cruche, 27, 70.
pot de chambre, 6, 14 , 21.
pot d'étain, 33, 51.
pot de terre, 16, 61.
pot de vin, 54.
pot et pots, 69.
pot (petit), 18.
pots, 69, 70.
pots de terre avec huile, 60.
pots en pile, 69.
pots (faiseur de), 26.
pots (petits) d'huile, 10.
pots quelconques, 70 , 78.
potage, 1, 11, 88.
potager, 76, 90.
potager, jardin, 9, 33.
poteau, 16, 60.
poteaux, 62.
potée, 56, 90.
potelé, 14, 41, 70.
potence, 4, 35, 39, 43 , 76, 86.
poterie, 24, 42.
potier, 11, 13, 70.
— de terre, 15, 51.
potin, cuivre, 27.
pou, vermine, 42, 87.
poux, 24, 42.
pouce du pied, 50, 60.

pouce de la main, 45 , 55.
poudre à canon, 27, 58, 84,
— à cheveux, 10, 53, 55, 60.
— sympathique, 14, 19.
— quelconque, 6, 16.
poudrer, 2, 6.
poudrier, 45, 82.
poudriers, 48, 77.
poudreux, 6, 24.
poudroir, 6, 14.
poulailler, 6, 8, 14, 67.
— niche de poules, 8 , 28, 54, 67.
poulain, animal, 10, 19, 70.
— instrument, 3, 6.
— maladie, 8, 14.
poularde, 22, 28, 59.
poule, 54, 74, 87.
— avec ses poussins, 65.
— d'eau, 28, 58.
— d'Inde, 57.
— jeune, 28, 59, 73.
— (plumer la), 22, 45.
— qui couve, 11, 44, 86, 88.
poules, 25, 27, 28, 47 , 57, 86.
— (beaucoup de), 27.
— (femme des), 48, 61.
— (homme des), 28, 70, 78.
poulet, 52, 79.
poulets, 27, 65.
— (petits), 44.
poulette, 11.
poulie, 25, 28,

pouls, mouvement, 3, 16.
poumons, 69.
poupe, 70, 90.
poupée, 6.
poupées, 63, 65.
— qui dansent, 65.
pourpier, 30.
pourpre, 51, 72.
pourri, 53, 76.
pourrie, 32, 39.
pourriture, 24, 42.
poursuivre, 27, 87.
pourvoir, 72, 90.
pourvoyeur, 46, 75.
— de maison, 53, 77.
pousse, 6, 14.
pousse-cul, 80.
pousser, 1, 15, 31, 60.
poussière, 74.
poussin, 46.
poutre, 64, 66, 69.
poutres, 66.
poutrelle, 12, 19.
pouvoir, 3, 19.
prairie verdoyante, 68.
— émaillée de fleurs, 65.
praticien, 17.
praticiens, 87.
pré fauché, 69, 85.
— vert, 68, 86.
précéder, 64.
préceptes, 81.
précepteur, 27, 71.
prêche, 6, 25.
prêcher, 12, 30.
prêcheur, 15, 19.
précieux, 63.
précieuse, 90.
précision, 44.

précipiter, 72, 81.
— de haut en bas, 57.
précoce, 46, 64.
précoces, brugnons, 28.
prédestination, 72.
prédicant, 41, 52.
prédicateur, 56, 58, 81, 87.
prédication, sermon, 17.
prédiction heureuse, 13.
— malheureuse, 81.
prédilection, 71, 72.
prédire, 56, 66.
prédominer, 44.
préface, 5, 11.
préférence (donner la), 1, 21.
préfet, 73.
préjudice, 42, 61.
prélat, 60, 71.
prélats, 60.
préméditer, 72.
prémices, 44, 53.
premier, 21, 51.
prendre garde, 8, 78.
— femme, 17, 73, 90.
— pour la loterie, 59.
preneur de grenouilles, 13, 56.
préparatifs (faire des), 29.
préparer, 9, 48.
prépuce, 10, 14.
présage, 36.
présent, 74, 81, 86.
présens (faire des), 8, 81.
— (recevoir des), 2, 8.
présenter, 29, 47.
préservatif quelconque, 6, 19, 65.
préserver, 25, 52.

président, 6, 10, 82.
présidente, 50, 65.
présider, 51, 81.
présidial, 58, 90.
présomptueux, 17.
presqu'île, 11, 53, 1.
presse, 68, 71.
presse d'imprimerie, 61.
pressoir, 29, 62.
pressurage, 34, 43.
pressurer, 11, 31.
présumer, 4, 60.
présure, 5, 78.
prétendant, 10, 22.
prétendre, 12, 19.
prêter, 26, 50.
prêteur et prêteuse sur
    gages, 9, 22, 78.
prétexte, 51, 61.
prêtre, 28, 37, 39, 45,
    72, 78.
— à l'autel, 39.
— dans le confessionnal,
    28, 37.
prêtres et moines, 37, 45.
— (beaucoup de), 40.
— en surplis, 51, 55.
prêtrise, 28, 39, 59.
preuve, 26, 29.
prévaloir, 29, 55.
prévarication, 14, 40.
prévention, 12, 19.
prévoyance, 51, 60.
prévôt, 70.
— d'armée, 51.
— de maréchaussée, 50,
    66.
— des marchands, 60.
— quelconque, 46.
prévôter, 41, 50.

priape, 22, 63.
priapisme, 61.
prie-Dieu, 15, 72.
prier, 21, 70.
prière, 9, 16.
— oraison, 82.
prieur, 2, 7, 10.
prieuré, 10, 25.
primat, 16, 65.
primatie, 48, 74.
primer, 61, 70.
prince, 13, 31.
princesse, 13.
princesses, 40, 49, 53.
principal, 51, 76.
principe, 68, 84.
printemps, 12, 19, 62.
prise, 1.
— de corps, 30, 43.
— d'habit, 2, 74.
— de tabac, 46.
— quelconque, 7, 90.
prisme, 2, 20.
prison, 71, 67, 87.
prisonnier, 22, 65, 72.
prisonniers, 65, 71.
privé, 18, 40, 81.
privilége, 51, 70.
prix, 46, 62.
probabilité, 16, 70.
probité, 44.
problème, 3, 40.
procédé, 43, 54.
procéder, 66.
procédures de commis-
    saire, 7.
procès, 4, 26, 44, 62.
procession, 55, 88, 90.
prochain, 23, 44.
proche, 50, 51.

procureur, 52, 55, 58, 87.
— du roi, 7, 55, 88.
— fiscal, 39.
— général, 11, 70.
procureurs, 7, 56, 70.
— quelconques, 27, 38.
prodiges, 24, 36.
production, 54, 61.
produire, 22, 40.
profane, 24.
profanation, 45.
profaner, 58, 85.
profès, professe, 6, 11.
profession, 72, 86.
— quelconque, 41.
profil, 40, 90.
profit, 40, 50.
profiter, 72.
profond, 51.
profondeur, 71, 85.
progrès, 67, 80.
progression, 72, 81.
prohibition, 72, 76.
proie, 44, 55.
projection, 22, 33.
projet, 9, 14, 41.
projets (faire des), 2, 26.
prologue, 2, 22.
prolonger, 10, 61.
promenade, 28, 64, 70.
promener, 3, 11, 14.
promener (se), 76.
promesse, 1, 6, 9.
— billet, 70.
promettre, 24, 45.
promotion, 17, 66.
prône, 26, 62.
prôneur, 34, 45.
propagation, 12, 14.

prophète, 40, 50, 64.
prophétie, 80.
proportion, 14, 72.
proportionner, 75, 90.
propos, 10, 15, 51.
proposition, 5.
propreté, 72.
propriété, 74, 80.
prorogation, 7.
proscription, 90.
prostituée, 27.
prostituer, 64, 72.
prostitution, 27.
protection, 28, 82.
protestant, 54.
provin, 6, 19.
province, 5, 16.
provincial, 72, 90.
provision, 1, 6, 29.
prude, 10, 70.
prudence, 9, 46.
prune, 39, 49.
prunelle, 21, 36.
prunelles blettes, 11, 41. 56.
prunes blanches, 49, 56, 70.
— brignoles, 48, 54.
— demois, 16, 39, 49.
— impériales, 15, 51.
— rouges, 16, 48.
— quelconques, 3, 42.
prunier, 52, 90.
psaume, 6, 31.
psautier, 11, 87.
puberté, 14, 17.
public, 12, 24.
publication, affiche, 24, 88.
puces, 12.

puce æt puces , 3, 8, 9,
  12, 38, 42, 86, 90.
pucelage, 39, 42, 87.
pucelle, 6, 12, 18, 25.
— poisson, 22.
pudeur, 1, 20.
puîné, 62, 74.
puiser, 64, 71.
puissant, 4, 6.
puissance, 22, 26, 34.
puits, 22, 51, 67, 76, 89.
— avec une femme qui
  tire de l'eau, 67.
— de commodité, 18.
— noir, 18.
pulmonique, 13, 44.
puni et punition, 39.

punaise et punaisès, 7,
  21, 33, 40, 76, 88, 90.
punir, 24, 83.
punition des ennemis,
  30, 64, 73.
pupille, 26, 70.
pupitre, 51, 76, 84.
purée de pois, 7.
— quelconque, 21, 24,
  34, 45.
pureté, 22, 35.
purger, 6, 11.
purifier, 54, 77.
pus, 6, 9.
putain, 22, 23, 51, 70,
  79.
pyramides, 4.

Q

Quadre, 51, 60.
quadrature, 71.
quadrer, 6, 7.
quadrille, 21, 44.
quai, 49, 53.
quais, (courir les) 64.
aualté, 11, 26.
quantité, 61, 78, 87.
quarantaine, 9, 66, 73,
  74.
quarré, 46, 54.
quarrée, 4.
quart, 8, 19, 78.
quartaine, fièvre quart-
  te, 2, 19, 28.
quarterou, 1, 26.

quarte en fait d'armes,
  12, 85.
— quelc. 11, 45, 53.
quartier, 6, 14, 71.
— d'agneau, 71.
— de la ville, 60.
— de soldats, 6 12.
quaterne, 4, 16, 64.
quatuor de musique, 6.
quenouille, 8 60.
quenouilles, 8, 10, 26.
querelle, 3, 11, 16, 28.
querelles, 16, 30.
querelleur, 14, 56, 65.
querelleuse, 55.
queri, aller chercher 2.
19

question, demande, 4,
  51 , 69.
— tourment, 1 , 39 , 82.
questionner, 54 , 62 , 82.
questionneur, 3.
quête , 74 , 83.
qêteur. 38.
queue, 6 ; 9, 59. 87. 89.
— de cheval. 1 29.
— d'hirondelle. 4. 55.
— de. rose. tige d'herbe.
  trona d'harbre. 79.
— qulconq. 2. 25. 67.
queues. 32.
— (marchande de)9. 90.
quiétiirme. 76.
quille de navire. 6. 50.
— de coq , 14. 47. 54. 80.

quilles à jouer. 1, 23
  45. 51.
quincaillerie. 7. 64. 87.
quinconce. 3. 36.
quine. 5. 25,
quinola. 2. 14.
quinquina. 1. 24. 31.
quintal. 6. 22.
quinte. 26. 29.
quintessence. 33. 75.
quintaux. 6. 29.
quinze-vingts. 3. 50. 72.
quiproquo. 30. 40.
quittance. 2. 9. 11. 18. 82.
quitter. 22. 33. 60.
— quelqu'un. 9. 59.
quolibet. 51. 68.
quotient. 35. 51. 73.

R

Rabais. 3. 10. 52.
rabaissement. 6. 16.
rabaisser. 44. 51.
rabat. 25. 52.
rabats. 14. 94.
  (faiseur de). 65. 81.
rabat-joie. 2. 12.
rabattoir. 937.
rabatte. 45.
  escompter. 9. 11.
rabcin. 3. 60.
rabbiniste. 36. 42.
rabiller. 25. 56.
râble. 14. 19.
rabot. 34. 67.
raboter. 2. 15.

raboteuse. 31. 70.
raboteux. 51. 86.
  (chemin.) 63.
rabougri. 47. 78.
raboullère. 26 , 70.
racaille . 2 19.
race. 7 , 26, 34. 39.
rachat. 74, 90.
rache. 15. 26.
racheter. 22. 40.
racine et racines. 3. 12.
  19. 21. 43.
  d'arbre 21. 43.
  de fenouille. 19.
  quarrée. 2. 25.
  truffe. 84. 85.

racine qùelconque. 16.
21. 41.
racines d'arbres. 41.
— de fleurs. 17.
racle. 2. 14.
racler. 24. 41.
racloire. 3. 12.
raclure. 25. 5o.
raccomodage. 11. 33.
raccomoder. 11. 43. 56.
raconter. 5. 17.
racourcir. 40. 5o.
raccrocher. 21. 44.
rade. 6. 41.
radeau. 24. 48.
radis. (gros) 1. 11.
— (un et plusieurs). 21.
43.
radoter et radotage. 5.
21.
radoub. 26. 5o.
radouber. 61. 72.
radoucir. 61. 67.
radoucissement. 44. 61.
raffermir. 14. 56.
rafinage. 76. 78.
raffiner. 11. 19. 22.
raffineur. 2. 9. 22.
raffolir. 4. 84.
rafle quelconque. 3. 19.
rafler. 18. 45.
rafraîchir. 17. 42.
— la garnison. 88.
— le corps. 77.
— un vaisseau. 42. 63.
rafraîchissement. 87.
regaillardir. 3. 27. 42.
rage quelconq. 17. 62.
ragoût quelconque. 4.
19. 20. 45. 73. 76.

ragoûter. 10. 5o.
ragrandir. 13. 64.
raie , poisson. 1. 34. 75.
raie quelconque. 19. 43.
rajeunir. 4. 25.
— et rajeunissement. 9.
raifort. 1. 11. 26.
raillerie. 7. 5o. 82.
railleur , railleuse. 40.
54. 8o.
raisin. 19. 54. 5o.
— blanc. 39. 42.
de Corhinte. 51.
de treille. 48. 75. 79.
frais. 20. 45.
(grappe de). 5o.
(graine de). 16. 70.
muscat. 6,
noir. 33.
quille de coq. 14. 47.
54.
rouge. 45.
sec. 23.
quelconque. 19. 39.
raisins blancs. 42.
d'épine. 75. 77.
frais. 2. 20. 43. 45.
muscats. 25. 5o.
noirs. 24. 33.
rouges. 6. 19.
secs. 14. 23. 47. 57.
8o.
quelconques. 26. 32.
résiné de Bourgogne. 32.
raison. 1. 6o.
et raisonner. 13.
raisonnable. 82. 87.
raisonnement. 6. 14.
raisonneur. 17. 72.
rajuster. 15. 6o.

râle, oiseau, 16, 28.
râlement, 11, 21.
ralentir, 28, 76.
ralliement, 2, 33.
rallier, 11, 82.
raliter, 42, 76.
rallonger, 1, 14.
rallumer, 26, 60.
ramage, 3, 5, 11.
— d'oiseau, 6.
ramager, 21, 32.
ramaigrir, 45, 51.
ramas, 12, 19.
ramasse, 24, 38.
ramasser, 25, 85, 90.
— quelque chose, 71.
rame, 40, 52, 68.
— de papier, 11, 25.
rameaux, 20, 60.
— d'olivier, 40.
ramener, 26, 70.
ramer, 14, 55, 56.
rameur, 40, 56.
rameurs, 16.
ramollir, 26, 29.
ramollissement, 72, 80.
ramoner, 64, 86, 90.
ramoneur, 21, 57, 60.
rampant, 13, 16.
ramper, 25, 28.
rampin, 22, 35.
rance, 76, 78.
rancher, 21, 32.
rancir, 2, 19.
rançon, 74, 80.
rançonner, 8, 58.
rancune, 3, 14, 22, 60.
rancuneur, 71.
rang, 8, 17.
rangée, 22, 46.

ranger, 13, 53.
ranger la côte, 26, 31.
ranimer, 5, 15.
rapacité, 12, 17.
rapaiser, 5, 10.
rappareiller, 51, 60.
râpe, 28, 77, 83.
— et râper, 28, 50.
— et rapes, 51.
— pour le bois 19,
rappel, 15, 45.
rappeler, 26, 75.
— les esprits, 22, 39.
râper, 6, 17.
rapetasssé, 11.
rapetasser, 40, 49.
rappétisser, 11, 27.
rapidité, 53, 61.
rapiécer, 36, 60.
rapine, 21, 33.
rapport, 12, 19.
— favorable, 12, 84.
— faux, 15, 64.
— vrai, 7, 49.
rapporter, 1, 4, 25.
rapporteur, 17, 76.
rapprocher, 36, 73.
rapt, enlèvement, 13.
   60.
râpure, 19, 40.
raquette, 8, 56, 70.
racquitter, (se), 14, 73.
raréfier, 1, 7, 19.
rareté, 6, 14, 39.
ras, étoffe, 20, 45.
ras, rase, 1, 9.
raser, 23, 56.
— et rasoir, 36.
rasoir, 11, 16.
rassasiant, 80, 85.

rassasié, rassasiée, 3o.
rassasier, 26. 70.
rassembler, 24, 46.
rasseoir (se), 31, 90.
rassis, 6, 16.
rassurer, 21, 70.
rat, 13, 17.
— de cave, 51.
ratafia, 6, 19, 57, 88.
rate, 12, 33.
raté, ratée, 29, 54.
rateau, 35, 48, 75.
rater, manquer, 7, 21.
ratteindre, 20, 50.
ratelier, 34, 60.
rattendrir, 17, 71.
ratière, 11, 19, 32, 57, 73.
— (faiseur de), 48.
ratifier, 13, 14.
ration, 50, 60.
ratisser, 35, 41, 81.
ratissoire, 2, 9.
ratissure, 34, 60.
rattrapper, 26, 39.
rature, 15, 80.
rauque, 4, 14.
ravage, 64, 70.
— et ravager, 80, 85, 86.
ravalement, 51, 58.
ravaler, 71, 76.
ravauder, 15, 30.
ravaudeur, 40, 51.
ravaudeuse, 10, 13.
rave, 60, 75.
ravilir, 12, 54.
ravin, 15, 76.
ravine, 17, 51, 72.
ravir, 24, 45.
— Et ravissement, 82.

raviser, (se) 23, 61.
ravissant, 6, 40.
ravisseur, 55, 68.
ravitailler, 44, 51.
ravoir, 16, 66.
rayon, 25, 64.
— de miel, 12, 43, 89.
— d'optique, 6, 70.
— de poudre, 88.
— en géométrie, 1, 40, 65.
rayons de soleil, 1, 11.
rayonner, 7, 27, 80.
réajourner, 23, 37.
réalité, 15, 60.
rebaiser, 80, 90.
rabander, 24, 30.
rebatiser, 1, 2.
rebâter, 23, 46.
rabâtir, 54, 60.
rebattre, 1, 33, 48.
rebelle, 31, 38.
rebelles, 31.
rebellion, 3, 12, 50.
reblanchir, 15, 18.
rebondir, 3, 8.
rebord, 17, 73.
reborder, 15, 33.
reboucher, 31, 38.
rebouillir, 39, 48.
reboutonner, 18, 87.
rebrider, 70, 80.
rebroder, 26, 38.
rebrousser, 21, 66.
rebrunir, 35, 68.
rebut, 4, 57.
rebuter, 39, 89.
recacheter, 12, 31.
receler, 4, 57.
receleur, 3, 17.

receleuse, 8, 39.
recette, 50, 68, 70.
receveur, 21 70, 83.
— des gabelles, 67.
recevoir, 11, 64.
—des honneurs, 30, 75.
— quelqu'un, 19.
réchalander, 7, 59.
rèchange, 1, 7.
réchapper, 46, 50.
rechasser, 35, 84.
réchaud, 11, 32, 54,
réchaud, 56.
réchauffer, 73, 84.
rechausser, 17, 63.
recherche, 3, 50.
rechercher, 17, 36, 54,
   84.
rechigner, 3, 11.
rechûte, 45, 59.
récipiendaire, 9, 89.
récipient, 1, 19.
récit, 5, 68.
récitatif, 17, 50.
réciter, 41, 54.
réclamer, 3, 65.
reclus, 5, 13, 35.
recoiffer, 17, 71.
recoin, 50, 55.
recolement, 24, 67.
récollet, 3, 47.
récolte, 48, 53.
recommandation, 60, 80.
recommander, 20, 40.
recommencer, 10, 19,
récompense, 10, 19.
récompensé et récompensée, 65.
recomposer, 17, 52.
réconcilier, 63, 73.

reconfronter, 3, 22.
reconduire, 13, 15.
reconnaissance, 2, 7, 90,
reconnaissant, 5.
reconnaissante, 6.
reconnaître, 53, 66.
reconvenir, 17, 85.
reconvention, 1, 6, 26.
recopier, 17, 18, 50.
recors, 48, 87.
recoucher, 4, 5.
recoudre, 51, 62.
recoupe, 20, 25.
recourber, 41, 62.
recourir, 7, 26.
recouvrir, 6, 9, 20.
récréation, 1, 4, 7, 18.
   62, 73.
récrier, (se) 78, 83.
récrimination, 78, 85.
recruter, 26, 62.
recteur, 14. 41, 61.
rectifier, 41, 57.
recueil, 3, 87.
recueillir, 4, 48, 62.
— (se) 25, 29.
recuire, 15, 70.
recul, 8, 11.
reculer, 23, 66.
reculons, (à) 52, 76.
récuser, 6, 7, 28.
redingote, 5.
rédaction, 3, 52.
redevider, 4, 49.
rédiger, 2, 29.
redire, 4, 86.
rediseur, 2, 19.
redoublement, 2. 23.
redoubler, 5, 12.
redoute, 4, 56, 72.

redouter, 61, 76, 87.
redresser, 5, 6.
réduction, 5, 48.
réduire, 2, 57.
réduit, 5, 75.
refaire, 2, 4, 20.
refaucher, 32, 85.
réfection, 5.
réfectoire, 17, 42, 56.
refend, 5, 25.
refendre, 4, 7, 59.
réfléchir, 12, 52.
refleurir, 51, 76.
refluer, 15, 53.
reflux, 7, 21, 28.
refoncer, 32, 39.
refondre, 7, 53.
reforger, 6, 71.
réforme, 7, 17, 41.
— et réformés, 2.
réformer, 56, 72.
réformé, 2, 90
refouler, 6, 14.
refouloir, 5, 15.
refrayer, 2, 55.
refrain, 17, 26.
refroidir, 68.
refrire, 6, 53.
refriser, 62, 84.
refuge, 30, 36, 44, 90.
refugier, 48, 57.
refuite, 42, 45.
refus, 12, 59.
— et refuser, 34, 74.
refuser, 48, 72.
regagner, 30, 40.
regain, herbe, 3, 18.
régal, 3, 15.
régaler, 25, 56.
regard, 12, 77.

regarder, 23, 66.
régence, 2, 48.
régent, 27, 32.
régenter, 51, 56.
regimber, 2, 88.
régime, 3, 33, 42.
régiment d'infanterie, 1,
    20, 35, 49.
— de cavalerie, 64.
région, 6, 19.
régir, 51, 76.
registre, 17, 19.
règle, 4, 51, 67.
régler, 6, 33.
règlement, 4, 48.
réglisse, 9, 11.
règne, 29, 47.
régner, 6, 90.
régnant, 15, 26.
régnicole, 13, 34.
regorgement, 16, 58.
regorger, 7, 23, 45.
regretter, 12, 61.
régulier, 15, 23.
réhabilitation, 11, 73.
réhabiliter, 18, 33.
rehausser, 16, 18, 39, 48.
reheurter, 13, 28.
réimpression, 8, 36
reine, 33, 72, 73.
reinette, 2, 13.
reins, 17, 23.
rejaillir, 17, 56.
rejaillissement, 19, 46.
rejeter, 21, 27.
rejeton quelconque, 9,
    14, 66, 70, 85.
rejoindre, 5, 9.
réjouissance, 10, 23, 49.
— navale, 26.

réjouir, (se), 8, 17.
relâche, 13, 21.
relâcher, 17, 78.
relais, 24, 37.
relation, 12, 26, 40.
relaver, 51, 77.
relaxation, 13, 18.
relayer, 23, 45.
reléguer, 3, 72.
relevé, 41, 78,
relever, 25, 33, 39.
— un enfant, 37.
relief, 13, 16 64.
bas-relief, 4, 72.
relier, 12, 20.
relieur, 26, 74, 83.
religieuse, 14, 25, 35, 42.
— à la porte du cou-
vent, 33.
— à un serviteur, 33.
— à la grille, 64.
religieuses, 64.
religieux, 43, 5 , 68, 76.
— seul et plusieurs, 25,
55.
religion, 2, 6, 25, 26,
59, 68.
reliquaire, 23, 26, 54, 64.
relique, 20, 27, 29, 39, 64.
reliques, 20.
relire, 16, 53.
reluire, 45, 74.
remanier, 25, 42.
remarchander, 12, 16.
remarier, 24, 29.
remarquer, (se), 71, 90.
remballer, 22, 29.
rembarquer, 27, 83.
remboîter, 15, 23.
rembourrer, 45, 48.

rembourser, 13, 16.
rembrocher, 12, 29.
remède, 1, 27.
remédier, 44, 65.
remêler, 12, 18.
remercier, 58, 72.
remetteur, 87.
remettre, 12, 53.
remise, 42, 49, 67.
rémission, 45, 60.
remonte, 38, 68.
remonter, 34, 75.
remontrer, 51, 72.
remontrance, 14, 85,
remords, 66, 89.
remorquer, 48, 54.
remoudre, 19, 62.
remouiller, 23, 86.
rémouleur, 10, 22, 29,
30, 40, 41, 66.
remplacer, 17, 72.
remplie, 62.
remplir, 12, 19.
remployer, 16, 70.
remplumer, 72, 89.
remporter, 86, 87.
remprisonner, 9, 90.
remue-ménage, 68, 76,
remuer, 25, 62.
renaître, 51, 67.
renard, 20, 21, 29, 43,
45, 47, 80.
renardière, 3, 17.
renchaîner, 64, 76.
renchérir, 33, 72.
rencontre, 15, 80.
rencontrer, 19, 26.
rencourager, 12, 60.
rendez-vous, 3, 41, 44.
rendre, 10, 24.

rendormir, 49, 60.
rendre, vomir, 36.
— service, 13, 30, 45.
rendu, rendue, 9, 50.
rendurcir, 74, 82.
renégat, 34, 73.
rênes, courroies, 23, 72.
renfermer, 6, 73.
renflammer, 11, 50.
renfoncer, 6, 69.
renfort, 23, 49.
rengager, 41, 60.
rengaîner, 3, 53.
rengraisser, 17, 77.
rengrainer, 33, 45.
renier, 22, 78.
renommée, 68, 85, 90.
— (grande), 68.
renoncer, 2, 54.
renonciation, 56, 68.
renoncule, 14, 29, 37.
    50.
renoncules, 74.
renouer, 2, 45.
renouvellement, 82.
renouveler, 25, 50, 87.
rensemencer, 9, 17.
rentamer, 21, 36.
rente, 19, 15, 64, 78.
— d'église, 78.
tentier, 42, 76.
renterrer, 51, 70.
rentrer, 78, 84.
rentrer en grâce, 1, 15.
    51.
renverser, 3, 47.
renvoi, 64, 72.
renvoyer, 78, 85.
repaire, 3, 26.
repaitre, 56, 71.

réparer, 30, 70.
réparation, 29, 36.
répartir, 51, 64.
répartition, 29, 36.
repasser, 12, 83.
repaver, 41, 76.
repêcher, 23, 51.
repeigner, 5, 40, 90.
repeindre, 3, 40.
repentir, 51, 57.
repentant, 12, 40.
repercer, 22, 73.
repêtrir, 9, 58.
réputation, 50, 41.
repeser, 95, 50.
répéter, 19, 26.
répétition, 61, 67.
repic, 11, 35.
repiquer, 2, 56.
répit, 2, 14.
replanter, 64, 77.
réplétion, 16, 19.
repli, 11, 51.
replier, 41, 51.
replier, 13, 46.
replonger, 2, 14.
repolir, 55, 45.
répondre, 6, 71.
réponse, 35.
réponses, 54.
reporter, 3, 16.
repos, 23, 46.
repos, sommeil, 5, 11.
reposer, (se), 3, 9.
reposoir, 46, 59.
repousser, 31, 34.
reprendre, 10, 24.
représailles, 1, 9.
représenter, 8, 57.
réprimande, 55, 36.

réprimer, 6, 74.
reprise, 62, 71.
reproche, 11, 44.
reprocher, 45, 5o.
reproduire, 1, 7.
réprouver, 29, 56, 72.
république, 4o.
repudier, 62, 64.
répugnance, 6, 9o.
réputation, 25, 5o.
requinqué, 15, 75.
requérir, 6, 14.
requête, 58, 72.
ressaigner, 39.
rescision, 3, 53.
ressaisir 2, 14.
rescription, 6o, 82.
réseau, 6, 56.
ressemeler, 12, 14.
ressemer, 58, 68.
réserve, 3, 11.
reserver, 7, 51.
réservoir, 4o, 52.
— à poissons, 34, 45.
résidence, 33, 54, 56.
résider. 5. 6o.
résigner. 2. 12.
résignation. 72. 83.
résine. 23. 86.
résister. 66. 72.
résolution. 14. 52.
résonner. 7. 87.
résoudre. 39. 72.
respect. 78. 89.
respect humain. 89.
respirer. 11. 73.
ressasser. 9. 29.
ressemblance. 15. 75.
ressembler. 6. 72.
ressentir. 19. 51.

ressentiment. 8o. 87.
resserrer. 10. 19.
ressort. 38. 75.
ressortir. 72. 87.
ressource. 17. 59.
ressouvenir. 2. 4o.
reste quelconque. 76.
restes de table. 15.
restreituer. 49.
restitution. 58. 79.
restindre. 9. 9o.
résultat. 6. 5o.
résumer. 12. 21.
rétablir. 17. 54.
retailles. 13. 61.
retard. 7.
retarder. 59. 78.
retindre. 13. 9o.
retenir. 56. 71.
rétention d'urine. 79. 82.
retentir. 29. 76.
retenue. 82.
rétif. 61. 67.
retirer. 64. 71.
retomber. 12. 87.
retondre. 6. 13.
retordre. 42. 78.
retoucher. 73. 9o.
retour. 69. 78.
retourner. 49. 61.
retracer. 38. 89.
rétracter. 10. 35.
retraite. 29. 43. 52.
retranchement. 19. 7.
rétrécir. 1. 19. 19.
rétribution. 6. 6o.
retrousser. 51. 74.
retrouver. 6. 70.
rets. 1. 45.

retrouveur de voies, 4,
28, 34.
rêve, 19, 39, 62, 79,
revêche, 51, 73.
réveil, 2, 40.
réveille-matin, 3, 48.
réveiller, 51, 60.
révéler, 29, 56.
—des secrets importans,
37, 40, 84.
revenans, 47, 64.
revanche, 11, 16.
revendeur, 15, 19.
— de guenilles, 71.
— de meubles, 5, 7, 31,
51.
revendre, 10, 72.
revenir, 15, 28.
revente, 74, 90.
revenu 19.
revers, 11, 13.
réverbères, 56, 72.
reverdir, 41, 74.
rêverie, 12, 16, 30.
rêveur, 3, 40.
rêver, 1, 48, 54, 65.
— de l'argent et de l'or, 5.
— des morts, 47, 48.
— d'être pendu, 39.
— des voleurs, 60, 65.
reversis, 5, 16.
rêves et rêveries, 1, 6,
17, 79.
revêtir, 2, 14.
revirer, 71, 82.
réviseur, 6, 19.
révision, 50, 60.
revivre, 6, 62.
réussir, 25, 33.
revoir, 19, 37.

revoler, 19, 56.
révolte, 62, 63.
révolter, 1, 19.
revomir, 15, 47.
révoquer, 27, 36.
réussite, 62, 73.
revue, 21, 34.
— générale, 35.
rez de chaussée, 7, 10,
35.
rhue, plante, 38.
rhume, 63, 88.
riant, 46, 56, 70.
riche, 51, 69.
richesse, 72, 74.
ricochet, 25, 26.
ride. 3. 90.
rideau. 10. 34. 50. 59.
rideaux. 10. 68.
ridé, ridée, 28. 67.
rider, 19, 50.
ridicule, 36, 71.
rieur, 16, 62, 84.
rigide, 14, 66.
rigodon, 60, 80.
rigole, 1, 72.
rigoureux, 6, 60.
rigueur, 23, 37.
rime, 19.
rimer, 61, 70.
— et rimes, 19.
rincer la bouche et les
verres, 15.
ripaille (faire). 15.
riposte, 3, 70.
rire, 2, 16, 19, 55.
— à gorge déployée, 70.
ris, 19, 77.
risée, 6, 9, 19.
risque, 41, 72.

risquer, 20 , 30.
— sa vie , 1 , 10, 35.
rissole, 68 ; 80.
rissoleur, 50 , 51.
rissoleur de châtaignes ,
16.
rituel, 74.
rivage, 3 , 35, 53 , 66.
— de la mer, 80 , 90.
rival, 6 , 15, 50.
rivaux , 15.
rive, 2 , 14.
river 25 , 43.
riviére, 2 10, 20, 57.61.
—avec marchandises, 81.
rivure, 2 , 71.
riz , 2 , 19 , 64 , 77.
robe, 1 , 3 , 13 , 30.
— de chambre, 75.
— de conseiller au Par-
lement , 90.
— de femme , 35 , 90.
— d'homme ; 89.
— de masque , domino,
44.
— piquante de marrons,
châtaignes , 71.
robinet, 2 , 59.
— et robinets, 51.
robuste, 41 , 48.
roc , forteresse, 8.
rocaille, 60 , 70.
Roch (saint), 2 , 19.
rocher , 52 , 71, 90.
rôder 1 25.
rôdeur , 2 , 20.
rogation, 9 , 16.
rogner , 21 ; 43.
rognure, 41 , 10.
roi 15 , 52 , 76 , 83.

roi et reine , 16 , 61.
— d'armes , 12 , 45.
— de cartes , 76 , 83.
— de théâtre , 7 , 19.
roitelet, oiseau , 1.
roide, 41 , 60.
roidir, 27 , 33.
— (se)61 , 90.
rôle , 4 , 8 , 21 , 71.
—de théâtre , 6 , 60 , 80.
rôler , 22 , 36.
romaine , 33 , 42.
roman, 42 ; 51.
romancier , 17 , 19.
romarin, 22 , 46 , 78.
rompement de tête, 6 ,
14.
rompre, 10 , 21 , 63.
— le mariage 9 30.
— tout, 60 , 70.
— un criminel, 71 , 84.
— voir des rompus , 39
rompure, 18.
ronce, épine , 90.
rond, ronde , 19 , 71.
ronde , 22 , 42 , 87.
rondeau . 11 , 31.
rondeur , 13 , 14.
ronfler , 4 , 18 , 87.
rongé et ronger, 83.
rongeur, 32 , 83, 87.
roquet, 8 , 50.
roquets, bobines , 71.
rosaire , 21 , 74.
rose, 56 , 77 ; 79 , 80.
— de Jéricho, 11 , 69.
— de rubans, 15 , 30.
— en diamans, 10.
— et roses, 5 , 6 , 80.
roseau , 8 , 40.

rosée, 4, 55, 50.
rosette, 1, 8, 54.
rosier, 6, 19.
rosse, 15, 81.
rossignol, 5, 5, 17, 51.
rossolis, 17, 57.
rot, 18, 27, 83.
— et roter, 8, 27.
rôt, rôti, 18, 29, 47,
roter, 25, 55.
rôtie, 19, 50.
rôtir, 21, 33.
rôtisseur, 31, 42.
roture, 30, 50.
roturier, 2, 14.
roue de fortune, 6, 90.
— à tordre, 11, 31.
—quelconque, 5, 23, 31.
rouer, 25, 45.
roues (faiseur de), 90.
rouet, 56, 50.
rouge, 5, 13.
— et du rouge, 54.
rougeâtre, 41, 50.
rougeole, 51, 90.
— et rougeur, 9, 79.
rougir, 19, 51.
rouleau, 6, 17, 23, 54, 51.
— plein d'argent, 20.
roulement, 43 74.
rouler, 55, 49.
roulette, 3, 16.
— pour jouer, 70.
roulier, charretier, 12.
rouliers, 48, 83.
rouille, 17, 33.
rouiller, 19, 44.
roussir, 18, 34.
route, 25, 55.
— sillon, 39.

routine, 19, 48.
roux, 15, 90.
royal, 19, 50.
royaliste, 5, 11.
royaume, 21, 23.
royauté, 15, 19.
ruade, 25, 33.
ruban de fil, 15, 71,
— d'or ou d'argent, 20.
    81.
— de soie, 40, 87.
rubanier, 6, 26, 46, 36,
    77.
rubanière, 2, 73.
rubans, 15.
— (faiseur de) 6, 26.
rhubarbe, 43, 70.
rubis, 7, 19, 33.
rubrique, 15, 19.
ruche à miel, 55, 68, 75.
quelc. 9, 15, 53, 55, 75.
rude, 5, 59, 50, 73.
rudesse, 25, 38.
rudiment, 1, 47.
rue, 5, 21. 35. 40, 44.
— des juifs, 33.
— et ruelle, 3.
ruelle de lit, 12, 73.
ruer, 15, 45.
rues, 38.
rugir, 14, 50.
rugissement, 61, 90.
ruine, 15, 50.
— et ruiner, 70.
ruiner, 15, 17, 41.
— quelqu'un, 20, 55.
— (se) 55, 77.
ruineuse, 14, 44.
ruineux, 25, 82.
ruisseau, 9, 18, 45, 66.

ruissaux, 20, 30.
ruisseler, 19, 73.
rumeur, 7, 20.
ruminer, 24, 40.
rupture, 3, 11, 18.
ruse, 9, 39.
— et rusé, 14, 61, 71.

rusé, adroit, 22.
ruser, 5, 8.
rustaud, 15, 59.
rusticité, 73, 89.
rustre, 5, 18.
rut, bête en rut, 12, 21.
rustique, 15, 64.

S

Sabbat, 14, 17, 15.
sabbatine, 3, 16.
sabine, plante, 2, 39.
sable, 1, 61, 83, 85, 89.
sabler, 39, 71.
sablier, 14, 68.
sablon, 20, 39, 49. 61, 85.
sablure, 10, 24.
sabord, 15, 51.
sabot, 3, 14.
saboter, 33, 56.
sabre, 11, 22, 53.
sabrer, 14, 45.
sac, 23, 26, 39, 87.
— à ouvrage, 4, 35, 78.
— et sacs, 15.
— (petit), 72, 82.
saccade, 65, 73.
saccager, 72, 87.
sachet, 44, 61.
sacre du Roi, 6.
sacrement, 6, 90.
sacrer, 31, 82.
sacrifice, 24, 45.
sacrilége, 33, 46, 90.
sacristain, 13, 66, 81.
— et, sacristie, 15, 81.
sacristine, 1, 5, 17.

sacristie, 13, 29, 31.
safran, 5, 57, 76.
sagacité, 17, 85.
sage, 72, 79.
sage-femme, 11, 22, 48, 50.
—qui reçoit l'enfant, 44, 48, 50, 84.
sagesse, 20, 48.
sagittaire, 15, 55.
saie, vêtement, 19, 51.
saignée, 7, 13.
saigner, 56, 63, 89.
— du nez, 18, 21, 51, 72.
de toute façon, 15.
saillant, 83, 85.
saillic, 19, 41.
saillir, 62, 70.
sain-doux, 3, 9, 55, 90.
sain-foin, 6, 19.
sain, saine, 8, 9.
saint, 8, 9, 40.
—et sainte, 8; 9, 57, 40.
Saint-Esprit, 2, 60.
saints, 40.
saisir, 2, 14.
saison, 29, 37.
salade, 18, 54, 69.
saladier, 9, 44.

(159)

salade (marchand de), 16, 76.
salaire, 29, 62.
salaison, 25, 58.
salé quelconque, 3, 14, 20, 75.
salées (plusieurs choses), 5, 31, 33, 51.
salle et salon, 44.
sale, malpropre, 4, 39, 48.
salleté, 13, 56.
salière, 15, 30, 50 54.
salir, 24, 65.
salivation, 12, 82.
salive, 16, 79.
salon, (grand), 44.
saloir, 61.
salpêtre, 3, 58.
saluer, 1, 29, 35, 56.
— boire à la santé, 87, 90.
salure, 4, 72 87.
salut, 1, 11, 17.
salutaire, 36, 59.
samedi, 14, 17, 19, 27, 73.
Samson, 88.
sanctifier, 14, 90.
sanctuaire, 5, 10.
sang, 11, 18, 43.
— froid, 19, 35.
sanglant, 20, 50.
sangle, 33, 51.
sanglier, 28, 47, 52, 64, 69.
— dans les bois, 28, 47, 52, 69.
sangliers, 33,
sanglot, 7, 41.

sanglots, 5.
sangsue, 3, 20.
sanguinaire, 19, 48.
sansonnet, 22,
santé, 5, 13, 27, 64.
— (officier de), 16, 82.
sape, 7, 11, 25, 50, 60.
— et saper, 7, 50.
saper, 26, 73.
sapin, 12, 35.
— et sapins, 11.
sarabande, danse, 15, 40.
sarrasin, 47, 48.
sarreau, 10, 20.
sarbacane, 30, 73.
sarcelle, oiseau, 18, 35.
sarcler, 17, 50.
sarcleur, 54, 73.
sarclure, 29, 36.
sarcloir, 40, 65.
sardine, 3, 21, 26, 41, 48.
sardines, 41.
sarment, 19, 72.
s'asseoir, 8.
satin, 48, 79.
satiner, 12, 64.
satineur, 80, 90.
satisfaction, 21, 46.
satire, 8, 19.
— et satires, 2, 21, 84.
satariques, 46.
satiriser, 11, 60, 76.
sauce Robert, 15, 61.
— à la dodine, 52, 74.
— d'ail, 29, 76.
— d'échalotte, 10.
— quelconque, 76, 88.
sauces, 46.

saucisse, 16, 53, 82.
— et saucisson, 5, 6, 31.
saucisses, 6, 27.
saucisson, 13, 27.
saucissons (gros), 5, 33.
— (faiseur de), 56.
sauf-conduit, 41, 86.
sauge, 11, 12, 72.
saule, arbre, 23, 48.
saules, 90.
saumon, 8, 26, 64.
saumure, 11, 82.
saunier, 68, 74.
— (faux), 19, 47.
saupoudrer, 8, 13, 90.
saut, 4, 38, 67.
sauter, 2, 15.
— à cheval, 23, 58.
sauterelle, 26, 72.
sauteur, 38, 39, 88, 90.
sauteuse, 6, 72.
sauvage, 31, 38, 51, 77.
sauvageon, 35, 69.
sauvagin, 47, 53.
sauve-garde, 58, 64.
sauver, 15, 21.
sauver (se), 71, 78, 89.
sauveur, 44, 72.
savant, 26, 57.
savante, 9, 29.
savates, 37, 70.
saveter, 19, 47.
savetier, 37, 50, 58.
savetière, 20.
savetiers, 87.
savoir, 50, 70.
savon, 1, 16, 18, 84, 88.
savonnage, 27, 60.
savonner, 8, 56, 72.

savonnette, 40, 81.
— d'odeur, 18.
scabieuse, plante, 23, 76.
scabreuse, 17, 78.
scabreux, 42, 59.
scandale, 7, 11, 61.
— et scandaleux, 59.
scandaleuse, 66.
scandaleux, 57.
scandaliser, 59, 66, 84.
scapulaire, 7, 43, 65.
scaramouche, 37, 41.
sceau, 4, 26, 66, 73.
sceaux, 23, 55, 89.
scélérat, 2, 46.
scélératesse, 19, 71.
scélérats (bande de), 27.
scellés, 12.
scène, 19, 70.
— et scènes, 50.
sceptre, 1, 15, 60.
sciatique, 15, 22.
scie, 31, 40, 47, 51, 90.
science, 2, 19.
scier, 41, 70.
scier et scieur, 8, 46.
scieur de pierre, 20.
scorbut, 68, 81.
scorpion, 84.
scorpions, 84.
scorsonnère, 31, 78.
scribe, 45, 80.
scrofuleux, 23, 66.
scrupule, 71, 74.
scrupuleux, 22, 27.
scrutin, 12, 13.
sculpter, 19, 72.
sculpteur, 52, 66, 83.
sculpture, 52, 73, 88.
scéance, 30, 37.

séance , 2.
seau , vase , 1 , 26 , 50.
sec , sèche , 3 , 16 , 17,
74 , 76.
seche , poisson , 27 , 75.
sécher , 21 , 40 , 90.
— le linge . 12 , 53.
sécheresse, 8 , 16. 71 , 74.
seconder , 12 , 14.
secondines , 21 , 42.
secouer , 25 , 51.
secouement , 13 , 38.
secourir , 19 , 78.
secours , 2 . 11.
secousse , 56 , 90.
secret , 11 , 78.
— prison , cachot , 67.
secrétaire , 6 , 45.
— d'état , 19 , 86.
— à écrire , 75 , 85.
secrétairie , 46.
secrette , 12 , 26.
rectateur , 17 , 34.
séculaire , 2 , 9.
séculariser , 1 , 2.
séculier , 30 , 40 , 50 , 54.
sécurité , 1 , 10 , 24.
sédentaire , 46 , 57.
sédiment , 14 , 63.
séditieux , 3 , 30 , 54.
sédition , 42 . 42.
séducteur , 13 , 16.
séduire , 26 , 62.
seigle , 44 , 49.
seigneur , 6 , 50.
— (grand) , 40 , 90.
— et seigneurie , 69.
seigneurie , 50 , 60.
sein , 6 , 19 , 26. 58.
— de femme , 8 , 24.

— d'homme , 11 , 75.
— de mer , 51 , 69
seine , rivière , 57.
séjour , 60 , 71.
sel . 9 , 16 , 18 , 74.
— blanc , 15 , 71.
— de chimie , 10 , 44.
— quelconque , 28 , 57.
sel , 35 , 74 , 87.
— (aller à la) 35.
seller , 19 , 74.
sellette , 13 , 35 , 70 , 90.
sellier , 15 , 25. 26. 35 , 71.
selliers , 35 , 49.
semaille , 5 , 11.
semaine , 10 , 42.
semblant , 2 , 9.
sembler , 26 , 60.
semelle , 22 , 40.
semence , 14 , 19 , 29.
semer , 21 , 25 , 70 , 63.
semestre , 2 , 87.
sémillant , 16 , 70.
séminaire , 5 , 45 , 64.
— et séminariste , 5 , 74.
séminariste , 75 , 77.
semoir , 17 , 85.
sémoule , pâte , 55 , 80.
sénat , 40.
— et sénateur . 9 , 85.
sénateur , 9 , 58.
sénateurs , 48.
séné , 4 , 14 , 26.
sénéchal , 6 , 64.
sénéchaussée , 23 , 27.
senevé , 41 , 41 , 55 , 75.
sens , 13 , 14 . 56.
sens bon , 10 , 11.
sens commun , 1 , 69.
sensation , 14 , 25.

sensé, sensée, 15, 20.
sensible, 19, 90.
sensibilité, 41, 79.
sensuel, sensuelle, 2, 73.
sensualité, 3, 12.
sentence, 41, 42, 71.
senteur (eau de), 6, 40.
sentier, 19, 74, 76, 77.
sentiment, 13, 44, 49.
sentine, 2, 14.
sentinelle, 32, 40, 42, 48, 83.
— en faction, 32, 61.
sentir, 13, 66.
sentir (se), 12, 40.
séparation, cloison, 75.
— de biens, 8, 64, 65.
— de lit, 9, 45, 56.
séparer, 3, 70.
séparer (se), 10, 25, 48.
sept, nombre, 1, 7.
septembre, 9, 19, 90.
septentrion, 1, 16, 60.
septième, 21, 65.
sépulcre, 5, 54.
sépulture, 5, 36, 55, 58.
sépultures, 56, 59.
séquestre, 27, 83.
séquestrer, 6, 14.
sequins, 19.
sérail, 21, 22.
serin, 27, 72.
serins des Canaries, 5, 60, 74.
sérénade, 3, 5, 31.
serf, serve, 15, 60.
sergent, 30, 33, 53.
— major, 13, 56.
— quelconque, 33, 23, 41, 80.

serge, 9, 21.
sérieux, 12, 19.
serinette, instrument, 36.
seringue, 14, 46.
seringuer, 2, 44.
seringues, 1, 11.
serment, 23, 45.
sermon, 17, 56, 70.
serpe, 25, 89.
serpent, 25, 55, 88, 89.
— basilic, 78.
— couleuvre, 84.
— (petit), 63.
serpenteau, 30, 55.
serpentine, 2, 41.
serpette, 2, 6.
serpolet, 16, 22.
serre, 43, 53.
serrure, 7, 27, 29, 51, 82.
serrurerie, 8, 23.
serrurier, 8, 9, 17, 34, 54.
serruriers, 89.
servante, 9, 13, 26, 60.
service, 3, 13, 53.
— d'église, 23.
— (rendre), 53.
serviette, 27, 75, 88.
serviettes, 27, 65, 85.
servir, 2, 11.
servir à table, 2, 33.
serviteur, 5, 27, 43.
servitude, 51, 62.
seton, 25, 90.
seuil, 1, 45.
sève, 11, 33.
sévérité, 3, 64.
sevrer, 26, 32.
sexagénaire, 60, 90.

sexe, 6, 5o.
sexe (beau), 45, 83.
sibylle, 73, 82.
sièle, 41, 70.
siége, 11, 25, 33, 70.
— épiscopal, 14, 30, 72.
— d'une ville, 5, 45.
siéger, 5, 31.
sifflé, 12, 43.
sifflement, 30, 45.
siffler, 55, 71.
sifflet, 15, 36, 60.
sifflets, 11.
siffleur, 7.
siffleuse, 55.
signal, 18, 63.
signalement, 1, 31, 41.
signalemens, 15, 29.
signe de croix, 2, 7, 49, 67.
— de doigt, 4.
— de tête, 14, 66.
— fait à d'autres, 66.
— marque, 53, 72.
— quelc., 9, 14, 29, 35.
signer, 17, 25, 44.
signifier, 1, 80.
signification, 37, 59.
silence, 6, 15, 90.
sillon, 43, 60.
sillonner, 62, 64.
sillons, 5.
simagrée, grimace, 5, 9.
symétrie, 2, 15.
simples, herbes, 2, 12.
simple, 3, 40.
simples, 8, 59.
simplicité, 7, 16, 72, 74.
simulation, 1, 61.
sincère, 44, 51.

sincérité, 5, 16.
singe, 7, 8, 17, 58, 63.
— (gros), 49.
— guenon, 17, 42.
singes, 46, 73.
singulier, 27, 61.
siphon, 66, 78.
sirène, 47.
sirop, 5, 49, 53.
— de capillaire, 47, 76.
situation, 19, 44.
sobriété, 47, 63.
soc, 3, 16.
société, 24, 42.
— civile, 2.
— quelconque, 77, 83.
sodomite, 14.
sœur, 3, 6, 42, 43.
— (belle), 11, 5o.
— religieuse, 79, 80.
sœurs, 75, 79.
sofa, 15, 40.
soie, 5, 13, 14, 53.
soie organsin, 42, 62.
soie, trame, 55, 83.
soie grège, 7, 26, 58.
soif, 14, 67.
soigner, 6, 26, 42.
soigneuse, 7.
soin, 21, 45.
soir, 36, 73.
soirée, 4, 19.
sol, 2, 31, 56.
soldat, 14, 15, 70, 83.
— en sentinelle, 32, 5o, 56.
— hussard, 28.
soldats du guet, 2, 32.
— en troupe, 12.
— faisant l'exercice, 12.

solde, 21, 24.
sole, 4, 35, 71.
soleil, 1, 6, 16, 62, 83.
solennité, 67, 74.
sollicité, 86.
solliciter, 30, 40.
solliciteur de causes, 85.
solide, 3, 11.
solidaire, 46, 60.
solitaires, 61, 74.
solives, 5, 11.
soliveau, 5, 44.
sols, 24, 29.
solution, 17, 26.
sombre, 5, 40.
sommaire, 60, 70.
somme, 43, 71, 86.
sommeil, 3, 33, 57, 60.
sommelier, 14, 83, 87.
sommellerie, 3, 14, 60.
sommer, 5, 11.
sommet, 81, 85.
sommier, 51, 72.
somnambule, 77.
somptuaire, 29, 90.
somptueux, 3, 70.
son, 24, 29, 39, 77.
— bénit, 30, 61.
— de cloche, 11, 55.
— de farine, 39.
— de musique, 72.
— d'orgue, 12, 21.
— (petit), 24.
— quelconque, 77, 88.
sonde, 7, 80.
sonder, 7, 58.
songe, 20, 31, 48, 69.
songer, 3, 37.
sonnaille, 32.
sonner, 10, 32, 47, 59.

sonnerie, 68, 86.
sonnet, 18, 81.
sonnets, 3, 7.
sonnette, 3, 7, 10, 47,
   74.
sonnettes, 60.
sonneur, 53, 55, 71, 80.
— de cloches, 6, 73.
— de trompette, 5, 20,
   21, 51.
sonneuse, 9.
sorbe, fruit, 3, 41, 89.
sorbes, 6, 25.
sorbet, 37, 72.
sorbets, 21, 87.
sorbier, 41.
sorbonne, 11, 23.
sorcellerie, 13.
sorcier, sorcière, 13, 40.
sorcière qui dit la bonne
   aventure, 26.
sorciers, 61, 87.
sornettes, 29, 78.
sort, 1, 3, 11, 37.
sortie, 22, 50, 90.
sortilége quelconque, 53.
sortir, 59, 78.
sot, sotte, 70, 72, 83.
sottise, 6, 23.
sou, monnaie, 26, 82.
sou quelconque, 17, 83.
sous (des), 15, 31.
sous-brigadier, 41, 50.
souche, 31, 72.
souci, 72, 77.
soucier (se), 54, 83.
sous-commis, 65, 72.
soucoupe, 1, 84.
soude, cendre, 6, 19.
souder, 21, 63.

sous-diacre, 41, 76.
soudoyer, 6, 80.
soudure, 3, 90.
sous-ferme, 46, 73.
souffle, 54, 66, 69, 75.
souffler, 55, 67.
soufflet pour le feu, 2, 18, 35, 79.
— d'orgue, 13, 54, 86.
— quelconque, 1, 23.
soufflet, coup de la main, 14, 16, 76.
— (petit), 69.
— (donner un), 14.
souffleter, 3, 61.
soufflets (faiseur de), 65, 85.
— (faiseuse de), 84.
souffleur, 36, 67.
souffrance, 2, 19, 74.
soufre, 84, 86, 89.
soufrer, 57, 72.
soufreur d'allumettes, 1, 84.
souffrir, 51, 69.
sous-gouverneur, 3, 40.
souhaiter, 6, 11.
souiller (se), 23, 27.
soûl ou saoul, 23, 52.
soulager, 12, 80.
soûler (se), 21, 36.
soulever, 14.
soulier, 2, 28.
souliers, escarpins, 5, 9, 16, 90.
sous-lieutenant, 48, 76.
sous-maître, 47.
soumission, 5, 9, 18.
soupape, 17, 78.
soupçon, 47, 64.

soupçonner, 11, 86.
soupçonneuse, 11.
soupçonneux, 11.
soupe, 15, 68, 85.
soupente, 15, 63.
souper, 3, 50.
soupes, 43, 58.
soupeser, 37, 82.
soupir, 64, 69.
soupirail, 52, 53.
soupirer, 60, 62.
souple, 2, 29.
souplesse, 42, 50.
source, 9, 28, 32, 76.
sourcil, 16, 25.
sourcils charmans, 62.
sourd, 2, 7.
sourde, 7.
sourdine, 45, 86.
souricière, 2, 11.
sourire, 11, 49.
souris, 5, 65, 78, 89.
souris, animal, 58, 60.
— (chauve), 89.
soustraire, 26, 50.
soutane, 3, 36.
soutenir, 2, 22.
souterrain, 45, 48, 90.
souterrains, 87.
soutirer les boissons, 61, 80.
soutien, 56, 65.
souvenir, 78.
souverain, 19, 80.
sous-veste, 48.
spadille, 16.
spatule, 20, 39, 89.
spéculer, 17, 78.
spectacle (aller au), 64.
sphère, 12, 33, 45, 71.

spirale, 35, 33.
spirituel , 3, 31.
splendeur , 19, 78.
squelette , 3, 40.
squelettes, 3, 14.
squinancie , 12, 33.
squirre , tumeur, 31, 48.
squirreuse, 26, 33.
squirreux, 50, 90.
statuaire, 10, 50, 55.
statue, 55, 88.
stature, 15, 53.
statut, 2, 25.
stérile, 14, 42.
stipuler, 1 , 80.
store, 68, 70.
— de fenêtre, 11.
strapontin, 22, 71.
stribord, 2, 70.
stuc , mortier, 6, 40.
stupide, 48, 84.
stupidité, 56, 70.
style, 76, 79.
suaire de mort, 2, 47.
submerger, 80, 85.
suborneur, 2, 29.
subrécot, 3, 29.
subside, 3, 70.
substance, 30, 33, 83.
subtiliser, 41, 73.
subterfuge , 41, 49.
suc, 23, 42, 75, 78.
succéder, 46, 72.
succès, 13, 74.
succession , 29, 55, 63.
successeur, 55, 80.
suçon, 35, 53.
sucre, 55, 82, 87.
sucrer, 2, 60.
sucrier, 1, 11, 21.

succulent, 58, 79.
suer, 37, 63, 90.
sueur, 56, 63.
suffire, 13, 48.
suffisant, 3, 19.
suffoquer, 48, 72.
suggérer, 15, 40.
suicide, 90.
suie, 15, 23, 85, 90.
sujet, 59, 85.
suif, 35, 56, 72, 74.
suisse , 75, 80, 83.
— et un pélerin, 75.
suite , 64, 71.
suivre, 6, 40.
supercherie, 3 , 7.
superficie, 66, 80.
superfin, 3, 11.
supérieur, 8, 50.
supérieure, 6, 33.
— de religieuses, 72.
superstition, 88, 89, 90.
supplanter, 41, 50.
supplice, 2, 4.
supplier, 16, 42.
supposer, 74, 83.
suppôt, 23.
supprimer, 6, 37.
surcroît, 6, 90.
surdité, 7, 29, 64, 71.
sureau, 1, 59, 67, 86.
sûreté, 52, 53.
surface, 6, 40.
surgeon, 87.
surintendant, 26, 62.
surnager, 26, 62.
surprendre, 10, 15, 60.
surprise, 20, 43.
surprises, 28, 82.
sursaut, 11, 57.

surseoir, 22, 26.
surtaux, 83, 90.
surtout, 48.
survivance, 3, 5.
survivre, 17, 46.
suspect, 51, 78.
suspendre, 1, 19.
suspension, 26, 43, 68.
suture, 34, 90.
syllabe, 2, 70.

symbole, 44, 52.
sympathie, 28, 82.
symphonie, 3, 19.
symptôme, 41, 74.
synagogue de juifs, 54.
syndic, 21, 80.
syndicat, 51, 73.
synode, 2, 70.
système, 1, 71.

T

Tabac de la Havane, 1, 7, 18.
— quelc., 17, 51, 42, 70.
— (vendeur de), 23, 42, 51, 77, 88.
— (vendeuse de), 7, 45, 70.
tabatière, 7, 27.
tabernacle, 4, 25.
tabis, 60, 70.
tabiser, 15, 22.
table, 1, 86, 89, 90.
— à jouer, 75, 85.
— de chambre, 8.
— de marbre, 12, 21.
— pour pâtisser, 1, 80.
— servie, 44, 47, 75.
— quelconque, 13, 31.
tableau, 4, 61.
tabletier dans sa boutique, 87.
tablette, 17, 40, 71.
tablettes, 28, 45, 62.
tablier de cuisine, 10, 60.
— de femme, 15, 17, 71.

tablier d'homme, 65.
— (petit), 67.
— quelc., 7, 8, 17, 27.
tabouret, 4, 5, 19, 44.
tâche, 66, 69, 84.
— (faire à), 44.
tache sur les habits, 18, 81.
— naturelle, 31, 60.
tacher, 48, 61, 76.
tacheter, 6, 44.
tact, 41, 76.
tactique, 6, 40.
taffetas, 3, 16, 50.
taffetatier, 12, 51.
taffetatière, 7, 46.
taie, 39.
taillable, 3, 41.
taillandier, 15, 50.
taille, 9, 48, 84.
— douce, 84.
— (voix de), 80.
tailler, 26, 42, 84.
— une planche, 7.
tailleuse, 9, 11, 44.

tailleur d'habits , 20 , 28, 82.
tailleur de pierres , 9, 14, 31 ; 60.
tailleur , 3 , 30 , 37 , 62.
taillis, 53 , 59.
taillure , 21 , 72.
tain , 1 , 15.
taire , 2 , 6.
taisson , blaireau, 51,78.
talc , pierre , 5 , 52.
talent , 2 , 40.
taloche , 12 , 25.
talon , 18 , 21.
talonner , 28 , 31.
talonnier. 36 , 41 , 78.
talons , 42.
talus , 6 , 14.
tamarin , 21 , 29.
tambour , 1 , 15 , 19 , 40.
— de basque , 9.
tambourin , 6 , 40.
tamis , 5 , 11 , 65.
— (faiseur de) , 11.
tamisier; 40 , 63.
tampon , 15 , 21.
tan , 48 , 90.
tanche , 7 , 8 , 12.
tanner , 2 , 14.
tannerie , 5 , 40.
tanneur , 4 , 47 , 70 , 81.
— et tannerie , 15 , 59.
tanière , 6 , 90.
tante , 21 , 72.
— et oncle , 15.
tapage , 3.
tapis , 4 , 6 , 44.
tapisserie, 23 , 48 , 80.
tapisseries, 24 , 45.
tapissier , 22 , 28.

tapisser les églises, 42,54.
— les rues , 17 , 71.
tapissiers, 26 , 61.
— d'église , 10.
tardif , 5 , 39.
tarentule , 10, 26.
tarif , 1 , 72 , 84 , 90.
tartelette , 3.
tartre , 62, 76.
tartufle , 1 , 13 , 84.
tas , 11 , 27.
tasse , 12 , 18 , 19 , 45.
— à café , à chocolat, 60 , 70.
— de cristal , 12.
tasseau , 28 , 65.
tâter, 61 , 68.
tâtonner , 10 , 11 , 26, 52.
taverne, 6 , 12 14 , 18,90.
taupe et taupes , 1 , 11 , 22 , 77.
taupière , 72 , 90.
taupinière , 23 , 80.
taureau , 11 , 14 , 47, 56.
— furieux , 56 , 67.
taux , 17 , 76.
taxe , 21 , 62.
taxer , 31 , 90.
teigne , 6 , 19.
teigneuse , 78 , 89.
teigneux , 11 , 73.
teindre , 2 , 40.
teindre , 38 , 72.
teinture , 17 , 22 , 38,98.
— de violet , 17.
— quelconque, 6 , 69.
teinturier , 1 , 3 , 35 , 49.
teinturière , 7 , 29.
télescope , 6 , 23.
téméraire , 90.

témoignage, 51.
témoigner, 41, 76.
témoin, 2, 16.
témoins, 77, 81.
tempérance, 9, 19.
tempérer, 6, 71.
tempête, 36, 38, 43, 69.
temple, 77, 88.
temporel, 2, 19.
temps, 73, 75, 83.
temps, (beau) 6, 17, 71.
— (mauvais), 11, 15, 83.
— (quatre). 80, 90.
tenailler, 21, 76.
tenailles, 16, 30.
tendon, 15, 90.
tendre, 6, 21.
tendresse, 74, 90.
ténèbres, 3, 72.
teneur, 15, 83.
tenir, 19, 71.
tenon, 74, 86.
tentation, 40, 62.
tentative, 1, 21.
tente, 12, 17, 34. 59.
tenter, 36, 39.
tenture, 14, 16 53.
tenue. 23, 24.
térébenthine, 15, 50.
térébinthe, 16, 17, 33.
terme, borne, 36, 41.
terminer, 33, 54.
terne, 77, 81, 90.
ternir, 14, 60,
terrasse, 6, 19, 11, 21.
terrasser, 61, 78.
terre, 3, 11, 16.
— ensemencée, 19, 54.
— labourée, 8, 64.
— neuve, 6, 14.

terre plein, 17, 71.
— (mettre pied à), 11, 81.
terreur, 35, 47, 50.
terrain, 17, 61.
terrier, 31, 87.
— (renouveler à), 11.
terrine, 6, 19, 30.
testament, 17, 57, 81.
testateur, 13.
testicule, 2, 5.
testicules, 88.
tête, 9, 90.
— chauve, 28.
— coiffée, 54.
— d'animal, 77.
— de bombardier, 75.
— de femme, 17.
— d'homme, 34.
— de mort, 5.
— d'oiseau, 10.
— et têtes, 10.
teter et tetons, 38.
têtière, 8, 88.
têtières, 10.
teton, 5, 28, 33, 84.
tetonniére, 18, 85.
têtu, 2, 26.
thé, 16, 40.
thé (boire du), 60.
théatins, 2, 19.
théâtre, 48, 51.
thème, 12.
théologie, 2, 19.
théologien, 51, 70.
thériaque, 2, 17, 34, 90.
thermomètre, 17, 72, 80.
thym, 17, 74.
tiédeur, 11, 70.
tierce, 51, 78.

tiers, 31 , 90.
tige, 13 , 23 , 25 , 79.
tigre, 17 , 61 , 64 , 69 , 90.
tillac, 37 , 69.
tilleul, 23 , 64.
timbale, 9 , 12.
timbalier, 66 , 71.
timbre, 58 , 63.
timidité, 16 , 87.
timon, 2 , 40.
timonier, 3 , 50.
tympan, 73 , 81.
tympanon, 40 , 52 , 81.
tine, cuve, 20 , 48 , 53.
tirage, 19 , 33 , 61.
tire-bouchon, 7 , 8 , 16.
tire-bourre , 7.
tire-pied, 6 , 17.
tirer, 64 , 67 , 71 , 75.
tireur, 3 , 11 , 50.
tireur d'or , 25 , 35 , 61.
— d'arc, 35 , 63.
— de laine, ou cardeur,
  34.
— quelconq, 9 , 13 , 56.
tireuse d'or , 45 , 43 , 83.
— de corde, 1 , 30 , 74.
— de soie, 8 , 38.
tiroir, 5 , 31.
— et tiroirs, 19 , 21.
tisane, 4 , 33.
— (boire de la) , 48.
tison, 4 , 33 , 49.
tisonner, 8 , 50 , 88.
tisser, 14 , 70.
tisserand, 2 , 4 , 23 , 37 , 90.
— au métier, 2 , 27.
tissure, 73 , 90.
tissutier , 5 , 19.
titre , 18 , 33.

tocsin , 35 , 74.
— (sonner le), 1 , 63.
toile de lin, 34 , 49.
— d'araignée, 34 , 36.
— quelconque , 34.
toilerie, 2 , 41.
toilette, 64 , 74 , 86,
toise , 19 , 37.
toiser, 13 , 16.
toison , 33 , 37.
toison d'or, 34 , 4.
toit, 37 , 45 , 75.
tolérer , 3 , 34.
tolérance , 40 , 50 , 60 , 70.
tombeau , 5 , 33 , 43 , 88.
tomber , 65 , 68.
— dans la boue , 8.
— dans l'eau , 7.
— dans le feu, 7 , 72.
— dans un puits, 70.
— des nues , 54.
— d'une fenêtre , 54.
tombereau, 13 , 59.
thon, poisson , 7 , 18.
ton de voix, 36 , 39 , 70.
tondeur , 68 , 90.
— de soie, 10.
tondu, 86 , 89.
tondre , 72 , 77.
tonne, 26 , 71.
tonneau , 52 , 85.
tonneaux, 13 , 35.
— de vin dans la cave,
  3 , 20.
tonnelier , 29 , 37 , 70.
tonner, 76 , 83.
tonnerre , 7 , 62 , 70 , 73.
tonsure , 24 , 69.
tontine , 57 , 66.
topinambour , 15 , 41.

torche, 55, 59.
torches, 13, 23, 57.
torcher, 33, 49.
torchon, 3, 41, 64.
tordeur de soie, 10.
tordière, roue à tordre, 11, 31.
tordre, 27, 90.
torrent, 9, 61, 72.
tort, 31, 47.
torticoli, 14.
— et tortues, 2, 19, 27, 72, 77.
torture, 19, 81.
touche, 15, 30.
— et toucher, 72.
toucher, 75, 83.
touche de musique, 7, 28, 90.
touffe, 44, 66.
toupie, 83.
toupie et y jouer, 70.
tour, 3, 30, 19, 47, 60.
— à tourner, 14, 57.
— de reins, 17, 39.
— de lit, 80.
— et tours, 3, 11, 30.
tours, 11, 57.
tourbe, 45, 71.
tourbillon, 61, 76.
tourière, 24, 43.
tourment, 19, 82.
— et tourmenter, 29, 39, 82.
tourmens, 82.
tourmenter, 70.
tourne-broche, 40.
tournée, 25, 51.
tourner, 64, 72.
tourne-sol, 19, 57.

tourneur, 9, 11, 61, 89.
tourneuse, 5, 55.
tournillon, 51, 76.
tourniquet de bois, 7.
tournure, 17, 73.
tourte, 6, 7, 19, 38, 70.
— de lait, 40.
— de pigeons, 40.
tourtereau, 63.
tourterelle, 63, 70.
tourtes (faiseur de), 1.
tourtière, 2, 19, 86.
tousser, 63, 76.
toux, 86, 88, 90.
tracas, 15, 51.
tracasser, 70, 90.
— et tracasserie, 18.
trace, piste, 44.
tracer, 15, 43.
tradition, 6, 19.
traducteur, 12, 26.
traduction, 70, 82.
trafic, 17, 23.
trafiquer, 17, 23.
tragédie, 16, 45, 55.
trahison, 23, 27, 45.
trajet, 74, 78.
train, 16, 60.
traîneau, 18, 66, 72.
traîner, 20, 39.
— (se voir), 81.
traire, 45, 64.
— toutes sortes d'animaux, 2.
trait, 60, 74.
— d'or, 21, 68.
traiter, 5, 27.
— des maladies, 58.
— des procès, 85.
traiteur, 41, 47, 49.

traître, 17, 80.
traîtresse, 6, 15.
trame et tramer, 33, 63.
tramer, 19, 67.
tranche, 64, 73.
tranchée, 45, 76, 90.
— (ouvrir la), 32.
trancher, 6, 17, 29.
tranchoir, 19, 68.
tranquillité, 5, 11.
transférer, 61, 72.
transfuge, 9, 12.
transir, 3, 90.
transparent, 6, 19, 24.
transplanter, 78, 88,
transport, 61, 82.
transvaser, 60, 70.
trappe, piége, 6, 24.
trappes ; 74.
trape, abbaye, 7, 29.
— (moine de la), 62.
travail, 2, 4.
travailler, 6 29.
— au mur, 39.
travaux, 8, 54.
traverse, 5, 40, 80.
traverser la rivière à la
    nage, 16.
trébuchet, 2, 3.
tréfle, 77, 83.
treillage, 8.
treille, 26, 28, 50, 84.
treillis, 51, 77.
tremblement, 54, 79.
— de membres, 53.
— de terre, 8, 11, 33, 38.
— qui détruit toute la
    nature, 80.
trembler, 17, 50.
trempe, 31, 90.

trépan, 19, 29.
trépauer, 34, 72.
trépassés, 5, 47, 71, 76.
trépied, 3, 21.
trépignement, 63.
trésor, 88, 89.
— et trésorier, 57, 88.
trésorier, 67, 57, 69.
— du roi, 62.
tressaillir, 72, 87.
tresse et tresser, 3.
triangle, 7.
tribulation, 16, 56, 78.
tribunal, 11, 29, 35, 59.
— et tribunaux, 35, 37.
tribunaux, 33.
tribune, 57.
tric-trac, 54, 66.
tricoter, 17, 51, 72.
trident, 47.
triompher, 72, 76.
triomphe, 44, 59.
tripe, 54.
tripes, 51, 61, 72.
tripier, 73, 90.
tripière, 29.
tripiers, 3, 9.
tripoli, 12.
tripot et tripoter, 18.
tristesse, 51, 70.
troc et troquer, 18.
trompe, 14, 25.
tromper, 17, 51.
— et tromperie, 12, 49.
tromperie, 8, 40.
trompette, 19, 81, 90,
    20, 73.
— marine, 21.
trompettes, 73.
trompeur, 53, 66.

tronc , 54 , 82.
— d'arbre, 63 , 79.
trône, 51 , 60.
trot et trotter, 53.
trotter, 10 , 19.
trou, 40 , 44, 69 , 70.
— de crabes, 36.
— d'écrevisses, 2.
— de souris, 2, 56.
— Madame et y jouer,
   7 , 71.
troubler, 51 , 72.
trouer, 24 , 67.
troupe d'hommes, 72.
— de comédiens, 1 , 42,
   75.
— de femmes, 7 , 65.
— de soldats , 12 , 25, 72.
— escadron, 17.
troupeau, 41 , 56, 89.
trousseau, 6, 71.
trousser, 51 , 84.
trouver, 23 , 72.
trouver des choses nais-
   santes, 51 , 85.
truelle, 24, 40.
truffe noire, 46 , 72.
— pomme de terre, 4.
truffes, 23 , 76.
truffier, 1.

truffière, 64.
truie, 21 , 60.
truite, 85 , 90.
truites, 2.
trumeau, 41 , 74.
tuer, 10 , 19.
— des hommes, 21.
— des animaux, 31.
— et écorcher, 66.
tuerie, 61.
tuf, 21 , 36.
tuile, 12 , 19.
tuiles, 63 , 67.
tuileries , 51.
tulipe , 6 , 67.
tulipes , 8.
tumeur, 12 , 16.
tumulte, 14, 20.
tunique, 15 , 26.
tuniques (faiseuses) de,
   17.
turban, 71 , 73 , 88.
turbulent, 66, 71.
turc et turque , 23 , 44.
turquoise, 7 , 17.
tutelle, 12 , 90.
tuteur, 13 , 76.
tutrice, 17 , 75 , 82.
tuyau, 57 , 90.
tuyaux quelconques , 55.

U et V

ULCÈRE, 15 , 57.
ulcères, 3 , 90.
uni, unie, 19 , 36.
uniforme, 3 , 23.

unir, 23 , 88.
université, 60.
urbanité, 17 , 25 , 39.
urgent, 12 , 17 , 29.

urine, 30, 45, 62.
urne, 51, 60.
uriner, 13, 30, 45, 54.
usage, 44, 72.
usance, 4, 42, 71.
user, 26, 30.
ustensile, 6, 14.
usufruit, 12, 19.
usufruitier, 19, 40.
usuraire, 17, 28, 82.
usure, 26. 59, 62, 69.
usurier, 57, 59, 69, 81.
usurière, 4, 15, 51, 90.
usurpateur, 20, 43, 81.
usurpation, 44, 80.
usurpatrice, 52, 64.
usurper, 30, 50.
utile, 4, 15, 56.
utilité, 13, 65.
vacance, 10, 14.
vacances, 10.
vacarme, 13, 16.
vache, 11, 33, 34, 77.
　　et vaches, 1, 33, 64.
vacher, 52, 53.
vachères, 31, 68.
vacherie, 3, 19.
vagabond, 20, 25, 74.
vagissement d'enfant, 1.
vaillance, 13, 50.
vaincre, 72, 76.
vaincu, vaincue, 50, 60.
vaisseau, 46, 72, 79.
— sur mer, 53.
vaisselle, 4, 47.
　　d'argent, 26, 76.
　　d'étain, 16, 32.
valet et valets, 25, 33, 56.
　　de chambre, 24, 53.

valeur, 6, 40, 61.
valise, 3, 27, 72, 80.
valises (faiseur de), 20, 37, 55.
vallée, 53, 55, 61, 66.
　　et vallon, 35, 53, 66.
vallon, 9, 11, 40.
van, 2, 15, 20.
vanner, 7, 19.
vanille, 52.
vanité, 9, 70.
vanter, 43, 72.
vapeur, 9, 84. 90.
varier, 13, 70.
varlope, 3, 71.
vase, 70, 82.
vases (faiseur de), 11.7.
　　de fleurs, 59, 82.
　　de cristal, 85.
vassal, 7, 28.
vautour, 54.
veau, 15, 26, 43, 53.
veaux, 1, 20.
veille, 11, 54, 64.
veiller, 85, 88.
　　auprès d'un mort, 37.
veine, 3, 17, 58.
veines pleines de sang, 90.
velours, 60, 53, 89.
velouter, 11, 60.
veloutier, 11.
velu, qui a beaucoup de poil, 3.
venaison, 1, 19, 82, 87.
vénalité, 3, 19.
vendange, 21, 30, 70.
vendangeur, 6, 9, 12.
vendangeurs, 12.
vendangeuses, 17, 49.

vendeur, 5.
— d'agneaux, 82.
— de bouteilles, 64.
— de châtaignes, 44.
— d'éau-de-vie, 12, 42, 85.
— d'estampes, 89.
— d'éventails, 22.
— de fleurs, 19, 59.
— de foin, 17.
— de fromage, 58, 68.
— de fruits, 58, 59.
— de fuseaux et cuillers, 61, 81, 85.
— d'images sacrées, 87, 90.
— de légumes, 80, 90.
— de sel, 11, 18, 74.
— de tisane, 78.
— de truffes noir, 47, 58.
vendeuse de fruits, 22
vendeurs et vendeuses quelconques, 10, 42, 64.
vendre, 31, 71.
vendredi, 31, 71.
vénérien, 19, 76.
veneur-grand, 10, 40.
vengeance, 9, 21, 40.
venger (se), 18, 47.
venin, 2, 17, 18.
venir, 6, 14.
vent, 51, 76, 80.
vents, 80.
vente quelconque, 6, 16, 40.
ventosité, 29, 43.
ventouse, 3, 13, 50.
ventre, 17, 76.

ventre plein, 2.
— d'un tonneau, 50.
vêpres, 9, 53.
vert, couleur, 15, 40.
verdure, 11, 31, 43, 76.
verge, 1, 17, 83.
— et verges, 1, 65, 81.
vergette, 3, 7, 16, 42.
vérificateur, 75.
vérifier, 30, 51.
vérité, 3, 14, 49.
verjus, 4, 7, 72, 86.
vermeil, 76, 81.
vermicelle, 17, 51, 58, 73.
vermillon, 3, 11, 40.
vermine quelc, 20, 66.
verni et vernis, 71.
vernis, 7, 23.
vernisseur, 9, 73.
vérole, 69, 80, 90.
— (petite), 2, 3, 70.
vérolé, vérolée, 43, 51.
verre, 44, 55, 74, 77.
— à boire, 22.
verrier, 32, 43.
verrerie, 10, 52.
verreries, 15, 35, 89.
verroux, 89.
verrouiller, 15, 37.
vers à soie, 3, 37, 72.
— de terre, 10, 13, 60.
— quelconq. 17, 63, 82.
Versailles, 6, 8.
versification, 3, 41.
versin ou de Brésil, 17.
vert-de-gris, 19, 44.
vertu, 16, 70, 82.
— et vertueux, 82.
vertueuse, 19, 76.
vésicatoire, 2, 52.

vessie, 3, 30.
— et vessies, 43.
veste, 11, 48.
vestes, 11.
vestibule, 5, 9, 78.
vêtement, 19, 47, 71.
vétéran, 17, 35.
vétille, 4, 19.
vêtir, 5, 56.
veuf, 5, 15, 36.
veuvage, 53, 76.
veuve, 18, 61, 85.
vexer, 2, 11.
viande, 80. 85.
— de porc, 28, 51.
vicariat, 86, 89.
vicaire, 6, 51, 80.
— (grand). 80.
vice, défaut, 7, 14.
— et vicieux, 57.
vice-amiral, 3, 4.
vice-chancelier, 15, 17.
vice-gérant, 52.
vice-roi, 11, 14.
vices, 57.
vicomte, 22, 51.
victoire, 45, 61, 80.
vie, 79, 85.
vieillard, 6, 26, 53, 65.
vieille, 1, 6, 26, 53, 65.
vieilles hardes, 60, 69.
vieillesse, 24.
vieillir, 41, 72.
vielle , instrument, 13,
31.
vierge, 23, 42, 74.
vieux effets, 6, 16.
— fers, 71.
souliers, 87, 90.
vif-argent, 27, 53.

vigilant, alerte, 22.
vigne, 81, 87.
vigneron, 19, 66, 78, 86.
vignes, 15, 31, 75.
vignoble, 15, 40.
vigogne, 3, 58,
village, 16, 19, 28.
villageois, 2, 17.
et villageoise. 37.
villageoise. 30. 54. 89.
vilain. 16. 35.
vilaine. 19. 39,
ville. 85. 90.
ville capitale. 34. 75.
vilebrequin. 10.
villes (plusieurs. 38.)
70. 80.
vin. 33. 70. 81.
blanc. 52. 70. 72. 79.
bon. 24. 56.
dans la cave 3.
en bouteilles dans la
cave., 4.
mauvais. 17. 67.
muscat. 3. 32. 65.
rouge , 3 7. 37. 45.
queelc. 11. 15. 21. 27.
vinaigre blanc. 8. 38.
rouge. 8. 17. 38.
vinaigrette. 6. 61. 71.
vinaigrier. 3. 18. 47. 88.
vinaigrière, 29, 53.
viol, 3, 4.
viole, instrument, 88.
violence, 4 , 7 , 50.
violer, 1, 2, 20.
violette, 65.
violon, 17, 34.
et en jouer, 16, 25.
violons, 16.

vipère , 5, 15, 25, 54, 85.
— et vipères , 5, 15, 55.
virginité, 3, 21.
visage, 15, 40, 71.
— laid, 8.
— mignon, 39.
vision , 39.
visionnaire, 31.
visite, 50, 56, 76, 82.
visiter, 60, 64.
— quelqu'un, 5, 9, 11.
vitesse, 20, 39.
vitre et vitrier, 19, 31, 77, 84.
vitrer, 74, 85.
vitres, 6.
vitrier, 19, 32, 39, 44.
vitrière, 45, 49.
vitriol, 36, 90.
vivandier, 4, 8.
vivandière, 48, 58.
vivandières, 15, 29.
vivant , 8.
rivier, 12, 34, 53, 54.
vivre , 14, 49.
vœu, 44, 55.
vœux (faire des), 2, 62.
voguer, 33, 78.
voie , 16, 73.
voile de femme, 34, 48, 51, 58.
— de religieuse, 5, 28.
— de vaisseau, 61, 73, 89.
voiler, 3, 48.
voiles (faiseur de), 38.
voir, 3, 45.
voirie, 16, 63.
voisin, 43, 87.
voisine , 43, 75.
voisiner, 45, 47, 78.

voiture, 5, 53, 72.
— et voiturer, 5.
voiturier par eau, 1, 12, 15, 51.
— par terre, 25, 66, 86.
voiturer, 53, 80.
voituriers, 44, 79.
voix, 8, 17, 72.
— charmante, 8.
vol, 41, 60.
vol, larcin, 11, 30, 52.
volage, 24, 29.
volaille, 71, 90.
volant pour jouer, 6, 36, 40, 77, 82.
volant et raquette, 45.
volant (un passe), 21, 44.
volant (un pont), 14, 41.
volatil, 13, 31, 85.
volatile, 26, 62.
volcan, 17, 71.
volée, 2, 8.
volée de coups de bâton, 15, 51.
voler (faire), 19, 30, 46.
voler des effets, 10, 11, 20, 60, 80.
voler sans ailes, 58.
voler en l'air, 6, 10, 15.
volet de fenêtre, 9, 29.
voleur, 72, 88.
voleur de grand chemin, 19, 77.
voleurs ou vols, 48.
voleuse, 8, 81.
volière, 1, 31, 82.
— d'oiseaux, 10, 55.
volontaire, 74, 80.
volonté, 3, 7.
volte, 12, 21, 75.

volter, 1, 19, 46.
voltiger, 74, 86.
voltigeur de corde, 20, 32, 55.
voltigeuse de corde, 32, 55.
volubilité, 5. 27, 72.
volume, grandeur, 13, 31.
— livre, 20.
volupté, 3, 6.
voluptueux, 15, 51, 86.
voluptueuse, 18, 64, 78.
vomir, 11, 36, 50.
— et vomissement, 36.
— des injures, 12, 43.
vomitif, 16, 61.
voracité, 2, 9, 38.
vouer, 79.
vouloir, 3, 51.
— du bien, 3, 17.
— du mal à quelqu'un, 25, 52.

voûte, 4, 15, 60.
— céleste, 6, 12, 33.
voûter, 44, 72.
voyage, 3, 17.
— et voyager, 22, 77.
— des Indes, 50.
— par mer, 64.
— par terre, 19, 87.
voyager, 70, 89.
voyageur en pélerinage, 73.
vraisemblance, 36, 63.
vrille, 23, 79.
vue, 3, 4, 20, 32, 75.
vidange, 66, 82.
vidangeur, 5, 9, 46, 90.
vider, 6, 16, 71, 79.
— (se), 45, 75.
videur de pots de nuit, 27.
vulgaire, 1, 15, 33.
vulgairement, 26, 62.
vulnéraire, 40, 89.

Y

Yeuse chêne, 5, 61.
yeux, 17, 24, 76.

yvresse, 29, 34.
yvrogne, 66.

Z

Zèdre, animal, 4, 32.
zélateur, 14, 29.
zélé, zélée, 3, 17, 71.
zéphir, 8, 70, 90.
zeste d'une noix, 9, 47.
zéro, 6, 61, 65, 80.

zibeline, 3, 19.
zigzag, 5, 12, 21, 55.
zinc, métal, 19, 74.
zizanie, 25, 52.
zodiaque, 12, 48, 87.
zône, 3, 33, 90.

INTERPRÉTATION,

*Ou explication des songes, disposés par ordre alpha-
bétique, pour ceux qui jouent à la Loterie, et pour
choisir les numéros.*

Les Egyptiens, Chaldéens et autres nations ancien-
nes, avaient une si grande foi et vénération pour les
Songes, qu'à peine éveillés, ils n'avaient de plus
grand empressement que d'aller chez le Devin,
pour se les faire expliquer.

Plusieurs auteurs ont traité cette matière avec
tant d'obscurité et de confusion, qu'on a eu de la
peine à les comprendre. Nous avons fait un abrégé
par ordre alphabétique, pour donner quelque règle
dans l'explication des Songes. Ceux que l'on a eus au
commencement du sommeil, lorsqu'on est encore
agité du travail du jour, ou par les vapeurs qui
montent au cerveau, s'appellent insomnies, et ne
méritent aucune attention.

On appelle Songes ceux que l'on fait après la digestion, lorsqu'on a bien dormi, et que les esprits
sont tranquilles. Mais, à vrai dire, on ne devrait
point ajouter foi aux Songes, parce que, *de futuris
contingentibus nulla est determinata veritas*, ce qui
n'empêche pourtant pas que chacun ne puisse tenter fortune, en consultant ses propres Songes. Et
pourqu'on puisse les consulter par soi-même, nous
avons jugé à propos d'en faire imprimer un grand
nombre par ordre alphabétique ; et l'explication des
Songes est insérée avec leurs numéros dans la table
ci-devant.

A

Allumer la chandelle, signifie allégresse, 12, 43.
Abeilles qui entrent dans la maison, signifie dommage, 14, 17, 34, 47,
Abeilles prendre avec leurs ruches, signifie gain, d'ennemis, 3, 80.
Adultère commettre, signifie scandale donné, 34, 61.
Agneaux voir paître, signifie peur ou dormir, 35, 57.
Aller à la fontaine, signifie, allégresse, 41, 76.
Aller à l'église, signifie allégresse, 5, 49.
Aller bon matin, signifie gain, 17, 80.
Ane qui brai, signifie fatigue, 13, 14, 33.
Arbre coupé voir, signifie dommage, 6, 23, 70.
Arbre sec voir, signifie dommage, 29, 70.
Arbre voir, signifie allégresse, 10, 45.
Arbre voir fleurir, signifie allégresse, 10, 30, 49.
Arbre voir sans fruit, signifie bien, 29, 81.
Argent manier, signifie colère, 5, 6, 18.
Armés des gens, signifie ennui, 9, 51.
Assemblés des gens, signifie fatigue, 15, 22.
Autel détruit, signifie tristesse, 31, 51, 86.
Avoir agneaux sur la tête, signifie bon augure, 35, 57.
Avoir à la tête couronne d'or, signifie procès, 16, 80.
Avoir ceinture d'argent, signifie gain, 47, 70.
Avoir ceinture d'or, signifie bien, 38, 47, 90.
Avoir chevreaux ou agneaux, signifie consolation, 57, 72.
Avoir des bœufs, signifie gain, 54, 80.
Avoir des chevaux, signifie bon augure, 35, 68.
Avoir des moutons, signifie abondance, 2, 90.
Avoir des poux, signifie honte et pauvreté, 2, 16.
Avoir du sel, signifie silence, 10, 15.
Avoir le corps robuste, signifie pouvoir, 3, 41.
Avoir souliers neufs, signifie gain, 28, 56, 90.
Avoir un bâton, signifie tristesse, 36, 51.

Avoir un chien, signifiie fidélité domestique, 36, 37.
Avoir du vin, signifie effusion de sang, 11, 33.
Avoir de beaux habits, signifie abondance, 23, 64.
Assoupir les procès, sign. paix avec des amis, 1, 62.

B.

Boiter, signifie paresse, 42, 81.
Brûler voir le ciel, signifie changement, 6, 14, 55.
Bâton ou verge avoir en marchant, signifie infir-
   mité, 36, 67.
Barbe longue voir, signifie gain, 43, 80.
Barbe nue ou sans barbe, signifie richesse, 37, 72.
Barbe petite, signifie grand procès, 26, 72.
Barbe noire, signifie recevoir dommage, 29, 70.
Barbe grise, signifie ennui, 14, 51.
Barbe se laver, signifie avidité, 13, 21, 66.
Barbe rousse, signifie péché, 4, 15.
Barbe longue, signifie allégresse, 44, 61.
Barbe se croire avoir, signifie dommage, 29, 60.
Baiser un mort, signifiie longue vie, 31, 45, 56.
Boire sans vin, signifie infirmité, 42, 77.
Boire vin blanc, signifie allégresse, 33, 49.
Bête qui court, signifie tribulation, 16, 37.
Bête voir sauter, signifie inquiétude, 2, 33, 81.
Bénéfice faire, signifie allégresse, 66. 80.
Bénir te voir, signifie allégresse, 61, 86.
Boucs ou moutons voir, signifie abondance, 2, 90.
Bras joli avoir, signifie amitié. 18. 63.
Bœufs gras voir, signifie beau temps. 17. 50.
Bœufs voir dormir, signifie mauvais temps, 11. 54.
Bœufs qui montent, signifie mal. 1. 4.
Bœufs blans qui sautent, signifie honneur, 10. 64.
Bœufs noirs, signifie périls, 51, 82.
Bœufs sans cornes voir, signifie être sauvé des en-
   nemis, 7, 15.
Bœufs maigres, signifie disette, 7, 9.
Bœufs voir labourer, signifie gain, 25, 80.
Bœufs qui se battent, signifie inimitié, 12, 19.
Bras sale avoir, signifie misère, 18, 39, 50.

Bras menu avoir, signifie bonne grâce ; 3 , 58.

Belle avec se une voir, signifie tentation, 6 , 40.

Braque où chiens voir se battre, signifie se défendre des ennemis ; 19 , 42 , 53.

Bêtes à quatre pieds se battre, sign. infirmité, 22, 67.

Bâtir église et autels, signifie allégresse, 5 , 50 , 51.

Brebis entre elles se battre, signifie mal , 1 , 11 , 14

C

CHEVEUX qui tombent de la tête, signifie perte d'amis, 1 , 63.

Cheveux arracher ou couper, signifie perte d'amis, 28 , 40.

Chévre blanche voir, signifie gain, 10 , 20.

Chien avoir, signifie compagnie, 11 , 36.

Chair , signifie fatigue , 13 , 18.

Chair bouillie manger, signifie mélancolie, 32 , 46.

Chair rôtie manger, signifie gain ; 18 , 80.

Châtaignes avoir, signifie allégresse, 55 , 61.

Chanteuse voir, signifie pleurs , 30 ; 45.

Charbons allumés voir, signifie garde-toi des ennemis, 15 , 17.

Ciel enflammé voir, signifie gros gain, 12, 70, 80.

Ciel brillant voir , signifie humanité ; 4 , 40.

Ciel étoilé voir, signifie vérité apparente, 3 , 55.

Citerne dedans tomber , signifie calomnie , 63 , 67.

Cavalier qui descend de cheval, sign. poste, 33 , 87.

Colonne de maison tomber, sign. mort, 5 , 34 , 36.

Clef avoir, signifie colère , 6 , 77.

Cartel avoir, signifie sécurité, 72.

Charbon manger, signifie dommage, 9 , 15.

Chevaux blancs monter, signifie bien , 10 , 68.

Chevaux noirs monter, signifie mortification, 24 , 42.

Chevaux gros monter, sign. être endommagé ; 10 , 68.

Chevaux ombrageux voir, signifie finir ses affaires, 6, 24.

Chevaux voirs châtrer , signifie accuser à tort, 29 , 98.

Charrettes ou roues voir, signifie infirmités, 35 , 90.

Chandeliers luisans , signifie prison, 61 , 71.

Chambre garnie, signifie travail, 35, 47,
Couronne avoir, signifie dignité, 62, 80.
Compter de l'argent, signifie gain, 90.
Courir vite, signifie bonne fortune, 20, 37.
Courir nu, signifie trompé par ses parens, 18, 37.
Courir ne pas pouvoir, signifie infirme, 7, 40.
Corbeaux voir, signifie tentation, 2, 40.
Corbeaux voir voler, signifie péril de mort, 17, 20.
Combattre avec des savans, signifie punition des en-
    nemis, 29.
Chausses ou souliers avoir, signifie gain, 80, 90.
Chien avec badiner, signifie dommage, 14, 36.
Cueillir des olives, signifie gain, 14, 17.
Cueillir des pois, signifie contestation, 14, 41.
Confitures manger, signifie tromperie, 5, 65.
Coq entendre chanter, sign. bonne nouvelle, 45, 82.
Coucher avec des filles, signifie assurance, 11, 72,
Compter le monde, signifie dignité, 17, 90.
Calmer ceux qui se querellent, signifie colère, 51, 65.
Couper la barbe, signifie dommage, 12, 21.
Criminel voir, signifie beaucoup de personnes qui
    doivent mourir, 12, 45.
Couper des arbres, signifie mal, 21, 40.

D

Dieu avec parler, signifie allégresse, 8, 14.
Des grands être assaillis, signifie bonheur, 12, 35.
Des bêtes être inquiété, signifie péril, 9, 33.
Des serpens être inquiété, signifie accusation d'en-
    nemis, 55, 81.
De son adversaire être pris, sign. passe-temps, 14, 30.
De chariot descendre, signifie perdre les honneurs,
    27, 38.
Du pont tomber, signifie folie, 63, 68.
Des médecins se voir visiter, signifie gain, 16, 56.
Donner quelque chose aux morts, signifie dommage,
    2, 45.
Dans la barque entrer, signifie voyage, 15, 21.
Dents tomber, signifie mort des ennemis, 35, 78.

(184)

Dents qui tombent et font mal, signifie mort de
     père et mère, 1, 6, 50, 58.
Descendre l'escalier ou y arriver, signifie gain et
     allégresse, 13, 26.
Dragon voir, signifie allégresse, 19, 51.
Dans le temple être, signifie bien, 6, 77.
Dans l'eau claire tomber, signifie allégresse, 26, 78.
Dans le bain te voir, signifie avidité, 3, 16.
Dans l'église te voir, signifie allégresse, 3, 70, 84.
Dans le fleuve marcher, signifie rebellion, 6, 54.
Dans la prison te voir, signifie envie, 47, 71.
Dans la mer être lavé, signifie honneur, 66, 80.
Dans un monument te voir, signifie périls, 5, 35.
Dans le lit coucher te voir, signifie périls, 11, 49.
Dans le feu te voir jeter, signifie colère, 2, 14.
Dans un palais aller, signifie avidité, 7, 15.
Dans la terre être enseveli, sign. mélancolie, 16, 49.
Dans un petit navire entrer, sign. infirmité, 10, 53.
Dans le fleuve te noyer, signifie gain, 30, 64.

E

Eau chaude voir, signifie infirmité, 7, 32.
Eau puante voir, signifie maladie, 61, 85.
Ennemis avec toi parler, sign. prendre garde, 6, 12.
Etre abandonné des grands hommes, signifie allé-
     gresse, 19, 25.
Etre prêt à toute chose, signifie troupe d'ennemis,
     9, 33.
Etre inquiété de quelque bête, sign. de même, 5, 33.
Etre habillé de blanc, signifie allégresse, 10, 20.
Etre troublé du mauvais temps, sign. piége, 11, 51.
Etre fait oiseau, sign. changement de lieu, 45, 76.
Etre pris de ses ennemis, sign. empêchement, 12, 30.
Etre marié, signifie ennui, 20. 87.
Etre banni, signifie changement, 26. 56.
Etre aveugle, signifie quelque délit, 6, 21.
Etre inquiété d'un chien, signifie inquiétude d'enne-
     mis, 32, 56.
Etre sans tête, signifie infirmité, 6, 9.

Etre frappé d'un coup de fer, signifie désavantage,
    19, 71.
Etre enseveli, signifie mélancolie, 7, 46.
Etre submergé dans la mer, signifie travail, 80, 90.
Etre habillé de plusieurs couleurs, signifie tristesse,
    18, 20.
Etre taché dans l'habillement, signifie mélancolie,
    12, 81.
Etre fou, signifie allégresse, 6, 60.
Etre ivre, signifie folie, 29, 34.
Etre emplâtré d'œufs, signifie persécution des enne-
    mis, 4, 15, 77.
Etre offensé par un loup, signifie tromperie des
    ennemis, 3, 21.
Etre couronné d'os de mort, signifie mort, 45, 80.
Etre perché sur un arbre, signifie bonne nouvelle,
    10, 24.
Etre tranquille, signifie être persécuté, 5, 11.
Epervier prendre, signifie gain, 17, 44.

F

Femmes en couches voir, signifie allégresse, 27, 33.
Fêtes voir, signifie allégresse, 52, 63.
Farine voir brûler, signifie dommage, 14, 66.
Farine belle voir, signifie mort de quelqu'un, 41, 63.
Fortune avoir, signifie chagrin, 10, 90.
Faire un bain, signifie siége, 16, 25.
Faire mariage, signifie temps bien heureux, 52, 63.
Faire ou avoir la guerre, signifie persécution, 25, 51.
Faire le voyage à pied, sign. prendre femme, 3, 16.
Faire des onguens, signifie angoisse, 24, 25.
Faire vent, signifie de même, 51, 76.
Faire testament, signifie interprétation, 17, 52.
Fille belle voir, signifie bonne fortune, 3, 11.
Faire bien aux morts, signifie gain, 45, 50.
Fleuve trouble passer, signifie travail, 6, 61.
Fleuve qui déborde dans la maison, sign. gain, 19, 66.
Femmes plusieurs voir, signifie mortification, 1, 72.
Fleurs voir et cueillir, signifie gain, 14, 27.

24

Femme nue voir, signifie mort de quelqu'un, 35, 39.
Femme voir ou prendre, signifie changer de place,
    17, 34.
Femmes belles voir, signifie tentation, 6, 29.
Froment mesurer, signifie infirmité, 16, 68.
Four brûler voir, signifie changement, 7, 14.
Fontaine claire voir, signifie abondance, 14, 41.
Fontaines troubles voir, sign. effusion de sang, 61, 76.
Flèches décocher, signifie dégoût, 6, 45.
Faire des filles épouses, signifie dommage, 11, 63.

G

GRENIER voir, signifie tentation, 1, 18.
Goûter des confitures ou des choses douces, signifie
    tromperies, 10, 30.
Gladiateur ou homicide voir, sign. de même, 48, 50.

H

HABITER la campagne, signifie persécution dans le
    bien, 14, 65.
Hallebardes ou piques avoir, sign. guerre, 46, 80.
Habiter avec les princes, signifie pouvoir, 14, 31.
Homme tuer voir, signifie assurance, 3, 10.
Homme habillé de blanc voir, signifie bien, 19, 26.
Hymnes chanter, signifie infirmité, 21, 60.
Huile répandue sur toi, signifie gain, 30, 40.
Huile répandue par terre, sign. dommage, 37, 42.

I

INCENDIE voir, signifie péril, 3, 30.
Infirme voir, signifie tristesse, 45, 80.
Jardin faire ou voir, signifie bien, 5, 52.
Jouer avec les chiens, signifie gourmandise, 22, 81.
Jupe blanche voir, signifie goût, 7, 10.

L

Lie de vin voir, sign. infortune, 72 , 86.
Laver les mains, sign. travail, 35 , 66.
Laver la barbe, sign. propreté, 21 , 66.
Laver les pieds , sign. avidité, 1 , 84.
Lampe allumée, sign. passion et peine , 13, 68.
Lire des livres , sign. des choses naissantes, 14 , 38.
Lire des écritures , sign. bonne fortune , 14 , 26.
Lit bien accommodé , sign. fermeté d'ame , 49 , 64.
La mort voir, sign. gain, 3 , 45.
La mère voir morte , sign. mal , 1 , 50.
Lion voir courir, sign. folie, 24, 37.
Lettres à prendre , sign. allégresse, 4 , 73.
Lard manger, sign. compagnie , 41.
Lier voir, sign. embarras, 20, 31.
Lampe voir, sign. éloignement de négoce, 45 , 68.
Lumière voir, sign. bon message, 3, 44.
Lune blanche voir, sign. passion et peine, 6 , 26.
Lune obscure, voir sign. passion, 6, 56.
Lune nouvelle voir, sign. débit de marchandises, 6,
    33.
Lune ordinaire voir, sign. se préserver des tromperie, 6, 53.
Le matin se regarder, sign. infirmité, 17, 53.
Lever une pierre, sign. mélancolie, 2, 66.

M

Monter en chaire, sign. être honoré, 12, 17.
Mouillé te voir, sign. colère, 25, 45.
Maison voir bâtir, sign. guerre, 3, 62.
Maison voir établir, sign. consolation, 1, 66.
Maison voir brûler, sign. scandale, 14, 66.
Marcher promptement, sign. être soigneux, 12, 83.
Manger chair rôtie, sign. sécurité, 9, 29.
Manger des charbons, sign. être trompé, 7.
Manger de l'argent, sign. dommage, 9, 47.
Manger des saucisses, sign. joie, 9, 16.

Manger du beurre, sign. se haïr avec ses parens, 9, 31.
Manger du lard, sign. vaincre ses ennemis, 9, 14.
Manger des herbes, sign. pauvreté, 17, 60.
Manger du pain, sign. longue vie, 17, 50.
Manger du pain blanc, sign. gain, 17, 60.
Manger du pain noir, sign. mal, 17, 51.
Manger des pommes, sign. colère et dédain, 9, 13.
Manger sur la terre, sign. courroux, 9, 26.
Manger avec sa sœur, sign. péril, 6, 9.
Manger avec sa mère, sign. obéissance, 9, 56.
Mariage avec sa sœur, sign. folie, 5, 65.
Mariage avec une pucelle, sign. miracle, 12, 82.
Mariage fait avec une veuve, sign. gain, 4, 65.
Mer trouble voir, sign. mal, 31, 80.
Mer claire voir, sign. bien, 69, 80.
Mer calme voir, sign. choses perdues, 42, 80.
Mettre un manteau, sig. dignité, 8, 44.
Moine te voir faire, sign. extrémité et folie, 57, 52.
Mule porter voir, sign. augmentation de commerce, 2,
    12, 15.
Monter l'escalier, sign. honneur, 13, 17.
Marcher sur les pierres, sign. mal, 7, 47.

N

Naviguer voir, sign. empéchem. à sa liberté, 45, 66.
Navire avec bourasque, sign. travail, 53, 58.
Navire voir naviguer, sign. bon ménage, 53, 72.
Naître te voir, sig. bonne fortune, 41, 60.
Négocier avec ses marchands, sign. élévation, 6, 40.
Nids d'oiseaux trouver, sign. bonne chose, 55, 80.
Nuée voir, sign. dissension, 12, 14.
Nu te voir, sign. fatigue, 3, 18.
Nourrir des animaux, sign. richesse, 12, 22.

O

Offrir des présens, sign. être trompé, 74, 90.
Ours qui assaille, sign. persécution des ennemis, 7, 26.
Orge manier, sign. allégresse, 15, 31.

Or et argent trouver, sign. bien, 23, 38.
OEuf blanc, Idem, 10, 25.
OEuf cassé, sign. mal, 75, 85.
Or manier, sign. colère, 15, 38.
Oiseau se becqueter, sign. tentation, 18, 49.
Oiseau prendre, sign. gain, 18, 73.
Oiseau qui vole sur toi, sign. mal, 18, 24.

P

Putain avec toi, sign. déshonneur, 12, 51.
Philosophe avec parler, sign. tromperie, 6, 48.
Parler avec les morts, sign. longue vie, 6, 50.
Puanteur sentir, sign. douleur, 13, 17.
Poule avec ses poussins, sign. gain, 11, 46.
Piques porter, sign. assurance, 7, 14.
Piques rompre, sign. fatigue, 7, 21.
Pain manger, sign. bien, 22.
Palmes recevoir, sign. honneur, 11, 64.
Palais fréquenter, sign. inquiétude, 14, 15.
Palais grands voir, sign. détriment, 59, 81.
Parler avec la mort, sign. bonne nouvelle, 5, 6.
Passer le pont, sign. travail, 41, 68.
Parler avec des bêtes, sign. mal, 6, 33.
Perdre le nez, sign. fornication, 16, 70, 80.
Perdre les souliers, sign. pauvreté, 16, 28.
Perdre le cheval, sign. mort d'amis, 16, 24.
Poisson voir naître, sign. pluie, 31, 41.
Poisson gros voir, sign. allégresse, 17, 32.
Pièce laver, sign. empêchement, 66, 71.
Pleurésie avoir, sign. infirmité, 22, 71.
Pont rompu passer, sign. pleurs, 10, 68.
Poulet entendre chanter, sign. allégresse, 52, 60.
Prendre du tabac, sign. délassement, 42, 70.

Q

Quantité de lumières voir, sign. gain, 13, 44, 61.
Quadran regarder, sign. incertitude, 23, 90.

R

RACINES voir ou manger, sign. discorde, 3, 23.
Roi voir, sign. joie, 45, 76.
Roi voir mourir, sign. dommage, 72, 76.
Roses cueillir, sign. bien, 14, 56.
Recevoir un anneau, sign. sécurité, 11, 26.
Recevoir quelque régal, sign. bien à la maison, 11, 15.
Rire avec des amis, sign. inimitié, 16, 22.

S

SAUTER dans l'eau, sign. persécution, 2, 32.
Sang qui sort du corps, sign. contraste, 11, 90.
Sang perdre voir, sign. douleur de tête et de corps,
    11, 18.
Sergent qui vient contre toi, sign. embûches, 6, 30.
Sang beaucoup voir, sign. dommage, 11, 61.
Serpent tuer, sign. séparation des ennemis, 19, 88.
Sépulture voir, sign. travail, 3, 5, 36.
Sépulture dedans tomber, sign. chagrin, 5, 63.
Sentir douleur au cœur, sign. maladie et péril, 2, 16.
Statue voir, sign. tristesse, 3, 55.
Soufre voir, sign. être empoisonné, 45, 86.
Souliers neufs, avoir, sign. gain, 28, 60.
Soleil trouble, sign. guerre, 1, 51.
Sur le bois être, sign. longue vie, 6, 24.

T

TUER des oiseaux, sign. dommage, 10, 76.
Tuer des abeilles, Idem. 10, 80.
Tetons pleins de lait, sign. gain, 2, 28, 60.
Toucher du clavecin, sign. contraste, 9, 75.
Table voir tomber, sign. allégresse, 63, 88.
Trouver de l'or, sign. ennui, 23, 38.
Trouver un arbre, sign. perte, 23, 65.
Tirer aux oiseaux, sign. que tes ennemis t'assail-
    lent, 64, 76.

Trouver quelqu'un nu, sign. trouver un négoce, 23,
  30.
Traverser un fleuve, sign. sécurité, 30, 41.
Testament faire, sign. mal, 17, 52.
Ténèbres voir, sign. infirmité, 45, 72.
Tourmenter te voir de la justice, sign. futures amours,
  32, 70.
Tête à cheveux longs, sign. virginité, 9, 28.
Tête rasée, sign. tromperie, 9, 23.
Tête blanche voir, sign. allégresse, 9, 26.
Tête te voir laver, sign. dommage, 9, 66.
Table servie, sign. abondance, 44, 75.
Te voir créancier d'autrui, sign. perte, 20, 45.
Te voir enveloppé d'un linceul, sign. mort, 2, 81.

V

Visage beau voir, sign. honneur ou longue vie, 14,
  15.
Voir venir contre toi des hommes armés, sign. tour-
  ment, 7, 83.
Voir des armes, sign. recevoir des honneurs, 45, 83.
Voir brûler, sign. pleurs, 14, 76.
Voir danser, sign. infirmité, 3, 40.
Voir brûler le feu, sign. dissipation de bien, 15, 31.
Voir venir du monde chez toi, sign. larme, 6, 90.
Voir de l'eau au-dessus de toi, sign. bien, 32, 34.
Voir des bœufs, sign. paix, 3, 54.
Voir des roses, sign. allégresse, 56, 80.
Voir courir, sign. Idem, 37, 46.
Voir des cerfs, sign. gain, 12, 60.
Voir des chameaux, sign. richesse, 66, 74.
Voir des corps qui tombent, sign. infirmité, 18, 63.
Voir des champignons, sign. longue vie, 6, 66.
Voir frères et sœurs, sign. gain, 6, 74.
Voir des fantômes, sign. travaux, 2, 19.
Voir du feu, sign. grands périls, 14, 20.
Voir se jeter dans le feu, sign. colère, 16, 20.
Voir le loup, sign. ne pouvoir parler, 21, 43.
Voir de la neige, sign. bonne nouvelle, 41, 70.

Voir des filles , signifie, pluie , 5 , 90.
Voir des oies , sign. honneurs , 3 , 63.
Voir les ténèbres , sign. infirmités , 36 , 40.
Voir des habits , sign. misère , 23 , 31.
Voir femme noire , sign. maladie , 54 , 76.
Voir femme blanche , sign. délibération , 26 , 27.
Voir mourir , sign. abandonné , 72 , 80.
Voir une éclipse de soleil , sign. puissance , 1 , 26.
Voir une éclipse de lune , sign. obscurité , 6 , 26.

EXPLICATION

DE LA FIGURE PENTAGONE

CI-CONTRE.

Commencez par le dernier extrait tel qu'il est noté dans l'angle A; ensuite dans l'angle B, le quatrième extrait; dans l'endroit de l'angle D, le troisième extrait; ensuite dans l'angle C, le deuxième extrait; et finalement dans l'angle supérieur E, le premier extrait. Cela fait, formez le numéro A, avec le correspondant B et C; ensuite le numéro C, avec le correspondant; A et D ensuite le numéro C, avec le correspondant D, et avec la somme A et B; ensuite le numéro D, avec le numéro correspondant C, et avec la susdite somme; divisant et multipliant le produit avec le numéro supérieur E, vous trouverez le plus souvent trois nombres.

FIGURE PANTAGONE.

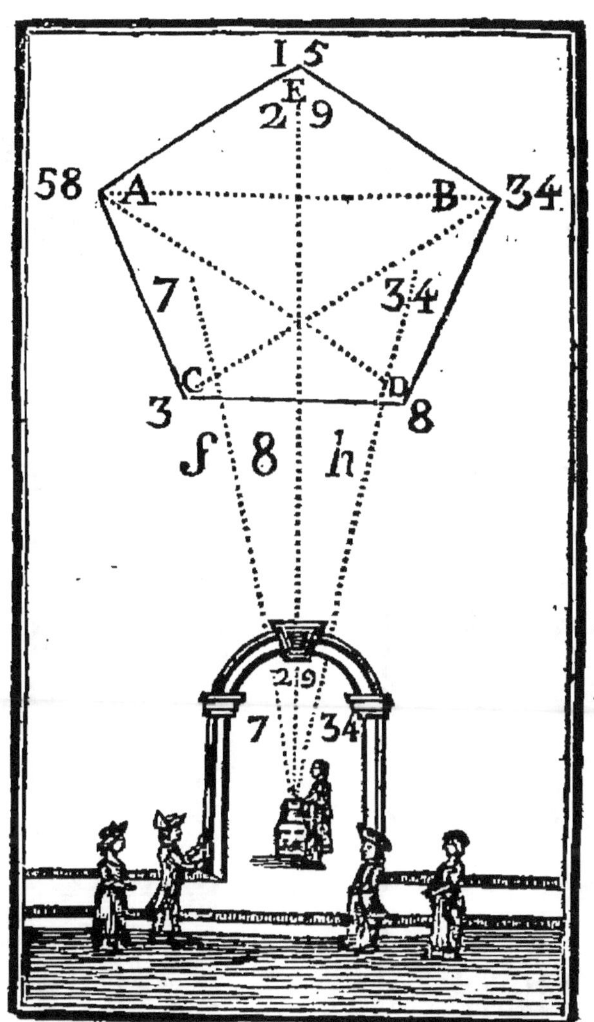

Temple de la fortune.

Le Soleil.

3

Tonneaux de vin

en cave.

5

La Sépulture.

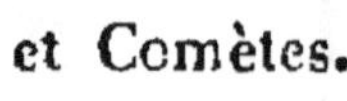

Garde de nuit.

4

Étoiles

et Comètes.

6

La Lune.

7

Le Chien et

l'Ours

8

Une paire

de Ciseaux.

9

L'Échanson

ou Garde-Buffet.

10

Le Canon

et les Boulets.

11

La Ratière.

12

Le Chapelier.

13

La Chandelle.

allumée.

14

Le Sommeiller.

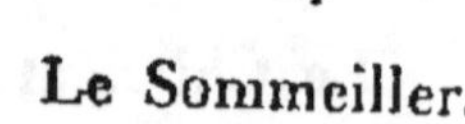

15

Le Moulin.

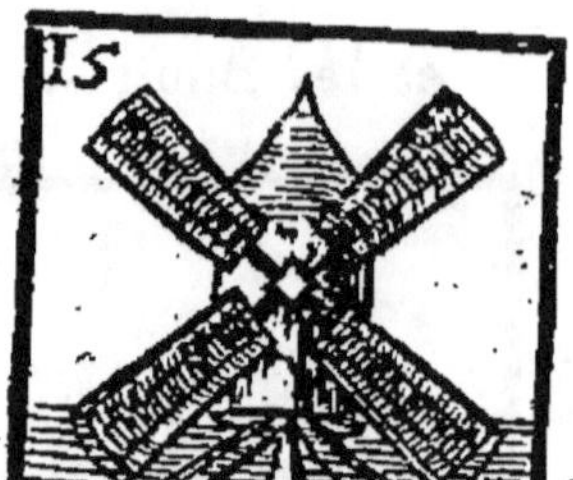

16

Le Peintre.

17

La Paix.

18

Musiciens ambu-

lants.

19

Le Fendeur.

de bois.

20

Le Boulanger

21

Le Barbier.

22

Le Remouleur.

23

Le Tisserand.

24

La garde du jour.

Le Laboureur.

La diseuse

de bonne fortune.

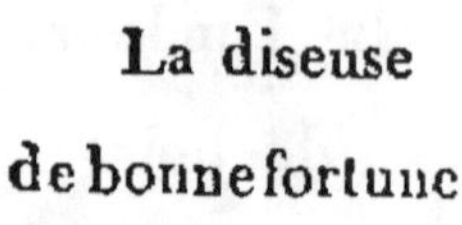

27

Le Coffretier.

28

Le Tailleur.

29

Un champ de

bataille.

3o

Le Maçon.

31

Le Farinier.

32

La Sentinelle.

33

La religieuse et le

Valet.

34

Le Charon.

35

L'Orfèvre.

36

La Pharmacie

et l'Apothicaire.

Le Savetier.

39

La Justice.

41

Le Pêcheur à la
ligne.

L'Exercice du
drapeau.

40

Le Cabaret.

42

Le Bureau de
Tabac.

43

Les Dames au
balcon.

44

Le marchand
de chataignes.

45

La Lavandière.

46

Un Charriot
de vin.

47

Une Tour ou fort.

48

Le Maître d'armes.

49

La Maquerelle

et l'amoureuse.

5o

L'anguille dans

l'eau.

51

Le Cocher sur le

siege.

52

Le Jardinier au

jardin.

53

Une Galère ou

Vaisseaux.

54

Des Bœufs dormans.

55

Deux serpens
ou vipères.

56

Le Taureau en
furie.

57

Le Berger et les
Brebis.

58

Le vendeur de
fruits.

59

Vases de fleurs.

60

Un cerf qui court.

Le Chasseur

qui tire.

L'Imprimeur

d'estampes.

6 3

Les nouveaux

mariés.

6 4

Le Palmier et

l'olivier.

65

Le Chien et le Chat.

6 6

Une Maison neuve.

67

Tirer l'eau du puits.

69

Le sanglier dans

le bois.

71

Le vendeur de

ferraille.

68

Un Pont.

70

Le Palais Royal.

72

Les Joueurs

de boules.

73

L'Hôpital et les lits.

74

La Grotte

75

Le Pélerin et le

Suisse.

76

La Fontaine.

77

Une Vache

sauvage.

78

Le vendeur

d'eau fraiche.

79

Le Forgeron.

80

Le Courrier
et le postillon.

81

Les Joueurs de
cartes.

82

Le Vendeur
d'Huile.

83

Des pommes de pins

84

L'Églis et le clocher

Le Vendeur
de Cuillers à pot.

86

Le Vigueron
taillant la vigne.

87

La Boutique
de Boîtes.

88

Le Patissier.

89

L'Envie.

90

La Fortune.

NOUVEAUX RÊVES,

CURIEUX ET INTÉRESSANS

DÉCOUVERTS PAR OROMASIS,

DIT CAGLIOSTRO,

Et l'application qu'il en fait aux quatre-vingt-dix numéros
de la Loterie, par ordre alphabétique.

A

Rêver d'abbés, 7.
Voir un abreuvoir, 14.
— des abricots, 2.
— l'adresse d'une lettre et la lire, 18.
— des affiches, 15.
Amandes qu'on voit, ou qu'on mange, 11.
Voir un ami, 9.
— des amans, 10.
Voir ou manger anguilles, 8.
— de la morue, 9.

Voir un ange, 1.
— de l'argent, 3.
— une arme, ou armée, 4.
Voir ou manger des asperges, 5.
— des assiettes, 12.
— une auberge, ou qu'on y couche, 17.
Voir un autel, 6.
— un ou des aveugles, 16.
Voir de l'avoine, 13.

B

Voir un bain, ou se baigner, 31.
— des balances, 22.
— des bas, 28.

Voir un bâtiment neuf, 23.
— des bécasses, 19.
— des biches, 21.
— une bibliothèque, 24.

27

Voir un bonnet, 33.
— un billard, 26.
— des bœufs, 30.
— le ciel en feu, 9.
— un boulanger, ou sa boutique, 29.

Voir une boutique de bijoutier, 20.
Rêver de brûlure, ou qu'on se brûle, ou qu'on voit le feu quelque part, 27.

C

Voir un capucin, 45.
— un carrosse, ou une voiture quelconque, 39.
— des cartes, 50.
— des chandelles, 75.
— ou manger des champignons, 46.
Rêver qu'on chante, 47.
Voir un char, 49.
— un ou des chasseurs, 34.
— un chat, 48.
— un chaudron, ou un chaudronnier, 35.
— un cheval, ou des chevaux, 41.
— un chien, 51.

Voir un chirurgien 38.
— des choux, 52.
— des clefs, 40.
— ou entendre sonner des cloches, 37.
— des colimaçons, 77.
— un coq, 55.
— la comédie, 43.
— une couronne, 53.
— un courrier, 42.
Voir ou être dans un couvent, 56.
Voir une croix, 44.
— une cuisine, 54.
— un château, 59.
— une glace, 45.
— une pucelle, 1.

D

Rêver qu'on danse, ou qu'on voit danser, 58.
Voir des diamans, 57.

Voir des dents, ou arracher des dents, 59.
Voir des daims, 70.

E

Voir des éclairs, 62.
— un égout, 60.

Voir des esturgeons, 1
— des esclaves, 63.

F

Rêver qu'on se met du fard, ou qu'on en voit mettre, 68.
Voir des fleurs, 65.

Voir une fontaine, 66.
— une forêt, 67.
— des fruits, 73.
— des fromages, 36.

G

Voir, ou marcher sur la glace, 69.

Rêver que l'on est aux galères, 59.

H

Voir une hache, 64.
— un hermite, 70.
— des hommes se battre, 61.

Voir une horloge, 71.
— des hallebardes, 26.
Rêver qu'on mange des huîtres, 72.

J

Voir un ou plusieurs juges, 74.

Voir des janissaires, 5.
— des joûtes, 50.

L

Voir des lauriers, 78.
Voir des loups-garous, 36.

Voir un lion, 76.
Voir une lionne avec ses petits, 69.

M

Rêver de mariage, ou qu'on se marie, 83.
Voir des marionnettes, 35.
Voir des moutons, 79.

Voir la mer, 80.
Voir un moulin, 81.
Voir un miroir, ou se mirer, 82.
Voir un muscadin, 46.

N

Voir des nids d'oiseaux, 84.

Voir des noisetiers et des noisettes, 86.

P

Rêver qu'il pleut, 89.
Rêver de pain, ou qu'on mange du pain, 25.
Voir des poissons, 86.

Voir des poires ou des pommes, 87.
Voir des poulets, 90.
Voir une potence, 18.

R

Voir des rats, 88.
Voir des raisins, 33.

Voir des renards, 59.
Voir un rossignol, 29.

S

Voir des savates, 5.
Voir des sorciers, 22.

Voir des souliers, 56.
Voir des souris, 85.

V

Voir de la viande de boucherie, 32.

Voir, ou sentir la venaison, 3g.

CABALES GÉNÉRALES

DE LA

LOTERIE ROYALE

DE FRANCE

Et autres Loteries composées de quatre-vingt-dix Numéros.

CABALES PERPÉTUELLES

POUR CHAQUE MOIS DE L'ANNÉE,

Et manière d'en faire usage.

POUR se servir avantageusement des cabales perpétuelles ci-après, il faut, avec les chiffres qui les composent, former tous les numéros qu'il est possible d'en former, en unissant chaque chiffre en particulier avec chacun des autres; commençant par le premier, et successivement, sans en oublier aucun. Cela fait, on choisit parmi ces numéros ceux sur lesquels on fonde le plus d'espérance, soit par les rêves qu'on a faits et qui les désignent, soit par le bonheur dont jouissent ces numéros et leur facilité à sortir de la roue de fortune, soit par le grand retard où ils sont de paraître à leur tour, étant rappelés à grands cris par la voix du hasard qui tend toujours à ramener l'uniformité en toute chose. Avec cette méthode, on ne peut éviter de gagner à la loterie, ainsi qu'on le verra bien clairement par les exemples qui seront placés à la suite de ces cabales.

JANVIER.

4 3 2
7 5
2

JUILLET.

4 2 8
6 0
7

FÉVRIER.

2 5 3
7 8
5

AOUT.

2 3 5
5 8
3

MARS.

1 5 6
6 1
7

SEPTEMBRE.

5 6 3
1 9
0

AVRIL.

4 1 8
5 9
4

OCTOBRE.

5 5 1
0 6
6

MAI.

7 3 1
0 4
4

NOVEMBRE.

1 1 2
2 3
5

JUIN.

8 7 4
5 1
6

DÉCEMBRE.

4 3 2
7 5
6

Application des Cabales perpétuelles à quatre tirages de la Loterie royale de France depuis son rétablissement.

PREMIER EXEMPLE.

On a voulu savoir quels numéros sortiraient au tirage du premier pluviôse an 6. Cette date correspondant au 20 janvier, on a dû se servir de la cabale de janvier. On voit que cette cabale donne les chiffres 4, 3, 2, 7, 5, 2, avec lesquels on a dû trouver facilement, par la réunion des chiffres 7 et 4, l'extrait N° 74, qui est sorti audit tirage du premier pluviôse.

DEUXIÈME EXEMPLE.

A-t-on voulu savoir quels numéros sortiraient au tirage du premier ventôse ? Cette date correspondant au 19 février, on a dû se servir de la cabale de février. Les chiffres que donne cette cabale, sont : 2, 5, 3, 7, 8, 5. En assemblant ces chiffres en diverses façons, on a dû trouver sans peine un quaterne formé par les quatre numéros 27, 57, 58, 85, qui sont sortis réellement audit tirage du premier ventôse.

TROISIÈME EXEMPLE.

A-t-on voulu savoir quels numéros sortiraient au tirage du 16 germinal ? Cette date correspondant au 5 avril, on a dû se servir de la cabale d'avril. Les chiffres donnés par cette cabale sont : 4, 1, 8, 5, 9, 4, dans lequels on découvre au premier coup-d'œil les numéros 4 et 15, qui sont sortis audit tirage du 16 germinal, et ont dû produire l'ambe.

QUATRIEME EXEMPLE.

Enfin, a-t-on voulu jouer avec assurance au tirage du premier prairial ? Cette date correspondant au

20 mai, on a dû se servir de la cabale du mois de mai. Les chiffres donnés par cette cabale, sont : 7, 3, 1, 0, 4, 4, qui offrent un terne par les numéros 7, 10, 37, qui sont effectivement sortis audit tirage du premier prairial.

Il résulte de ces quatre exemples, que les cabales de janvier, février, avril et mai ont procuré le gain d'un extrait, d'un ambe, d'un terne et d'un quaterne à ceux qui ont su en faire usage.

Quel vaste champ de fortune pour les tirages futurs !

Valeur cabalistique de chaque lettre de l'alphabet.

A	B	C	D	E	F	G	H	I	J	K	L	M
3	3	17	4	15	3	6	7	15	1	16	12	26

N	O	P	Q	R	S	T	U	V	X	Y	Z
11	90	14	26	21	19	8	18	5	6	7	3

CABALES GÉNÉRALES

Qui donnent fréquemment des ambes, des ternes et des quaternes.

2	1	2	3	1	5
	3 3			4 6	
	6			o	
	9 9			6 4	

1	3	6	2	5	3
	4 9			7 8	
	3			5	
	2 7			5 2	

```
  1 2 6          1 3 5
   3 8            4 8
    1              2
   9 4            0 6
 ─────────      ─────────
  1 3 1          3 0 3
   4 4            3 4
    8              7
   2 2            1 0
 ─────────      ─────────
  1 5 9          2 3 5
   6 4            5 8
    0              3
   4 6            1 8
 ─────────      ─────────
  1 7 4          1 8 2
   8 1            5 0
    9              7
   0 7            9 8
```

CABALES D'OROMASIS.

JEUX DES PROPHÈTES.

Ces jeux doivent être joués par extraits, ambes et ternes, en observant que l'extrait soit le rapport principal, en le chargeant suivant les facultés du joueur. Ces jeux sont composés de dix-huit numéros, savoir: neuf pour les tirages de Paris, et autres loteries composées de 90 numéros;

Et de neuf autres numéros spécialement pour les tirages de Bruxelles.

(217)

Cabale des tirages de Paris et autres loteries.

Numéros 17 22 32 36 37 48 75 82 88.

Cabales des tirages de Bruxelles.

Numéros 7 17 29 32 42 49 71 81 85.

Pour jouer avec avantage ces cabales , il faut d'a-
bord examiner celle des deux qui se trouve le plus en
retard , et jouer celle adoptée au tirage pour lequel
cette cabale a été faite. Celle de Paris , par exemple ,
peut se jouer à toutes les loteries; mais celle de Bruxelles n'étant indiquée que pour Bruxelles, il ne faut
la jouer qu'à Bruxelles.

Observations des Editeurs.

Si nous n'avions d'Oromasis que ces deux cabales ,
elles suffiraient déjà pour gagner beaucoup à la loterie.

Quoique la vérification des anciens tableaux des tirages suffise pour assurer de la bonté de ces cabales ,
nous allons cependant mettre sous les yeux des exemples sur les quatre premiers tirages de Bruxelles faits
depuis son rétablissement, et sur les quatre tirages
de Paris faits depuis le même temps.

Avant de donner ces exemples, nous croyons nécessaire de rapporter ci-dessous les numéros des tirages qui servent à l'exemple.

Numéros des tirages de Paris.

Du 5 frimaire,	15	40	48	32	69.
Du 15 *idem* ,	36	24	44	19	47.
Du 25 *idem* ,	44	19	6	48	35.
Du 5 nivôse ,	61	83	52	80	75.

Numéros des tirages de Bruxelles.

Du 7 frimaire,   59   62   68   63   21.
Du 17 *idem*,   16   64   52   73   29.
Du 27 *idem*,   66   16   5   57   58.
Du 7 nivôse,   57   62   75   85   27.

EXEMPLE.

Les tirages de Paris ont donné de la cabale de Paris :

Le 5 frimaire, 32   48.
Le 15 *idem*,   36.
Le 25 *idem*,   48.
Le 5 nivôse,   75.

Les tirages de Bruxelles ont donné de la cabale de Bruxelles :

Du 7 frimaire,   »
Du 17 *idem*,   29.
Du 27 *idem*,   »
Du 7 nivôse,   85.

Aussitôt que la cabale que vous aurez choisie comme étant la plus ancienne, vous aura rapporté, prenez de suite celle qui sera le plus en retard des deux cabales restantes, et ainsi de suite.

DEUXIÈME CABALE D'OROMASIS.

JEU DES APOTRES.

Bon à jouer à toutes les Loteries.

Ce jeu doit être joué par extrait simple, ambe et terne, ou l'un des trois seul, si on le veut ; mais la mise devient beaucoup plus forte. Il est composé de sept numéros qui ne varient jamais; savoir, 12, 39, 48, 57, 66, 75, 84.

Il est peu de jeux aussi avantageux et aussi heureux que celui-ci. Il donne par 24 tirages neuf à dix extraits, un ou deux ambes, et assez souvent un terne.

Quoique plusieurs de ces numéros viennent à sortir, on ne doit pas pour cela les changer. Ils doivent tous être invariablement conservés en attendant cependant trois à quatre tirages où ces numéros n'auraient point paru, et profiter de cet intervalle pour jouer une cabale plus ancienne, ou bien la jouer aux tirages de Bruxelles, s'il s'y rencontrait deux, trois à quatre tirages où ils n'auraient également point paru. Ces numéros cabalisques ne doivent point se séparer les uns des autres. C'était un des jeux d'adoption de Cagliostro.

Explication de la cabale du jeu des Apôtres.

Le numéro 12 est la clef de la cabale.

Tous les autres numéros doivent se rapporter et former également le nombre 12 chacun, en calculant comme il suit :

En 39 on trouve 3 et 9 qui font 12 ; en 48, 4 et 8 qui font 12 ; en 57, 5 et 7 qui font 12 ; et ainsi de suite pour tous les numéros qui forment les Apôtres.

Réflexions intéressantes des Editeurs sur la cabale des
Apôtres.

Quoique ce jeu soit fait pour toutes les Loteries composées de 90 numéros, nous pensons, d'après des renseignemens particuliers et certains, qu'Oromasis le jouait plus particulièrement à Paris et à Bruxelles qu'aux Loteries d'Italie, d'Espagne, et autres. Ce qui nous le confirme encore d'une manière non équivoque, c'est la vérification que nous avons faite de cette cabale, dont nous allons donner ci-après le résultat pour Bruxelles.

Les cent premiers tirages de Bruxelles ont produit quarante extraits, les cent tirages suivans quarante-cinq extraits, et des ambes dans la même proportion.

...Nous croyons devoir recommander à nos lecteurs la prudence qu'avait aussi ce grand calculateur dont nous leur présentons aujourd'hui les moyens, que le rétablissement de la Loterie de Bruxelles nous a mis à portée de leur mettre sous les yeux; aussi avions nous passé sous silence, dans les précédentes éditions qui sont sorties de notre imprimerie, les cabales qu'Oromasis avoit faites pour Bruxelles, et que nous transmettons aujourd'hui aux actionnaires.

TROIÈSIME CABALE D'OROMASIS.

JEU CARDINAL.

Bon à jouer à toutes les Loteries.

J'ai remarqué qu'il rendait beaucoup plus les six premiers mois de l'année que les six derniers : il est composé de sept numéros, qui sont :

5. 14. 23. 47. 78. 82. 84.

Il se joue par extrait simple, ambe, terne, quaterne et quine.

Il m'a fait gagner prodigieusement, (c'est Oromasis qui parle), en 1780, il me donna le terne par

. . . .	.82	5	14.
Même année, un autre par . .	84	5	14.
En 1782, il me donna le terne par .	47	5	84.
Et le quaterne par . . 78	14	82	23.
L'année 1791 a donné l'ambe par .		23	78.
Un extrait par.			47.
Un autre par			84.
Et trois fois le			5.
Un autre par			14.
Un autre par			82.

Les actionnaires peuvent vérifier sur les tirages de Paris, en consultant le tableau des tirages.

Cette cabale n'est pas si avantageuse à jouer aux ti-rages de Bruxelles qu'aux tirages de Paris; pour la jouer avec avantage, il faut examiner les tirages où elle n'a point produit à Paris;et si elle est plus ancienne à Bru-xelles, vous pouvez la jouer, pourvu toute-fois qu'elle ait été à Bruxelles huit tirages sans donner, et à Paris sept tirages.

Observez toujours la prudence de Cagliostro, qui se reposait quelques tirages. Quand une de ses cabales lui avait donné, il en prenait une autre plus ancienne, ou jouait tantôt à Bruxelles, tentôt à Paris, suivant l'an-cienneté de ses cabales. Cagliostro, qui savait profiter de l'avantage de plusieurs loteries, jouait souvent la même cabale aux deux loteries, France et Bruxelles, avec la différence qu'il jouait peu sur la cabale la moins ancienne, soit d'une ville, soit d'une autre; quand une des deux mises lui donnait, ses bénéfi-ces lui suffisaient pour suivre la même à l'autre loterie, de manière qu'à sa deuxième sortie tout était bénéfice.

QUATRIÈME CABALE D'OROMASIS.

JEU D'APOLLON.

Ce jeu n'est que pour Bruxelles.
15   25   41   50   55   61   65   66   89.

Les vingt-cinq derniers tirages anciens de Bruxelles ont donné onze extraits, quatre ambes et un terne.

Ce jeu peut se jouer par extrait, ambe et terne; mais il faut charger les extraits, et mettre peu sur les autres chances. Il faut faire vos mises comme Caglios-tro, après quatre tirages révolus, sans qu'il ait paru un de ces numéros; mais pendant cet intervalle jouer une des cabales des plus ancienes que vous trouverez dans cet ouvrage.

CINQUIÈME CABALE D'OROMASIS.
JEU D'APOLLONIUS.

Ce jeu n'est que pour Paris.

Il est composé de neuf numéros sur toutes les chances simples. Cependant les actionnaires qui n'ont pas d'ambition, feront mieux de ne le jouer que par extrait simple.

Les numéros qui composent cette mise, sont :
17 21 22 36 63 76 82 84 88.

Exemple de son produit.

L'année 1791, jusqu'au 16 septembre, a donné douze extraits et quatre ambes. Ce qu'on peut vérifier sur les tirages.

SIXIÈME CABALE D'OROMASIS.
JEU DES RACINES.

Ce jeu est bon à jouer à toutes les Loteries composées de 90 numéros.

Il y a neuf colonnes de racines, et chacune est composée de dix numéros.

On donne à ces cabales le nom de racines, parce que les neuf premiers chiffres dont nous nous servons en calcul, 1, 2, 3, 4, 5, 6, 7, 8 et 9, sont les bases et en quelque sorte les racines de ce jeu. Voici la manière d'y procéder.

A chaque nombre vous ajouterez le numéro 9, ainsi qu'il suit :

Racine 1.	Racine 2.	Racine 3.
1 et 9 font	2	3
10 et 9 font	11	12
19 et 9 font	20	21
28 et 9 font	29	30
37 et ainsi des	38	39
46 autres.	47	48
55	56	57
64	65	66
73	74	75
82	83	84

Racine 4.	Racine 5.	Racine 6.
4	5	6
13	14	15
22	23	24
31	32	33
40	81	42
49	50	51
58	59	60
67	68	69
76	77	78
85	86	87

Racine 7.	Racine 8.	Racine 9.
7	8	9
16	17	18
25	26	27
34	35	36
43	44	45
52	53	54
61	62	63
70	71	72
79	80	81
88	89	90

On les joue par extrait, ambe et terne. On peut adopter une des racines. Alors il faut examiner sur les tirages combien il y a que la racine adoptée n'a donné l'extrait et l'ambe; et lorsquelle s'est reposée quelque temps, on la joue par extrait, ambe et terne simples.

Mais voici une cabale qui indique beaucoup mieux la racine qu'on doit choisir.

Prenez le premier chiffre du n° sorti le premier de la roue au tirage précédent, le dernier du dernier numéro du même tirage; ajoutez-y, sans les minutes, l'heure du lever et du coucher du soleil, dans le mois où vous êtes; le quantième du mois. Mettez vos nombres les uns sous les autres, et additionnez le tout; le dernier chiffre de votre addition sera le nombre indicatif, ou le commandeur de la racine qu'il vous faut prendre.

EXEMPLE.

Le 5 septembre 1788, j'employai cette cabale. Le tirage du premier septembre avait donné,

87. 38. 9. 90. 45.

Je pris le . . . 8 .. de 87.
Et le . . . 5 . de 45
Le soleil se lève à . 5 heures.
Se couche à . . 6 heures.
Je faisais ma mise le. 5
Mon total est de. 29

Le 9 indiqua la racine 9, et cette racine me fit gagner le tirage suivant un ambe et deux extraits sur les les numéros 89 et 19. Cet exemple suffira pour l'intelligence des actionnaires.

Nota. *Si le total finissait par un zéro, on ne jouerait aucune des racines, parce qu'alors elles ne seraient pas indiquées.*

JEUX DES REVENANS.

PREMIÈRE CABALE.

Ce jeu est un des plus avantageux qui existe par extrait.

Instructions et Exemples.

Il faut, pour jouer cette cabale, prendre le dernier chiffre du tirage qui précède celui pour lequel vous voulez vous intéresser.

Comme cette cabale est liée pour les tirages de la loterie de Paris et de Bruxelles, d'après les exemples d'Oromasis, et que celle de Bruxelles est rétablie, nous allons supposer comment nos cabales, par le premier tirage du rétablissement des tirages de Bruxelles, peuvent servir à gagner au tirage suivant, à Paris.

Il faut prendre, nous a dit Oromasis, le dernier chiffre du tirage. Hé bien, le dernier chiffre du premier tirage de Bruxelles est 1 , puisqu'il est sorti le numéro 21.

Avant de faire notre opération, nous allons mettre sous les yeux la table des numéros qu'Oromasis appelait *revenans*, et les numéros indicateurs.

TABLES.

Numéros indicateurs.   *Numéros des revenans.*

Quand le dernier
    chiffre est   1 il faut jouer 10 à 19
                   2   20 à 29
                   3   30 à 39
                   4   40 à 49
                   5   50 à 59
                   6   60 à 69
                   7   70 à 79
                   8   80 à 89
                   9   1 à 9 et le 90
                   0 il faut jouer la finale 0 et le n° 1.

Pour que l'actionnaire ne quitte pas son opération, pour aller chercher la vérité au tableau des tirages de Paris et ceux de Bruxelles, on va lui mettre aussi sous les yeux les tirages qui lui serviront à découvrir la bonté de cette cabale.

Tirages de Bruxelles.

Du 7 frimaire ,	39	62	68	63	21.
Du 17	16	64	52	73	29.
Du 27	66	16	5	57	58.
Du 7 nivôse ,	57	62	75	85	27.

Tirages de Paris.

Du 15 frimaire ,	36	24	44	19	47.
Du 25	44	19	6	48	35.
Du 5 nivôse ,	61	83	52	80	75.

On voit donc que le chiffre 1 indicateur étant sorti le dernier, au premier tirage du rétablissement de Bruxelles, il faut prendre pour le tirage suivant, à Paris, les numéros 10 jusques et compris le numéro 19.

Il est sorti au tirages suivans, à Paris, le numéro 19, et à Bruxelles le numéro 16.

Le de rnier numéro du tirage du 15 frimaire, à Paris, son dernier chiffre *indicateur* est 7, et les numéros *revenans* sont 70 à 79, qu'il fallait jouer au tirage de Bruxelles, le 17 suivant, qui a donné 73.

Le dernier chiffre du tirage du 17, à Bruxelles, est 9 indicateur, a donné pour *revenans*, au tirage du 25 frimaire suivant, à Paris, le numéro 6, et à celui de Bruxelles suivant, le numéro 5.

Le tirage de Paris, du 25 frimaire, son dernier chiffre *indicateur* est 5, puisque c'est le numéro 35 qui est sorti, a donné au tirage de Bruxelles, le 27 frimaire suivant, le 57 et le 58, et à Paris, au tirage du 5 nivôse, le numéro 52.

Le tirage de Bruxelles, du 27 frimaire, dont le dernier chiffre est 8 indicateur, a donné à Paris, le 5 nivôse, les numéros 80 et 83 dits *des revenans*, et à Bruxelles, le 7 nivôse, le numéro 85 *des revenans*.

Le tirage du 5 nivôse, à Paris, le dernier chiffre indicateur est le 5 *des revenans*, a donné au tirage du 7 nivôse, de Bruxelles, le numéro 57 *des revenans*.

Observation essentielle. Pour suivre çe jeu, il faut, comme on le voit à la table, prendre pour indicateur le résultat du dernier chiffre du dernier tirage, soit qu'il ait ou non produit. Ainsi l'on peut cabaler le dernier chiffre d'un tirage de Paris pour le tirage suivant de Bruxelles, et de Paris pour Bruxelles.

Deuxième Cabale des Revenans.

Cette cabale consiste à cabaler les numéros du dernier tirage de Bruxelles pour le tirage suivant à Paris, et le tirage de Paris pour celui de Bruxelles ; de cabaler aussi les numéros du dernier tirage de Paris pour Paris, et ceux de Bruxelles pour Bruxelles.

EXEMPLE.

Les numéros du tirage du 7 frimaire à Bruxelles, sont: 39 62 68 63 21
: La cabale est.   26 86 36 12. .
Le numéro 39 ne peut se cabaler.
Le numéro 36 de la cabale de Bruxelles est sorti au tirage de Paris le 15 frimaire.
Les numéros du tirage du 17 frimaire à Bruxelles, sont: . 16 64 52 73 29.
: Cabale, 61 46 25 37. Le 29 ne peut se cabaler.
Le numéro 61 de la cabale de Bruxelles est sorti au tirage du 5 nivôse à Paris.
Les numéros du tirage du 27 frimaire de Bruxelles, sont: 66 16 5 57 58.
: Cabale, . 61 . 75 85.
Les numéros 66 et 5 ne peuvent se cabaler.
Les numéros 75 et 85 de la cabale du tirage du 27 frimaire à Bruxelles, sont sortis au tirage de Bruxelles du 7 nivôse.
Les numéros du tirage du 5 nivôse à Paris, sont : 61 83 52 80 75.
Cabale, 16 38 25 . 57.
Le 80 ne peut se cabaler.
Le numéro 57 de la cabale de Paris est sorti au tirage du 7 nivôse à Bruxelles.
Les numéros 61 et 75 de la cabale du 27 frimaire à Bruxelles. sont sortis au tirage du 5 nivôse à Paris,

---

JEU DES SYLPHES DITS JUMEAUX.

Leur nombre est de huit; ils se jouent par extrait et ambe simple, quoiqu'on puisse également jouer les autres chances; mais elles sont incertaines; et les deux premières, au contraire, sont très-favorables, parce qu'il sort souvent un et deux Sylphes, à un seul tirage. Ce jeu est bon à Paris comme à Bruxelles, en observant cependant d'attendre pour Bruxelles un tirage de plus en retard pour faire sa mise, qu'au tirage de Paris,

Numéros qui les composent :

11   22   33   44   55   66   77   88.

JEU DES GNOSMES.

Ce sont tous les zéros réunis à leurs dizaines respectives. Nous ne pouvons concevoir pourquoi Oromasis leur a donné le nom de Gnosmes. Quoi qu'il en soit, ces Gnosmes sont des numéros très-heureux ; ils sont au nombre de neuf, que voici :

10   20   30   40   50   60   70   80   90.

Comme les Sylphes, la manière la plus avantageuse de les jouer est par extrait simple et ambe ; ce jeu est plus avantageux à jouer à Paris qu'à Bruxelles ; il faut aussi attendre pour Bruxelles un tirage de plus qu'à celui de Paris,

---

JEU DU GLOBE CÉLESTE.

De l'union des Sylphes et des Gnosmes, dont nous venons de parler, Oromasis forme son jeu du Globe céleste, comme il suit :

Numéros 10   11   20   22   30   33   40   44   50   55   60   66   70   77   80   88   90.

Liés ensemble, on les peut jouer par extrait, ambe et terne ; et l'on peut également jouer l'extrait déterminé, si on veut remarquer les sorties sur lesquelles ces numéros sont en retard.

(229)

De tous les nombres à jouer par extraits déterminés, ceux qui composent ce jeu sont à préférer.

1°. Parce qu'ils sont en plus petit nombre que ceux que l'on pourrait jouer réunis sur cette chance, puisqu'ils ne sont que dix-sept.

Quant aux extraits déterminés de cette cabale pour les tirages de Bruxelles, et autres loteries composées de 90 numéros, on peut les jouer avantageusement ; il ne s'agit que de choisir la plus en retard.

Pour l'intelligence et la commodité des lecteurs, nous allons mettre sous leurs yeux un tableau indicatif du nombre de fois que ces numéros ont paru à Paris et à Bruxelles, et des observations y relatives ; ensuite nous donnerons deux tables ; la première contiendra la conjonction des Sylphes avec les Gnosmes, et des Gnosmes avec les Sylphes, depuis 1758 jusqu'au tirage du 5 nivôse an 9 (de Paris seulement), ainsi que ceux de ces numéros qui n'ont point fait ambe entre eux à Paris.

La deuxième contiendra (pour Paris seulement) le nombre de leurs sorties déterminées.

TABLEAU du Jeu du Globe céleste

PARIS.		BRUXELLES.	
Nos. 10 nombre de sorties 39		Nos. 10 nombre de sorties 43	
10	43	11	45
20	58	20	43
22	50	22	42
30	46	30	41
33	35	33	41
40	45	40	49
44	46	44	36
50	42	50	49
55	34	55	50
60	35	60	38
66	38	66	50
70	36	70	35
77	34	77	40
80	39	80	47
88	52	88	45
90	43	90	44
	695		739
	extraits.		extraits.

Observations. 704 tirages de Paris faits jusques et compris le 5 nivôse an 9, ont produit 695 extraits ; ce qui fait, comme on voit, un extrait par tirage moins neuf numéros.

À Bruxelles, les sept cent quatre-vingt-huit tirages anciens ont produit 739 extraits ; ce qui fait un extrait par tirage moins 49 numéros ; d'où l'on peut conclure qu'il faut, pour les tirages de Bruxelles, attendre un tirage de plus qu'à Paris pour jouer cette cabale.

PREMIÈRE TABLE.

Conjonction des Sylphes avec les Gnomes, et des Gnomes avec les Sylphes, depuis 1758, jusqu'au tirage du 5 nivôse an 9, à Paris.

SYLPHES.

11	N'est point encore sorti avec 53
	Vient le plus souvent avec . . . 70 88 90
22	A été en retard jusqu'au 16 avril 1793 , avec 50
	Vient le plus souvent avec 33 88
33	N'est pas encore sortis avec . . , . 11 60
	Vient le plus souvent avec . . . 22 86
44	N'est pas encore sorti avec 40 70
	Vient le plus souvent avec 88
55	N'est pas encore sorti avec . . . 10 66 70
	Il sort presque toujours seul.
66	N'est pas encore sorti avec . . . 30 55 77
	Vient le plus souvent avec . 11 22 33 88 90
77	N'est pas encore sorti avec 66
	Vient le plus souvent avec . 11 20 40 70 88
38	N'est pas encore soti avec 55
	Vient le plus souvent avec . 11 22 30 44 90

GNOMES.

| 10 | N'est jamais sorti avec . . . . . 55 60 |
| | Est le plus souvent sorti avec . 30 50 70 90 |

20 A été en retard jusqu'en février 1792, avec 30
    Sort le plus souvent avec . . 40 80 90
30 N'est jamais sorti avec . . . 66 90
    Sort le plus souvent avec . . 10 60 88
40 N'est jamais sorti avec . . . 44
    Sort le plus souvent avec . . 20
50 N'est jamais sorti avec . . 90
    Sort le plus souvent avec . . 10 70
60 N'est jamais sorti avec . . 30
    Sort le plus souvent avec . 10 11 50 90
70 N'est jamais sorti avec . 44 60
    Sort le plus souvent avec . 10 11 50 90
80 N'est jamais sorti avec . . 60
    Sort le plus souvent avec . 90
90 N'est jamais sorti avec . 30 50 60
    Sort le plus souvent avec 10 11 20 33 55 66
                                    70 80 88.

DEUXIÈME TABLE.

Sorties du Jeu du Globe Céleste, à Paris, depuis 1758, jusques et compris le 5 nivôse an 9.

SYLPHES.

	Sur la 1ère.	Sur la 2ème.	Sur la 3ème.
11. —	7 fois.	14 fois.	13 fois.
22. —	8 fois.	11 fois.	12 fois.
33. —	10 fois.	7 fois.	6 fois.
44. —	9 fois.	10 fois.	6 fois.
55. —	7 fois.	4 fois.	2 fois.
66. —	5 fois.	10 fois.	7 fois.
77. —	10 fois.	9 fois.	6 fois.
88. —	9 fois.	8 fois.	12 fois.

	Sur la 4ème.	Sur la 5ème.
11. —	4 fois.	5 fois.
22. —	8 fois.	11 fois.

Sur la 4ème.		Sur la 5ème.
33. — 4 fois.		7 fois.
44. — 9 fois.		12 fois.
55. — 8 fois.		13 fois.
66. — 8 fois.		8 fois.
77. — 3 fois.		6 fois.
88. — 13 fois.		10 fois.

GNOMES.

Sur la 1ère.	Sur la 2ème.	Sur la 3ème.
10. — 6 fois.	9 fois.	7 fois.
20. — 7 fois.	4 fois.	5 fois.
30. — 5 fois.	14 fois.	12 fois.
40. — 11 fois.	11 fois.	9 fois.
50. — 5 fois.	8 fois.	13 fois.
60. — 6 fois.	6 fois.	8 fois.
70. — 8 fois.	4 fois.	8 fois.
80. — 10 fois.	6 fois.	11 fois.
90. — 7 fois.	8 fois.	11 fois.

Sur le 4ème.		Sur la 5ème.
10. — 6 fois.		11 fois.
20. — 9 fois.		13 fois.
30. — 7 fois.		8 fois.
40. — 4 fois.		10 fois.
50. — 9 fois.		7 fois.
60. — 10 fois.		5 fois.
70. — 6 fois.		10 fois.
80. — 3 fois.		9 fois.
90. — 10 fois.		7 fois.

Les actionnaires suivent presque toujours les numéros qui n'ont pas sorti de la roue de fortune depuis
long-temps ; cette méthode est bonne et mauvaise.

Elle est bonne, quand un actionnaire veut prendre
un numéro attendu depuis long-temps ; et que, jusqu'au moment où il l'adopte, il ne l'a pas encore joué.

Elle est mauvaise, quand, pendant le temps de son éclipse, il l'a joué à chaque tirage, même quand il auroit eu de gros capitaux, et qu'il l'auroit joué à la martingale ; parce qu'il est possible que, quelques tirages avant la sortie, l'actionnaire ait épuisé ses fonds.

Il est avantageux de jouer, de préférence, les numéros les plus heureux.

SEPTIÈME CABALE D'OROMASIS.

JEU DES ANTIPODES.

Ce jeu est très-heureux sur la chance des ambes ; ce qu'on peut vérifier par les tirages de Paris et de Bruxelles. Il ne peut être joué avantageusement par extrait simple, puisqu'il est composé de vingt-un numéros, et qu'alors il fait perdre sept mises, s'il n'en sort qu'un.

Ce jeu n'est bon, absolument, que pour ceux qui ont de gros capitaux, et qui veulent s'en faire un revenu de cent pour cent.

Cette cabale est on ne peut plus facile. Quelques mots suffiront pour l'intelligence de nos lecteurs.

Le numéro 6 retourné donne 9 ; on marie donc ces nombre 6 et 9 à toutes les unités, de la manière suivante :

EXEMPLE.

16	19	61.
26	29	62.
36	39	63.
46	49	64.
56	59	65.
67	76	79.
68	86	89.

Ces vingt-un extraits donnent { 210 ambes.
{ 1330 ternes.

Observation essentielle relative à la cabale des Antipodes, sur les tirages de Bruxelles et sur ceux de Paris.

Pour fixer les actionnaires dans leur choix, nous allons leur présenter un relevé que nous avons fait sur les cent premiers tirages de Paris, et sur les cent premiers tirages de Bruxelles.

Les cent premiers tirages de Paris ont donné de cette cabale 120 extraits, 51 ambes et 9 ternes, en supposant que ces 21 numéros eussent été joués liés ensemble.

Aux mêmes tirages de Paris ils ont produit, en séparant les mises par trois numéros, comme à l'exemple ci-dessus, onze ambes et un terne, indépendamment des 120 extraits.

Les cent premiers tirages de Bruxelles ont produit 106 extraits, 48 ambes et 8 ternes, en supposant, comme ci-dessus, que ces 21 numéros eussent été joués liés ensemble.

Aux mêmes tirages de Bruxelles ils ont produit, en les séparant par trois numéros, comme à l'exemple, 8 ambes et point de terne, indépendamment des 106 extraits.

Quoique nous ayons donné pour exemple les cent premiers tirages, nous assurons qu'il s'en trouve encore de plus avantageux.

Nous avons remarqué aussi que dans la suite des tirages, les ternes et quaternes étaient plus fréquens à Bruxelles qu'à Paris ; que même le 231.ᵉ tirage de Bruxelles donna le quine, et que Paris a été en retard sur cette chance jusqu'au 688.ᵉ, où cette cabale donna le quiné : enfin, le premier tirage du rétablissement de Bruxelles a donné encore le quaterne.

Les actionnaires peuvent jouer tout ou partie de ces numéros, par extraits, ambes et ternes ; mais, nous le répétons, la chance des ambes est la plus avantageuse. On peut cependant jouer l'extrait, si on veut n'adopter que deux ou trois parties, des sept qui composent la totalité de la cabale ; c'est alors à l'actionnaire à se

fixer à celles qui sont le plus en retard, ou qui lui pa-
raîtront devoir être les plus heureuses.

Réflexion. — Si vous voyez, d'un côté, le gros bénéfice qu'Oromasis faisait en jouant ces cabales, n'oubliez pas non plus, de l'autre côté, la prudence qu'il
mettait pour jouer avec avantages les cabales que l'on pré-
sente aujourd'hui au public. Oromasis était aussi froid
en faisant ses calculs et ses mises, qu'un négociant dans
son commerce, qui calcule les différens événemens pro-
bables pour arriver à la fortune.

JEU DES FINALES.

*Pour toutes les Loteries composées de quatre-vingt-dix
numéros.*

Le jeu des Finales ne se joue que par extraits simples et déterminés. On appèle finales tous les nombres
qui sont terminés par le même chiffre.

EXEMPLE.

7   17   27   37   47   57   67   77   87.
Et ainsi des autres.

Il y a neuf finales, composées chacune de neuf numéros .Différentes cabales indiquent celles auxquelles on
doit se fixer, et sur quelle sortie on doit les déterminer.

*Cabale qui indique quelle Finale on doit jouer par extrait
simple.*

Prenez la valeur du premier numéro du tirage précédent, ajoutez le commandeur, ou premier numéro
du second extrait, et additionnez le tout ensemble.

EXEMPLE.

Le premier mars 1791, les numéros sortis sont :

77   25   58   63   36.

Le premier extrait est 77, le second 25 ; additionnez les deux sept ensemble, cela fera quatorze ; ajoutez le premier chiffre du deuxième extrait, qui est 2, avec le nombre 14, cela fait 16 ; la finale 6 est donc indiquée pour le tirage suivant, et elle est sortie par le 66. Le 16 mars les numéros furent :

68   47   12   66   48.

Les deux premiers chiffres du premier extrait 6 et 8 font 14, et le 4 du second extrait fait 18. La finale 8 a donné au tirage suivant deux extraits et une ambe, par 28 et 8. Ces deux exemples suffiront pour démontrer l'utilité de ces cabales.

Chaque sortie de numéros donne six mises de béné-fice, si on joue l'extrait simple. C'est la chance la plus avantageuse, en ce qu'elle est certaine. On peut cependant aussi jouer les ambes. Cette combinaison en donne assez fréquemment.

Observations comparatives sur le jeu des finales sorties tant à Paris qu'à Bruxelles.

Les 704 *tirages de Paris* ont produit sur les finales quarante ternes.

La finale 1	68 ambes.	La fin. 6	62 amb.
La finale 2	72 ambes.	La fin. 6	81 amb.
La finale 3	62 ambes.	La fin. 8	52 amb.
La finale 4	52 ambes.	La fin. 9	59 amb.
La finale 5	54 ambes.	La fin. 0	63 amb.

Total des ambes sur les finales sorties à Paris, 625.

Les *tirages de Bruxelles* ont produit 32 ternes dans les 704 premiers tirages, et environ 660 ambes ; mais ce que les tirages de Bruxelles ont perdu en ternes, on voit qu'ils les ont rendu en ambes, puisque la totalité des ambes aux tirages de Paris, n'a produit que 625 ambes.

Bruxelles a donné en outre un quaterne par la finale 8, au cent quinzième tirage.

Quant aux chances déterminées sur le jeu des finales, le plus sûr est de jouer l'extrait seulement sur la sortie qui n'aura point donné depuis long-tems une finale, soit à Paris, soit à Bruxelles.

JEU DES DIXAINES,

Pour Bruxelles et Paris.

Ce jeu consiste à adopter une dizaine ; il ne s'agit que de choisir la plus heureuse.

Pour déterminer les actionnaires à jouer ce jeu avec avantage, nous allons leur mettre sous les yeux le tableau des numéros de chaque dizaine sortie tant à Paris qu'à Bruxelles.

Tableau des Dixaines.

Sorties des dizaines à Paris, pendant 704 tirages.

		Nos.			Nombre de sorties.
1re.	diz.	1 à 10 a donné	. . .	383 extraits.
2e.		11 à 20	. . . .	312
3e.		21 à 30	. . . . .	385
4e.		31 à 40	. . . . .	420
5e.		41 à 50	. . . . .	383
6e.		51 à 60	. . . . .	368
7e.		61 à 70	. . . . .	393
8e.		71 à 80	. . . . .	400
9e.		81 à 90	. . . . .	415

Sorties des dizaines à Bruxelles pendant 704 tirages.

	Nos.		Nombres de sorties.
1re. diz.	1 à 10 a donné	. . .	367
2e.	11 à 10	. . .	388
3e.	21 à 30	. . .	399
4e.	31 à 40	. . .	386
5e.	41 à 50	. . .	392
6e.	51 à 60	. . .	396
7e.	61 à 70	. . .	386
8e.	71 à 80	. . .	394
9e.	81 à 90	. . .	412

D'aprés ce tableau, et la vérification que l'on peut faire sur les tirages, l'on voit que les dizaines de 31 à 40, 71 à 80 et 81 à 90, *pour Paris*, ont donné chacune de deux tirages en deux tirages, un numéro, et de huit tirages en huit tirages, un numéro encore en sus.

A Bruxelles, les dizaines de 21 à 30, de 51 à 60, de 71 à 80 et de 81 à 90, sont sorties dans les mêmes proportions que les dizaines de Paris, dont on vient de faire mention ci-dessus.

Alliage des finales avec les dizaines, pour toutes les Loteries composées de 90 numéros.

On suit ce jeu par extrait simple et par extrait déterminé.

Par extrait simple.

On prend moitié d'une finale et moitié d'une dizaine, pour les jouer ensemble, ce qui donne neuf extraits, parce qu'on n'en doit prendre que quatre dans les finales, qui toutes n'ont que neuf numéros.

Par extrait déterminé.

On a 18 numéros : il faut considérer la sortie sur laquelle, ou les sorties sur lesquelles ces numéros sont le plus en retard, pour les y déterminer.

Ces numéros peuvent être joués sur trois sorties au plus.

Pour choisir la finale et la dizaine qu'il faut suivre par extrait déterminé, il est nécessaire de voir depuis combien de tirages elle n'a pas donné sur les sorties ; et alors on se fixe à celle qui a été le plus long-temps sans paroître sur une ou deux.

Alliages.

La finale 1 se joue avec la première dizaine, ou la deuxième.

La finale 2 . . . . avec la vingtaine.
La finale 3 . . . . avec la trentaine.
La finale 4 . . . . avec la quarantaine.
La finale 5 . . . . avec la cinquantaine.
La finale 6 . . . . avec la soixantaine.
La finale 7 . . . avec la septantaine.
La finale 8 . , . avec la dizaine de 80,
La finale 9 . . . . avec la dizaine de 90.

Ce jeu ne donne que 18 numéros, quoiqu'il y en ait réellement 19 ; mais il y en a toujours un qui se trouveroit répété, et qu'on supprime en conséquence dans la dizaine.

JEU DES MATELOTS.

Ce jeu consiste à prendre le numéro au-dessous et celui au-dessus d'un numéro sorti depuis très-long-tems.

EXEMPLE.

Le numéro 45 qui n'est pas encore sorti à Paris depuis le rétablissement de la Loterie jusqu'à ce jour 15 nivôse, ce qui fait soixante-seize tirages,

Les matelots sont 44 et 46.

Supposons que l'on n'a joué les matelots que depuis 15 tirages; hé bien, les matelots ont donné par le 44, quatre extraits.

JEU DES PAIRS OU IMPAIRS.
Sur les extraits déterminés.

Ce jeu est bon à jouer à toutes les Loteries composées de 90 numéros.

Cette manière de mettre à la Loterie est la plus certaine de toutes, puisque les actionnaires ne jouent qu'un contre un. Lorsqu'on a des fonds suffisans pour pouvoir martingaler jusqu'aux sixième ou septième tirage, on a la certitude la plus immanquable de gagner toutes les années 100 pour 100. Depuis l'existence de la Loterie, ce jeu n'a jamais passé huit tirages sans donner. Il faut donc toujours mettre les choses au pis; et supposer qu'on puisse être six ou sept tirages sans obtenir le numéro fortuné.

Ce jeu consiste à adopter les quarante-cinq pairs ou impairs des quatre-vingt-dix numéros de la Loterie, et à les suivre, en martingalant, sur la première sortie. Nous allons donner un exemple du produit et de la certitude de cette chance.

Le 17 janvier 1791, j'adoptai les quarante-cinq impairs. Je les jouai, sur la première sortie, à dix sols chacun, ce qui me me fit une mise de vingt-deux livres dix sols. J'eus le numéro 7 au tirage du premier Février, et il me rapporta douze livres dix sols de bénéfice. Le premier Février je continuai ma mise, toujours à dix sols, l'extrait déterminé sur la première sortie. Le 16 Février je perdis. Il faut tripler sa somme à chaque tirage perdant. Ma deuxième mise fut donc à une livre dix sols l'extrait, ce qui fait soixante-sept livres dix sols; j'eus au tirage suivant le 77, qui me donna 105 livr. Mes deux mises se montaient à quatre-vingt-dix livres; reste quinze livres de bénéfice. Je perdis au tirage du 16 Mars, et je gagna

deux fois de suite aux tirages des premier et 16 Avril;
et ainsi de suite. Remarquez bien que chaque fois
qu'on gagne, on doit remettre les extraits à dix sols,
pour éviter, en martingalant, de porter les mises à
une somme trop forte. Cet avis est pour ceux qui n'ont
pas de gros fonds, et qui se contentent d'un bénéfice
honnête.

« Lorsqu'on voudra suivre ce jeu bien plus avantageusement encore, on le commencera lorsque les pairs
ou impairs auront été trois ou quatre tirages sans
sortir. Alors on peut commencer sa mise à une somme
plus forte; et tant qu'un des numéros joués ne sort
pas, ce qui ne peut guères aller au-delà de trois tirages, au lieu de tripler; en martingalant, on peut quadrupler.

Exemple de ce produit, en trois tirages.

Ext. à 3 l. Total de cette mise 155 l. Prod.   210 l.
Ext. à 23 l. Total . . . . . 540 l. Prod. . 840 l.
Ext. à 48 l. Total . . . . . 2160 l. Prod. 3360 l.
Total de toutes les mises, . . . 2855 l. Bénéf. 1565 l.

CABALES ARABES D'OROMASIS.

Noms des cabales.

De Binité	11
Arabe première	12 21
Arabe deuxième	13 22 51
De Charles-Quint	14 23 32 41
Des Séraphins	15 24 33 42 51
Des Machabées	16 25 34 43 52 61
Des effets joyeux	17 26 35 44 53 62 71
Du Scheik Elbulud	18 27 36 45 54 63 72 81
Des puissauces	19 28 37 46 55 64 73 82
Arabe troisième	29 38 47 56 65 74 83
Des Apôtres	39 48 57 66 75 84
Arabe quatrième	49 58 67 76 85
Arabe cinquième	59 68 77 86
Arabe sixième	69 78 87
Arabe septième	79 88
Oméga	89

Ces cabales ont également bonnes pour toutes les Loteries de quatre-vingt-dix numéros.

Il ne s'agit que d'examiner celle qui n'a point donné depuis long temps. Les six cabales du milieu ont donné à Bruxelles comme à Paris considérablement d'extraits, d'ambes et même de ternes.

C'est par ce calcul que le fameux Oromasis, dit Cagliostro, a découvert les colonnes ci-après, et les jeux différens qui lui ont fait gagner tant d'or à la Loterie.

COLONNES CABALISTIQUES

D'OROMASIS.

PREMIÈRE CABALE ÉGYPTIENNE,

DITE DE POMPÉE,

Composée de trente numéros ; bonne à jouer pour les tirages de Bruxelles, par extrait déterminé à la première sortie.

Colonne de Pompée.	Ce jeu donne ordinairement tous les vingt à vingt-quatre tirages, 10 à 12 extraits déterminés ; mais pour avoir un très-gros bénéfice, et jouer plus sûrement, il ne faut faire ses mises qu'après trois ou quatre tirages où cette cabale n'aura point donné ; alors vous êtes sûr de gagner beaucoup en martingalant de la manière suivante :
9	
13	
22	
23	
25	
26	
29	
32	

<table>
<tr><td valign="top">

Suite de la Colonne de Pompée.

34
36
40
42
50
51
53
55
57
58
60
66
68
73
74
84
85
86
87
88
89
90

</td><td valign="top">

EXEMPLE.

	Dép.	Revenu.	Bén.
1er. Tirage, les 5o numéros à 3 l. l'extrait, ci.	90	210	120
2me. Tirage, s'il n'est rien sorti, il faut jouer l'extrait à 9 l. ci.	270	63o	270
3me. Tirage, s'il ne sort rien, les extraits à 27 l. ci.	81o	189o	72o

PREUVE.

Mises ou dépenses des trois tirages . 117o l.
Revenus d'un extrait au troisième ti-
rage. 189o
Bénéfice net 72o
—————
189o l.

Les Actionnaires plus fortunés, et ceux moins fortunés, peuvent, à leur volonté, jouer dans les mêmes proportions. Pour jouer avec prudence, il faut toujours se ménager des fonds, dans le cas où cette cabale pourroit retarder à paroître.

D'après l'examen que nous avons fait de cette cabale, elle a donné, dans 7o4 tirages à Bruxelles, environ 35o fois ; ainsi les actionnaires peuvent apprécier eux-mêmes le bénéfice qu'a dû faire Oromasis en jouant de la manière indiquée ci-dessus.

</td></tr>
</table>

DEUXIÈME CABALE EGYPTIENNE,

DITE DE JÉRUSALEM.

Colonne de Jérusalem.	

Cette cabale est composée de 30 numéros; bonne à jouer à la deuxième sortie, par extrait déterminé, pour les tirages de Bruxelles.

Cette colonne étoit une de celles adoptées par Oromasis, lorsqu'il voyageoit chez l'étranger et qu'il s'y rencontroit, soit des loteries de 90 numéros, on tout autre jeu particulier, composé également de 90 numéros, ou de 90 figures quelconques. Dans ce dernier cas, il appliquoit à chacune des figures un numéro de cabale, et cela lui réussissoit toujours.

Nous observons que cette cabale, que nous avons vérifiée, rapporte au moins autant que celle Egyptienne dite de Pompée.

Colonne de Jérusalem
4
7
11
22
25
27
29
33
37
38
40
41
42
45
49
51
54
56
57
58
61
65
66
69
71
74
78
81
86
89

TROISIÈME CABALE EGYPTIENNE,

DITE DE MAHOMET.

Colonne de Mahomet.	Cette cabale est composée de 30 numéros; bonne à jouer par extraits déterminés à la troisième sortie, au tirage de Bruxelles.
1	Cette cabale a été tirée par Cagliostro lui-même, des figures hiéroglyphiques qui se trouvent au bas du tombeau de Mahomet.
6	
10	Comme rien n'indiquoit pour quelle loterie cette cabale a été faite, nous l'avons vérifiée sur les tirages de Paris, Bruxelles et les autres loteries étrangères; nous avons trouvé qu'elle pouvoit s'appliquer aux tirages de Bruxelles avec beaucoup d'avantage; il ne s'agit que d'attendre avant de faire ses mises, quatre tirages où ses numéros n'auroient point paru à la troisième sortie.
11	
15	
16	
17	
20	
23	
24	
29	
32	
34	
35	
42	
50	*Observations.* Dans les 789 tirages anciens de Bruxelles, cette cabale a donné 331 extraits déterminés, ce qui fait régulièrement, l'un dans l'autre, par cinq tirages, plus de deux extraits.
55	
59	
63	
64	
66	
71	
73	
78	
80	
81	
85	
87	
88	
89	

QUATRIÈME CABALE ÉGYPTIENNE,

DITE DE SCIPION.

Colonne de Scipion.	Cette cabale est bonne à jouer à la quatrième sortie au tirage de Bruxelles.
1	Cette cabale est la plus productive de toutes celles qui existent, puisque, d'après la vérification, elle a donné à Bruxelles, dans les 788 tirages, 352 fois à la quatrième sortie; ce qui fait, régulièrement par douze tirages, plus de cinq extraits.
5	
6	
7	
10	En conséquence, on peut la jouer avec avantage quand elle n'a donné de quatre tirages, en observant toujours de ménager des fonds dans le cas qu'elle passe son période ordinaire.
12	
15	
17	
24	
25	
26	
29	
32	
34	
42	
43	
45	
49	
52	
55	
65	
67	
71	
72	
74	
79	
81	
85	
89	
90	

CINQUIÈME CABALE EGYPTIENNE,

DITE DE PTOLÉMÉE.

Colonne de Ptolémée.	
	Cette cabale est bonne à jouer à la cinquième sortie aux tirages de Bruxelles et autres Loteries de 90 numéros.
7	
15	Quoique cette cabale soit indiquée par Cagliostro pour les tirages de Bruxelles, il nous a aussi averti qu'elle étoit bonne à jouer à toutes les loteries composées de 90 numéros, en observant seulement un tirage de retard de plus pour les tirages étrangers à ceux de Bruxelles; de manière que, si vous jouez cette cabale pour Bruxelles, après quatre tirages où cette colonne n'aura point parut, il faudra la jouer pour toutes les autres loteries à cinq tirages de retard.
18	
19	
23	
24	
32	
34	
35	
38	
40	
41	On verra par la vérification de cette cabale, 349 extraits à la cinquième sortie dans 789 tirages de Bruxelles.
43	
46	
47	
49	
51	
53	
55	
56	
61	
65	
68	
71	
79	
80	
81	
82	
86	
88	

COLONNE UNIVERSELLE,

Pour toutes les Loteries

Colonne Universelle.	Composées de 90 numéros; à jouer à la première sortie.
9	Pour jouer cette cabale, il suffit seulement d'examiner la loterie où elle est la plus en retard.
11	
12	
21	
22	
26	
29	
30	
32	
33	
36	
40	
42	
44	
47	
48	
50	
51	
53	
55	
60	
63	
66	
70	
73	
75	
76	
79	
81	
82	
84	
85	

CABALES POUR PARIS,

Qui do nnent beaucoup de Ternes.

1 6 3		1 2 3
7 9		3 5
6		8

2 0 1		3 1 4
2 2		4 5
4		9

1 7 9		2 1 0
8 6		3 1
4		4

CABALES

Pour les douze mois de l'année;

POUR LES TIRAGES

De Rome, Venise, Florence, Naples, Livourne, et de Milan, pour l'année 1759.

Tirées des Ouvrages du célèbre P. D. M.

AVEC LES NUMÉROS DU PÔLE POUR CHÁQUE MOIS.

JANVIER.

ROME et VENISE.	FLORENCE et NAPLES	LIVOURNE et MILAN.
1 4 7	4 3 3	2 3
5 2	7 6	1 4 0
7	4	1 8
		3 2

$$\text{Pôle } \left.\begin{matrix} 4 & 9 & 1 \\ & 4 & 1 \\ & 5 & \end{matrix}\right\} 5. \quad 11. \quad 19. \quad 41. \quad 45. \quad 49.$$

FÉVRIER.

ROME et VENISE.	FLORENCE et NAPLES.	LIVOURNE et MILAN.
$\begin{matrix} 4 & 1 & 7 \\ & 5 & 8 \\ & 4 & \end{matrix}$	$\begin{matrix} 5 & 3 & 9 \\ & 8 & 3 \\ & 2 & \end{matrix}$	$\begin{matrix} & 7 & 5 \\ 3 & 7 & 9 \\ & 8 & 9 \end{matrix}$

$$\text{Pôle } \left.\begin{matrix} 4 & 3 & 1 \\ 7 & 4 & \\ & 2 & \end{matrix}\right\} 2. \quad 24. \quad 27. \quad 31. \quad 43. \quad 74.$$

MARS.

ROME et VENISE.	FLORENCE et NAPLES.	LIVOURNE et MILAN.
$\begin{matrix} 2 & 5 & 4 \\ 7 & 9 & \\ & 7 & \end{matrix}$	$\begin{matrix} 2 & 7 & 3 \\ & 9 & 1 \\ & 1 & \end{matrix}$	$\begin{matrix} & 8 & 8 \\ 7 & 6 & 5 \\ & 1 & 3 \end{matrix}$

$$\text{Pôle } \left.\begin{matrix} 2 & 8 & 8 \\ 1 & 7 & \\ & 8 & \end{matrix}\right\} 8. \quad 21. \quad 27. \quad 28. \quad 87. \quad 88.$$

AVRIL.

ROME et VENISE.	FLORENCE et NAPLES.	LIVOURNE et MILAN.
2 4 5 6 2	5 9 7 6 5 1	7 7 5 5 6 3 4

Pôle 9 7 4 6 4 } 4. 27. 44. 46. 49. 76.

MAI.

ROME et VENISE.	FLORENCE et NAPLES.	LIVOURNE et MILAN.
6 5 8 2 4 6	5 8 7 4 6 1	3 5 4 8 1 2 6

Pôle 9 5 4 5 5 } 5. 41. 45. 49. 55. 59.

JUIN.

ROME et VENISE.	FLORENCE et NAPLES.	LIVOURNE et MILAN.
4 8 8 3 7 1	4 3 3 7 6 4	4 9 5 6 7 9 0

Pôle 2 9 8 / 2 8 / 1 }1. 12. 21. 22. 28. 88.

JUILLET.

ROME et VENISE.	FLORENCE et NAPLES.	LIVOURNE et MILAN.
6 4 9 / 1 4 / 5	6 5 2 / 9 5 / 5	5 2 / 7 4 0 / 5 2

Pôle 2 3 9 / 5 3 / 8 }8. 23. 39. 59 83. 85.

AOUT.

ROME et VENISE.	FLORENCE et NAPLES.	LIVOURNE et MILAN.
6 8 7 / 5 6 / 2	1 9 5 / 1 5 / 6	5 9 / 1 2 8 / 3 4

Pôle 4 7 4 / 2 2 / 4 }2. 4. 22. 24. 47. 74.

SEPTEMBRE.

ROME et VENISE.	FLORENCE et NAPLES.	LIVOURNE et MILAN.

1 2 7
  3 9
    3
	3 4 5
	  7 9
	    7
		4 1
		6 1 8
		  7 2

Pôle 5 8 1
    4 9
      4 } 4. 44. 15. 49. 58. 81.

OCTOBRE.

ROME et VENISE.	FLORENCE et NAPLES.	LIVOURNE et MILAN.

4 3 7
  7 1
    8
	4 8 3
	  3 2
	    5
		5 0
		6 1 7
		  3 4

Pôle 8 5 3
    4 8
      3 } 3. 34. 38. 48. 53. 85.

NOVEMBRE.

ROME et VENISE.	FLORENCE et NAPLES.	LIVOURNE et MILAN.

6 1 4
  7 5
    5
	7 8 9
	  6 8
	    5
		1 9
		4 5 8
		  3 2

Pôle 4 3 5 / 7 6 / 6 } 4. - 33. - 43. 46. - 47. 63.

DÉCEMBRE.

ROME et VENISE.	FLORENCE et NAPLES	LIVOURNE et MILAN.
8 4 2 3 6 9	7 6 7 4 4 8	6 2 7 2 9 8 0

Pôle 4 2 5 / 6 7 / 2 } 4. 25. 46. 47. 57. 64.

AVIS.

*Toutes les cabales qui suivent ont été faites par Caglios-
tro, pour toutes les loteries composées de 90 numéros ; il
ne s'agit que d'appliquer l'opération pour les tirages auxquels on veut s'intéresser ; c'est-à-dire, qu'il faut suivre,
soit pour les tirages de Bruxelles, soit pour ceux de Lyon
ou tout autre tirage, les mêmes règles que celles indiquées
pour Paris, comme on va le voir par les exemples ci-après,
en observant de prendre pour base les numéros de Bruxelles pour les cabales de Bruxelles ; les numéros de Paris pour les cabales de Paris ; de Lyon pour la cabale de
Lyon ; ainsi de suite suivant les loteries, même étrangères, auxquelles l'actionnaire désire jouer.*

CABALES DIVERSES,

Pour trouver les numéros qui doivent sortir à la loterie.

Nous allons indiquer différentes cabales, les unes déjà connues, et beaucoup qui ne le sont pas. Toutes produisent des résultats satisfaisans, comme on le verra par les exemples servant de preuves. Ce n'est pas que nous voulions inférer de là qu'elles soient infaillibles, et qu'elles ne doivent jamais manquer à aucun tirage ; mais rarement elles ne produisent pas un ou deux numéros. Nous ne les donnons d'ailleurs que pour les actionnaires habitués à cabaler.

CABALE DU DIX, OU LA PYRAMIDE.

Par le moyen de cette règle on obtient six nombres, qui, par l'addition, l'inversion ou la réunion, vous donnent toujours plusieurs numéros à chaque tirage. Pour opérer cette cabale, on prend les cinq numéros du dernier tirage, suivant l'ordre de leur sortie. On les range sur une même ligne, à côté l'un de l'autre, et on y ajoute les nombres 7. 15. 12. Pour bien faire comprendre ce que nous disons, nous allons donner plusieurs exemples.

PREMIER EXEMPLE

Sur les tirages de Paris.

Les cinq premiers nombres ci-après, sortis le

16 décembre 1789, produiront ceux qui doivent sortir au tirage du 2 janvier 1790.

53:90:35:3:72:71512
8294880998663
013268087429
2458489516ı
6932274677
525491034
77930147
462325ı
085576
93023
2533
———
568
14
5
———

Manière d'opérer dans cet Exemple.

Après avoir posé vos numéros, vous dites 5 et 3
font 8; vous posez 8 sous 5 et 3. Vous reprenez une
seconde fois ce même 3 et l'additionnez avec le 9 suivant; et dites 3 et 9 font 12, posez 2 sous les 3 et 9.
Vous dites 9 et o font 9, car lorsque le zéro vient
après le chiffre, il ne compte pour rien; et au contraire, s'il y eût o et 9, vous eussiez été obligé de compter
10, parce que o vaut ı lorsqu'il est antécédent. Vous
dites donc 9 et zéro font 9, que vous posez sous ces
mêmes 9 et o. Vous continuez zéro et 3 font 4, parce
qu'ici le zéro est antécédent, et qu'il vaut ı, que vous
mettez sous les 3 et 4; ensuite vous reprenez 3 et 5
font 8, vous posez 8 sous les 3 et 5, et ainsi de suite
jusqu'au dernier nombre.

Lorsque votre addition ne vous donne plus que
quatre chiffres, vous tirez une ligne dessous, et il ne
vous vient plus que six nombres, qui immanquable-
ment, vous produiront un ou plusieurs numéros pour
le tirage suivant. Ce que prouve l'exemple ci-dessus,

dont les deux nombres du milieu, dans les six chiffres du bas de la pyramide, qui sont 1 et 4. font 41, par inversion, et le 41 sortit au tirage du premier janvier 1790.

SECOND EXEMPLE

Sur les tirages de Paris,

Par les numéros du 2 janvier 1790.

$$76:3:75:40:41:81512$$
$$39029455 99663$$
$$29313904 8329$$
$$124429523 71$$
$$36861475 08$$
$$94475125 9$$
$$38126374$$
$$1938901$$
$$021792$$
$$33861$$
$$6147$$
$$\overline{751}$$
$$26$$
$$\overline{8}$$

Dans la première ligne des six nombres du bas de la colonne, vous avez 7, 5, 1; joignez ce dernier au 7, donne 17, et 12 en joignant le 8 ou 1; ce qui donne 12 17, 67, 81 au tirage du 16 janvier.

TROISIEME EXEMPLE

Sur les tirages de Paris,

Par les numéros du 16 jauvier 1790

24:17:67:12:81:91512
6583383090o663
1316113091729
4477243008 91
8149673197o
9533304067
48883547 3
26618910
8279701
096672
05239
6752
____
327
59
4
____

Les numéros sortis le premier février, sont:

86, 75, 83, 19, 34.

Dans les 6 chiffres du bas de la colonne, vous trouvez 34 et 75, ce qui forme un ambe.

Nous croyons que ces explications et exemples suffiront Pour faire comprendre á nos lecteurs ce que
c'est que la règle du 10.

Cette cabale doit se commencer au mois de décembre de chaque année, par les numéros du tirage du 16
du même mois. Le nombre 71512 quon met à la fin
des numéros, augmente de dix mille à tous les tirages
jusqu'à ce que l'année soit révolue, et alors on revient
à 71512.

EXEMPLE.

Au tirage du premier janvier , à Paris. ... 71512
A celui du 16. 81512
A celui du premier février. 91512
A celui du 16. 101512

Comme on voit par cet exemple, on augmente ce nombre de dix mille à chaque tirage , et c'est sans doute ce qui a donné à cette règle le nom de cabale du 10

CABALE DU NEUF

A l'exception des neuf unités , tous les numéros de la loterie ont chacun leur cabale particulière ; cette cabale se fait par 9 ; et chaque numéro produit douze nombres, lesquels liés et combinés ensemble,, fournissent deux et souvent trois numéros pour le tirage suivant.

Rien de plus facile que la cabale par 9 . Elle consis- à additionner ensemble plusieurs nombres à côté l'un de l'autre ; et l'orsque cela passe 9 , on soustrait ce 9, et on pose le nombre excédent au-dessous des chiffres qu'on additionne. Nous ferons comprendre cela beaucoup mieux par un exemple. Nous prenons le numéro 10,

101
112
235
584
43.

(260)

En commençant par le 1 qui concourt à former le
numéro 10 ; vous dites 1 et o font 1, parce que le o
ne compte pour rien, et vous mettez cet 1 à côté du o.
Ensuite vous recommencez l'addition de trois chiffres,
et dites encore, 1 et o font 1, et vous le posez dessous comme vous voyez dans l'exemple ; vous continuez à dire, o et 1 font 1 que vous posez sous le o.
Vous avez à cette seconde ligne deux fois un, ce qui
fait deux, mettez le nombre 2 à côté, ensuite dites,
1 et 1 font deux, posez ce 2 sous le premier 1 de la
deuxième ligne ; puis reprenez le second 1, et additionnez avec le 2, qui fera 3 ; posez 3 ; additionnez le
2 et le 3 de cette ligne, cela fait 5, que vous posez
auprès du 3. Jusqu'à présent voici trois lignes de chiffres ; pour former la quatrième, vous recommencez
votre addition, et dites, 2 et 3 font 5 ; posez 5 sous
2 ; ensuite 3 et 5 font huit, posez 8 sous le 3 ; et enfin l'addition de ces 5 et 8 vous donnent 13 ; il faut
soustraire le 9 et poser auprès du 8 l'exédent 4. Voici
quatre lignes complettes de trois nombre chacune :
votre calcul doit cesser à la cinquième par l'addition
seulement des 3 nombres de la quatrième ligne ; vous
dites donc, 5 et 8 font 13 ; en ôtant 9, reste 4 qu'on
pose sous le 5. Et 8 et 4 font 12, ôtant 9, reste 3. Cela
vous donne le nombre 43. Il en est de même de tous
les autres numéros, jusqu'à quatre-vingt-dix.

Résumé. Comme on vient de le voir par l'explication de cette exemple, la cabale d'un numéro produit
cinq lignes, dont quatre sont formées de trois nombres et une de deux. Le nombre du milieu s'additionne
deux fois ; la première avec le chiffre antérieur, et la
seconde avec le postérieur. La cinquième ligne n'est
que de deux nombres, parce qu'on doit cesser d'additionner à cette cinquième ligne. Nous ne nous som-
mes tant étendus sur cette explication, que pour faire
parfaitement comprendre à nos lecteurs cette ca-

bale, qui est la clef d'un très-grand nombre d'autres.

Nous allons actuellement donner une table générale de tous les 90 numéros; cabalés par 9. Cettte, opération ne commence qu'au numéro 10, parce que les neuf unités ne peuvent se multiplier, un ne pouvant jamais faire qu'un.

TABLE *générale de tous les numéros cabalés par 9.*

No. 10	101.	No. 11	112.	No. 12	123.
	112.		235.		358.
	235.		584.		843.
	584.		437.		371.
	43.		71.		18.

No. 13	134.	No. 14	145.	No. 15	156.
	472.		595.		628.
	292.		551.		819.
	224.		167.		911.
	49.		74.		12.

No. 16	167.	No. 17	178.	No. 18	189.
	742.		865.		988.
	268.		527.		876.
	854.		797.		641.
	49.		77.		15.

No. 19	191.	No. 20	202.	No. 21	213.
	112.		224.		347.
	235.		461.		729.
	584.		178.		922.
	45.		86.		24.

Suite de la table générale de tous les numéros cabalés par 9.

No. 22.....	224.	No. 23.....	235.	No. 24.....	246.
	461.		584.		617.
	178.		437.		786.
	865.		718.		652.
	52.		89.		27.
No. 25.....	257.	No. 26.....	268.	No. 27.....	279.
	231.		854.		977.
	145.		494.		753.
	595.		448.		382.
	55.		83.		21.
No. 28.....	281.	No. 29.....	292.	No. 30.....	303.
	191.		224.		536.
	112.		461.		696.
	235.		178.		663.
	58.		86.		39.
No. 31.....	314.	No. 32.....	325.	No. 33.....	336.
	439.		575.		696.
	955.		314.		663.
	516.		439.		393.
	67.		95.		33.
No. 34.....	347.	No. 35.....	358.	No. 36.....	369.
	729.		843.		966.
	922.		371.		639.
	246.		189.		933.
	61.		98.		36.

Suite de la table générale de tous les numéros cabalés par 9.

No. 37..... 371.	No. 38..... 382.	No. 39..... 393.
189.	213.	336.
988.	347.	696.
876.	729.	563.
64.	92.	39

No. 40..... 404.	No. 41..... 415.	No. 42.... 426.
448.	562.	685.
832.	281.	549.
257.	191.	944.
73.	11.	48.

No. 43..... 437.	No. 44..... 448.	No. 45..... 459.
718.	832.	955.
898.	257.	512.
887.	731.	674.
76.	14.	42.

No. 46..... 461.	No. 47..... 472.	No. 48..... 483.
178.	292.	325.
865.	224.	573.
516.	461.	314.
67.	17.	45.

No. 49..... 494.	No. 50..... 505.	No. 51..... 516.
448.	551.	674.
832.	167.	426.
257.	742.	685.
73.	26.	54.

Suite de la table générale de tous les numéros cabalés par 9.

No. 52.....	527.	No. 53.....	538.	No. 54.....	549.
	797.		821.		944.
	775.		134.		483.
	538.		472.		325.
	82.		29.		57.

No. 55.....	551.	No. 56.....	562.	No. 57.....	573.
	167.		281.		314.
	742.		191.		459.
	268.		112.		955.
	85.		23.		51.

No. 58.....	584.
	437.
	718.
	898.
	88.

No. 59.....	595.	No. 60.....	606.	No. 61.....	617.
	551.		663.		786.
	167.		393.		652.
	742.		336.		279.
	26.		66.		97.

No. 62.....	628.	No. 63.....	639.	No. 64.....	641.
	819.		933.		156.
	911.		359.		628.
	123.		966.		819.
	35.		63.		91.

Suite de la table générale de tous les numéros cabalés
par 9.

No. 65..... 652.	No. 66..... 663.	No. 67..... 674.
279.	393.	426.
977.	336.	685.
753.	696.	549.
38.	66.	94.

No. 68..... 685.	No. 69..... 696.	No. 70..... 707.
549.	663.	775.
944.	393.	538.
483.	336.	821.
31.	69.	13.

No. 71..... 718.	No. 72..... 729.	No. 73..... 731.
898.	922.	145.
887.	246.	595.
764.	617.	551.
41.	78.	16.

No. 74..... 742.	No. 75..... 753.	No. 76..... 764.
268.	382.	415.
854.	213.	562.
494.	347.	281.
44.	72.	19.

No. 77..... 775.	No. 78..... 786.	No. 79..... 797.
538.	652.	775.
821.	279.	538.
134.	977.	821.
47.	75.	13.

Suite de la table générale de tous les numéros cabalés par 9.

No. 80.....	808.	No. 81.....	819.	No. 82.....	821.
	887.		911.		134.
	764.		123.		472.
	415.		358.		292.
	56.		04.		22.

No. 83.....	832.	No. 84.....	843.	No. 85.....	854.
	257.		731.		494.
	371.		189.		448.
	145.		988.		832.
	59.		87.		25.

No. 86.....	865.	No. 87.....	876.	No. 88.....	887.
	527.		641.		764.
	797.		156.		415.
	775.		628.		562.
	53.		81.		28.

No. 89.....	898.
	887.
	764.
	415.
	56.

Nota. Dans ces cabales, tous les numéros qui pas-
sent 90, se prennent à l'inverse. Ainsi 92 donne 29 ;
et 95, 59, etc.

SAVANTES COMBINAISONS

ASTRONOMIQUES,

Applicables à toutes les loteries de quatre-vingt-dix nu-
méros, et qui feront trouver deux ou trois numéros à
chaque tirage.

Avant de faire connoître les cabales résultantes de
ces combinaisons, il est nécessaire que nous indiquions
à nos lecteurs plusieurs choses indispensables sur
le systême planetaire, d'où vont dériver les calculs
précieux que nous allons enfin mettre au jour.

Les douze mois de l'année ont chacun leur planette
et leur signe. Chaque planette et signe a son numéro,
comme le fait voir la table suivante.

PREMIÈRE TABLE CÉLESTE.

Planettes et signes du Zodiaque de chaque mois, avec
leurs numéros respectifs.

Mois	Planettes.	N°.	Signes.	N°.
Janvier.	Saturne	88.	Verseau	42.
Février.	Jupiter	86.	Poissons	34.
Mars.	Mars	76.	Bélier	13.
Avril.	Vénus	87.	Taureaux	53.
Mai.	Mercure	40.	Gémeaux	18.
Juin.	Lune	60.	Ecrevisse	9.
Juillet.	Soleil	67.	Lion	27.
Août.	Mercure	70.	Vierge	36.
Septembre.	Vénus	76.	Balance	8.
Octobre.	Mars	92.	Scorpion	81.
Novembre.	Jupiter	45.	Sagittaire	31.
Décembre.	Saturne	102.	Capricorne	28.

Il faut observer que ces signes ne commencent à
dominer que vers le vingt de chaque mois. Pour ne

pas se tromper, il faudra voir la table ci-jointe, qui indique l'heure du lever du soleil, et l'époque à laquelle chaque signe commence à dominer.

Les jours de la semaine et les heures de chaque jour sont également présidés par leurs planettes respectives. Les planettes des heures varient suivant les jours, comme le fera voir la table suivante.

DEUXIÈME TABLE CÉLESTE.

Planettes des jours de la semaine, accompagnées de leurs numéros.

Numéros sympatiques des jours de la semaine.	Planettes.	Numéros.
116. Dimanche.	Soleil.	25.
13. Lundi.	Lune.	36.
101. Mardi.	Mars.	14.
12. Mercredi.	Mercure.	39.
33. Jeudi.	Jupiter.	73.
25. Vendredi.	Vénus.	45.
39. Samedi.	Saturne.	59.

TROISIÈME TABLE CÉLESTE.

Planettes dominant chaque heure du jour, avec leurs numéros. On compte le jour depuis le lever du soleil,

Heures du jour.

Heures.	1	2	3	4	5	6	7	8	9	10	11	12
Dimanche.	Sol.	Vén.	Mer.	Lune.	Sat.	Jup.	Mars.	Sol.	Vén.	Lune.	Sat.	Jup.
Numéros.	1 4	6	5	7 2	8	3	9	1 4	6	7 2	8	3
Lundi	Lune	Sat.	Jup.	Mars	Sol.	Vén.	Mer.	Lune	Sat.	Jup.	Mars	Sol.
Mardi	Mars	Sol.	Vén.	Mer.	Lune	Sat.	Jup.	Mars	Sol.	Vén.	Mer.	Lune
Mercredi	Mer.	Lune	Sat.	Jup.	Mars	Sol.	Vén.	Mer.	Lune	Sat.	Jup.	Mars
Jeudi	Jup.	Mars	Sol.	Vén.	Mer.	Lune	Sat.	Jup.	Mars	Sol.	Vén.	Mer.
Vendredi	Vén.	Mer.	Lune	Sat.	Jup.	Mars	Sol.	Vén.	Mer.	Lune	Sat.	Jup.
Samedi	Sat.	Jup.	Mars	Sol.	Vén.	Mer.	Lune	Sat.	Jup.	Mars	Sol.	Vén.

Explication des abréviations. Sol. signifie Soleil. Vén. signifie Vénus. Mer. signifie Mercure. Sat. signifie Saturne. Jup. signifie Jupiter.

Explication de la troisième table.

La première ligne de chiffres, de la table précédente, forme les douze heures du jour; la seconde indique les planettes qui président à ces heures; et la troisième, qui est la seconde de chiffres, est composée des numéros attachés à ces planettes. Nous n'avons pas cru devoir mettre ces nombres sous chaque planette de toute la semaine, pour ne nous pas répéter inutilement. Il suffit de les avoir indiqués une fois pour toutes, puisque ces numéros ne varient pas.

Comme on voit, les planettes dominant les heures, donnent des numéros différens de ceux sur lesquels elles influent lorsqu'elles président les jours ou les mois.

Les nombres doubles des planettes se jouent unis et désunis. Par exemple, le soleil donne les numéros 1, 4, 5, 14, 41.

Avec une étude bien réfléchie de ces tables célestes, et sur-tout avec un calcul fait avec précision, on parviendra à extraire des nombres planétaires cabalistiques, deux, trois, et quelquefois quatre numéros pour les tirages des loteries composées de quatre-vingt-dix numéros.

Nous allons expliquer quelques unes des manières de s'en servir. Il faut commencer par prendre la date du jour du mois où on fait sa mise, et ensuite les numéros de la planette et du signe qui dominent en ce même mois; y ajouter le nombre sympathique du jour de la semaine, le nombre de la planette qui préside au jour, et enfin le numéro de la planette qui préide à l'heure; rangez tous ces nombres les uns à côté des autres, et les cabalez par neuf, en formant la pyramide, comme dans la règle du dix, dont elle ne différencie, que parce que, toutes les fois qu'on a neuf, on le supprime pour ne poser que l'excédent. Nous ferons beaucoup mieux comprendre tout cela par des exemples. Faites attention et examinez alternativement les exemples et les tables.

EXEMPLE.

Sur les tirages de Paris.

J'ai fait une mise au mois de janvier 1791, pour les tirages du 17.

La planette de janvier est Saturne, et son numéro. 88

Son signe dominant est, jusqu'au 19, le Capricorne; je prends son numéro. 28

Je faisais ma mise le lundi, dont le nombre sympathique est. 13

La lune domine ce jour; son numéro est. . . 36

Et je faisais ma mise le dix. 10

A midi, heure, présidée par la planette de Saturne, numéro. 8

$$88:28:13:36:10:8$$
$$7119469718$$
$$821416789$$
$$13557468$$
$$4813215$$
$$394536$$
$$34989$$
$$7488$$
$$237$$
$$51$$
$$6$$

La pointe de la pyramide me donna le terne par le 51, 23, 78, qui sortirent au tirage du 17 janvier. Remarquez que lorsque deux nombres se répètent à la fin de la quatrième ligne, en montant et ne sont pas séparés, le dernier de la troisième ligne devient le com-

mandeur, et va s'unir au nombre répété, comme
vous le voyez en 78. Mais ils seraient devenus commandeurs s'ils eussent été partagés par le 4 qui est avant
eux.

*Bonnes et mauvaises planettes, suivant leurs différens
aspects.*

Des sept planettes, les unes sont bonnes, les autres
mauvaises, dans certains instans, suivans leurs différens aspects. Pour faire ses mises, il faudra donc choisir les plus favorables. C'est ce que nous allons indiquer ci-après.

Dimanche à six heures du matin jusqu'à 7, et depuis 1 heure jusqu'à 2.	Soleil. Moyennement bon.
Lundi 10 heures du matin jusqu'à 11.	Lune. Moyennement bonne.
Mardi 7 heures du matin jusqu'à 8.	Mars. Mauvais.
Mercredi 11 heures du matin jusqu'à midi.	Mercure. Moyennement bon.
Jeudi 8 heures jusqu'à 9 du matin.	Jupiter. Bien bon.
Vendredi à midi jusqu'à 1 heure.	Vénus. Bonne.

| Samedi 9 heures du matin jusqu'à 10. | Saturne. Mauvais. |

Nota. Pour connaître les différens aspects, on pourra consulter le *Messager Boiteux.*

CABALE

DES GRANDE ET PETITE MASSES.

On prend les numéros qu'on veut cabaler, on les additionne tous ensemble comme simples unités, pour la petite masse, sans compter les dizaines; ce qu'on fait, au contraire, pour la grande masse. Prenons pour exemple les numéros du tirage du 19 août 1791.

$$
\begin{aligned}
&5\\
&73\\
&79\\
&20\\
&46\\
\hline
\end{aligned}
$$

Total. . . 223 . . Grande masse.

Pour faire la petite masse, dites, en faisant l'addition: 6 et 9 font 15, et 3 font 18, et 5 font 23; redescendez la colonne des dizaines, en additionnant de haut en bas, et continuez: 23 et 7 font 30 et 7 font 37, et 2 font 39, et 4 font 43, qui est le total pour la petite masse. Joignez ensemble ces deux masses, ajoutez-y l'épacte, le numéro des planètes du mois, du jour et de l'heure, dominans; le jour où s'est fait le tirage; et enfin, le numéro attribué au signe du mois.

EXEMPLE.

Grande masse. 223
Petite masse. 43
Signe, Lion. 27
Planète, Mercure. 70
Planète du jour, Mars. 9
Planète de l'heure, Jupiter. 3
Epacte. 25

Grande masse. 400
Petite masse. 47

Cabalé par 9. 443
82
1

Vous trouvez dans les six nombres du bas de cette
colonne, les numéros 17 et 18, qui vous donnent un
ambe, première et seconde sortie, au tirage suivant.
Ces exemples suffiront pour instruire suffisamment les
actionnaires, et les mettre à même de composer seuls
beaucoup d'autres cabales.

TABLES SECRÈTES DIVINATOIRES

DU CÉLÈBRE OROMASIS,

dit CAGLIOSTRO;

*Par le moyen desquelles cet homme extraordinaire dé-
couvrait les jours heureux ou malheureux, lorsqu'il
formait quelque entreprise.*

Oromasis, connu en France et dans toute l'Europe,
sous le nom de *Cagliostro*, naquit d'un schérif de la

(275)

Mecque : la nature lui avait prodigué toutes les dispo-
sitions nécessaires à un homme qui veut se livrer aux
sciences abstraites. Son père, fameux philosophe
arabe, qui, dès son enfance, avait fait de la nature
une étude approfondie, voulut transmettre à son fils
toutes les découvertes précieuses, fruits de ses longs
travaux et de ses recherches pendant soixante années.
A vingt ans, Oromasis se trouva donc avoir toute l'expérience de près d'un siècle; et combien n'y ajouta-
t-il pas dans ses nombreux voyages !

Une de ses découvertes cabalistiques, fut la composition d'une roue, dont tous les caractères différens,
par la supputation qu'il en faisait, désignaient les bons
ou mauvais succès que pouvaient avoir ses entreprises.

La clef mystérieuse de cette roue est renfermée dans
trois tables, dont nous allons donner connaissance à
nos lecteurs ; ils seront à même de juger quel degré de
confiance ils doivent y avoir.

La première table est composée des vingt-quatre
lettres de l'alphabet, accompagnée chacune d'un
nombre produit par un calcul cabalistique.

La seconde table et formée des jours de la semaine, et du nombre qui leur est propre, des planètes
qui y président, et de leur numéro.

La troisième table, divisée en quatre parties, désigne, par carrés, les nombres heureux ou malheureux.
Voici ces tables.

PREMIÈRE TABLE MYSTIQUE.

A	B	C	D	E	F	G	H
4	6	26	18	12	14	21	28
I	K	L	M	N	O	P	Q
11	16	12	19	11	9	12	8
R	S	T	U	V	X	Y	Z
12	21	6	9	13	12	30	20

Pour la seconde Table, voyez la Céleste, pag. 256.

TROISÈME TABLE MYSTIQUE.

Nombres très-heureux.	Nombres très-mauvais.
1 2 3 4 8 9 11 13 14	10 16 17 18 20 21 29
Nombres heureux.	Nombres mauvais.
5 6 7 12 15 19 22 26	23 24 25 27 28 30

Explication et manière de se servir de ces tables.

Quand vous désirerez savoir l'heureux ou malheureux succès des entreprises que vous voudrez former, prenez le nombre que vous trouverez au-dessous de la première lettre de votre nom de baptême, dans la première table; ajoutez le quantième du mois où vous êtes, le jour que l'entreprise doit commencer, le quantième de la lune (1) de ce même

(1) *Il est bien facile, sans calendrier ni almanach, de connaître sur-le-champ le quantième de la lune. Pour cela, prenez l'épacte, le quantième du mois, et le nombre des mois qui se sont écoulés depuis mars, inclusivement. Additionnez le tout, et divisez par 30; l'excédant sera le quantième de la lune.*

EXEMPLE.

Le 25 juillet 1791, je veux savoir combien il y a de jours de lune, je pose la date 25
Depuis mars jusqu'en juillet, mois. 5
Épacte de 1791 25

      Total 55
      Divisés-par 30

      Reste 25

jour, le nombre sympathique de ce jour, le numéro de sa planette dominante (*Voyez la table céleste, page 256.*)

Faites une addition de tous les chiffres, et divisez-les par 3o ; le nombre excédant sera celui qui vous apprendra si le succès sera heureux ou malheureux, suivant que vous le trouverez placé dans les carrés de la troisième table. Si, votre division faite, il ne vous restait rien, le diviseur 3o sera le nombre que vous devez consulter. Et dans la table il donne un mauvais pronostic.

Pour mieux faire comprendre ce que nous venons de dire, nous allons citer quelques événemens arrivés, et connus de toute l'Europe, et puïsés dans l'histoire. On verra si ce calcul sera juste.

Frédéric, roi de Dannemarck, et Charles d'Autriche, nous fourniront des exemples.

Le premier, par la descente qu'il fit en France.

Le second par la bataille de Saragosse.

PREMIER EXEMPLE.

Frédéric fit sa descente le 11. . . 1709.	11
C'était de la lune le.	11
Un lundi	13
Lune, planète dominante.	36
Première lettre de son nom, F.	14
Total.	85
Divisez par	3o
Reste	25

Cette règle est invariable, et plus sûre qu'un calendrier.

Si le total ne se montait pas à 3o, ce total serait lui-même le nombre de la lune.

Nota. Quoique dans le calendrier l'Epacte change tous les ans au mois de janvier, cependant vous ne devez la changer qu'au mois de mars, suivant le système de cette règle.

Qui annonce, au quatrième carré, mauvais succès.
Et tout le monde sait que Frédéric fut battu.

DEUXIÈME EXEMPLE.

Charles d'Autriche, lettre C.	26
Livra bataille le.	20
C'était de la lune le	25
Le mercredi, dont le nombre est.	12
Mercure est sa planète	59
Total.	122
Divisez par.	30
Reste.	2

Nombre-très heureux, et Charles gagna la bataille.
Il est impossible de ne pas comprendre cette règle,
d'après ces deux exemples.

AUTRE EXEMPLE.

Bonaparte, général de l'armée française en Italie,
attaqua l'armée de l'Empereur à Lody, le 21 floréal
an 4 (mardi 10 mai 1796, v. st.)

Mai.	10
C'était de la lune le	3
Un mardi	101
Mars, planète.	14
Lettre du général, B.	6
Total	134
Divisez par	30
Reste	14

Ce nombre 14 est très-heureux ; l'armée française
remporta une victoire éclatante qui décida du sort de
la Lombardie, et Beaulieu qui commandait l'armée de
l'Empereur, perdit 3000 hommes et 20 pièces de canon.

AUTRE EXEMPLE.

Les troupes de *Pitt*, à Ostende, le 20 mai . . 20
C'était de la lune le 5
Un dimanche 116
Soleil, planète. 25
La lettre P. 12

       Total 178
       Divisez par 30

         Reste. 28

Le nombre 28 est mauvais; les Anglais furent battus et perdirent 2,000 hommes, le reste fut chassé et se rembarqua précipitamment.

LOT DE 51,432 LIVRES.

Un particulier ayant choisi pour texte de sa mise le nom de Bonaparte, pour le tirage du premier nivôse de l'an 6, correspondant au 21 décembre 1797, pour les numéros correspondant au rang que tient chaque lettre du nom dans l'alphabet, et gagne le lot ci-dessus.

B O N A P A R T E.
2 14 13 1 15 17 19 5.

Huit numéros font 28 ambes et 56 ternes.
Mise.   28 ambes à 24 liv. . . . . 672 l.
        56 ternes à 6 liv. . . . 336

       Total de la mise. . . . 1,008

Il est sorti trois numéros des huit, qui font trois ambes et un terne gagné, savoir:

       2 — 15 — 17.

3 ambes à 24 liv. . . . . . 19,440 l. } 52,440
1 terne à 6 35,000   }

       Gain net. . . . . . 51,432 l.

Tableau des Sympathie entre les tirages de Lyon et Paris.

Numéros	Nombres sympathiques					Numéros	Nombres sympathiques				
1	22	27	47	51	53	35	4	12	19	37	88
2	9	28	37	52	88	36	1	3	18	32	43
3	7	10	42	71	78	37	9	22	30	70	77
4	18	27	67	72	85	38	7	18	27	73	87
5	1	16	30	36	69	39	1	24	29	34	59
6	12	17	20	24	37	40	3	7	26	49	60
7	27	30	35	71	70	41	10	21	48	53	61
8	11	24	48	52	77	42	4	24	56	63	76
9	12	22	45	65	80	43	23	30	39	44	46
10	2	6	15	53	83	44	11	13	43	52	61
11	19	22	23	53	82	45	5	16	47	51	75
12	21	23	41	42	80	46	12	18	22	39	88
13	12	14	49	61	65	47	5	8	10	14	83
14	7	38	58	66	82	48	1	11	40	49	75
15	2	30	39	73	79	49	5	6	7	18	78
16	13	43	50	51	62	50	2	3	12	39	79
17	20	28	40	55	71	51	9	17	24	45	61
18	4	8	9	30	62	52	2	7	15	50	66
19	7	27	37	42	70	53	6	15	29	30	40
20	9	15	35	41	47	54	8	10	21	26	48
21	7	15	38	50	85	55	2	12	18	20	64
22	5	30	43	57	65	56	13	37	42	46	85
23	1	10	21	48	77	57	12	70	71	79	82
24	5	47	54	63	74	58	1	23	32	39	41
25	4	13	21	24	31	59	4	5	6	35	89
26	7	30	42	45	46	60	15	24	25	40	61
27	6	15	16	85	89	61	37	39	60	70	75
28	7	12	17	22	82	62	8	14	48	64	68
29	19	25	30	46	80	63	9	13	31	38	67
30	6	14	43	80	90	64	8	36	34	45	54
31	13	15	60	82	89	65	12	18	25	49	52
32	1	2	9	21	72	66	37	53	60	77	81
33	3	5	12	13	84	67	2	4	24	27	45
34	8	9	35	71	77	68	1	6	21	33	75

Numéros.	Nombres sympathiques.					Numéros.	Nombres sympathiques.				
69 ..	37	42	58	60	61	80 ..	5	10	12	17	20
70 ..	19	20	43	74	82	81 ..	6	7	26	49	71
71 ..	17	20	40	70	86	82 ..	11	19	20	44	52
72 ..	8	13	17	21	62	83 ..	3	17	35	42	81
73 ..	5	9	11	28	39	84 ..	4	14	21	28	80
74 ..	7	49	50	73	75	85 ..	12	18	19	38	57
75 ..	6	33	62	71	77	86 ..	2	9	13	15	44
76 ..	2	11	24	67	81	87 ..	5	40	50	63	75
77 ..	1	3	7	9	18	88 ..	2	4	7	24	34
78 ..	7	11	30	46	73	89 ..	3	23	61	71	78
79 ..	1	24	56	57	64	90 ..	1	17	23	35	81

Nota. Les observations astrologiques ont appris qu'il
existe une sympathie entre plusieurs choses sur la terre,
et notamment entre les numéros sortans aux tirages qui
se font dans les divers lieux de ce globe habité; que
cette sympathie consiste dans une force attractive,
inhérente à chaque numéro, au moyen de laquelle il
entraîne dans les tirages subséquens cinq numéros, qui
sont regardés comme ses satellites. Cette sympathie est
modifiée par la distance et la position respective des
lieux, par leurs degrés de longitude, de latitude, etc.
Le mouvement diurne et le mouvement propre des
astres, les syzygies, l'apogée et le périgée de la lune,
ainsi que l'équinoxe ascendant et descendant, influent
ensuite beaucoup sur la priorité de sortie des numéros
sympathiques entre eux.

D'après ces observations, chaque numéro sorti au
tirage de Paris, du 5 d'un mois quelconque, provoque
la sortie de cinq nombres sympathiques au tirage de
Lyon, du 9 du même mois; et chacun de ceux sortis à
Lyon, à ce tirage du 9, provoque la sortie de cinq
autres au tirage du 15 à Paris, et ainsi de suite. Il est
rare que des 24 nombres sympathiques appelés par les
cinq nombres sortis à un tirage, il n'en sorte trois ou
quatre, qui produisent de bons ternes et quaternes à
ceux qui les jouent.

36

On peut en faire l'expérience en comparant les deux tableaux ci-joints des tirages de Lyon et de Paris, avec le tableau de leurs nombres sympathiques ci-dessus. *Exemple*:

Les numéros sortis au tirage du 25 fructidor an 9, sont 31, 69, 13, 39, 9; ceux sortis à Lyon au tirage du 29 du même mois, sont 57, 56, 29, 59, 58.

Voyez les nombres sympathiques des cinq numéros sortis à Paris; vous trouverez parmi eux 29, 58, et 59, qui ont formé un terne, dont beaucoup de personnes ont profité.

Cherchez à présent les nombres sympathiques des cinq numéros sortis à Lyon au tirage du 29, cité ci-dessus, vous trouverez parmi eux les trois numéros 19, 25, 86, qui sont sortis au tirage suivant de Paris du 5 vendémiaire an 10, qui sont 53, 25, 86, 20, 19.

En faisant la même opération, on trouvera très-souvent des ambes, des ternes, et quelquefois des quaternes.

NOUVELLE CABALE

Pour les jeux d'extraits simples; par laquelle on trouve aussi des ambes, et quelquefois des ternes Mais n'ayant été combinée que pour les extraits, elle est très-avantageuse; un actionnaire prudent et intelligent peut gagner beaucoup à la suivre; elle est composée sur les loteries de Paris et Lyon réunies, et s'opère tous les mois.

Il faut, pour cette cabale, avoir soin d'enregistrer tous les numéros sortans, Paris et Lyon réunis, comme si ce n'était qu'une seule et même loterie.

On trace un tableau de 90 carrés, tel qu'il est à l'exemple ci-après, sur une feuille de papier; sur une autre feuille, vous faites une colonne de 80 chiffres, en commençant par 1 jusqu'à 80, que vous divisez en plusieurs branches selon la grandeur de votre papier. Vous faites votre opération, en commençant par le dernier numéro du mois qui précède celui pour lequel vous vous intéressez, que vous posez sur votre colonne, à côté du chiffre 1, le second ou l'avant-dernier à côté du chiffre 2, et aussi sur votre tableau, ainsi de suite toujours en remontant les sorties jusqu'à 80, que votre colonne sera remplie; le tableau sert pour éviter de prendre les numéros qui se répètent, parcequ'au premier coup-d'œil on voit si on a déjà pris le même; on le laisse; l'exemple suivant éclaircira parfaitement cette cabale.

EXEMPLE.

1	11	21	31	41	51	61	71	81
2	12	22	32	42	52	62	72	82
3	13	23	33	43		63	73	83
4	14		34	44		64	74	84
5	15	25	35	45	55	65	75	85
6	16		36	46	56	66	76	86
7	17	27	37	47	57	67	77	87
8	18	28	38		58		78	88
9	19	29	39		59	69	79	89
		30	40	50		70	80	90

Il a été tiré pour jouer au mois de janvier 1826; j'ai donc commencé par prendre le dernier numéro de 1825, qui était 66, que j'ai posé, comme on voit, à côté du chiffre 1 de la colonne ci-après, et sur le tableau ci-joint; le second, 37 que je pose à côté du chiffre 2 et aussi sur le tableau; le troisième 61, le quatrième 3, le cinquième 43, le sixième 51, le septième 9, le huitième 11, et le neuvième étant le 37, que je vois déjà posé sur mon tableau, je le laisse et prends le suivant qui est le 40, que je pose à côté du chiffre 9 de la colonne, et aussi sur mon cadre; ainsi de suite en remontant jusqu'à ce que j'aie placé mes 80 numéros; et lorsque la colonne est remplie, il doit se trouver dix carrés vides sur le tableau; à défaut de ce, l'opération serait fausse; il faudrait la refaire.

Étant bien faite, au tirage du 5 janvier 1826, il est sorti 3, 56, 65, 16, 79; alors on voit sur le tableau s'ils sont sur la colonne; à ceux qui s'y trouvent, je pose 1 à côté des numéros sortis au susdit tirage; au tirage du 9 janvier, je pose 2 à côté des numéros sortis, au troisième, 3, ainsi de suite jusqu'à 6, pour les trois jeux que je vais indiquer, et jusqu'à 12 et plus pour d'autres jeux qui ne donnent que plus tard; les trois jeux de trois numéros chaque, sont les numéros qui se lient avec les chiffres de la colonne, 49, 50, 51, — 69, 70, 71, — 74, 75, 76; ce qui forme trois jeux séparés.

1	66		21	56	1	41	32		61	69	
2	37		22	50	2	42	89		62	29	2
3	61		23	63	6	43	80		63	5	
4	3	1	24	14		44	25	3	64	34	
5	43		25	8		45	71		65	38	
6	51		26	65	1	46	42		66	87	4
7	9		27	17		47	22		67	18	
8	11		28	90	4	48	36		68	4	
9	40		29	62	5	49	27		69	79	1
10	1		30	55		50	85	3	70	15	6
11	46		31	19		51	64	6	71	16	1
12	82		32	88	4	52	73		72	31	3
13	58		33	74		53	67		73	75	
14	78		34	83		54	50		74	2	
15	23		35	39	2	55	35		75	28	6
16	21		36	45	4	56	47		76	76	
17	52		37	72		57	33		77	7	
18	81		38	12		58	57		78	86	
19	13	5	39	41		59	44		79	70	
20	59		40	77		60	6	3	80	84	

On observe que les numéros qui correspondent avec les chiffres indiqués, ont une sympathie singulière ; que rarement il manque d'en sortir un ou deux et quelquefois trois à chaque jeu, dans les six premiers tirages réunis ; que cette cabale n'est proposée aux actionnaires, que d'après des preuves multipliées ; ce que chacun peut voir par lui-même, en la faisant tous les mois telle qu'on l'indique à l'exemple ci-dessus.

Que non-seulement de ces trois jeux il y a beaucoup d'autres chiffres avec lesquels les numéros ont une liaison de sortir à tel ou tel nombre de tirages, dont un actionnaire intelligent peut profiter avec avantage ; le numéro correspondant au chiffre 44, est très-avantageux.

On voit, par l'exemple ci-dessus, que les trois jeux proposés ont produit dans les six premiers tirages, cinq extraits et un ambe, et en liant les trois jeux, indépendamment des cinq extraits, quatre ambes et un terne qui n'auraient pas beaucoup coûté, puisqu'à l'époque du terne, il n'y avait plus que six numéros à jouer, attendu qu'il en était déjà sorti trois. Mais on conseille beaucoup de prudence à ménager ses fonds selon ses moyens, attendu que rien n'est infaillible en ce bas monde.

COMBINAISON PERPÉTUELLE,

Sur les extraits déterminés, qu'on peut jouer avec peu de fonds ; à toutes les sorties.

On prendra les numéros des six derniers tirages sur Paris, Lyon ou autres loteries composées de 90 numéros : rarement ils sont au nombre de trente, parce qu'il s'en trouve toujours de répétés, attendez, qu'il en soit sorti trois ou quatre sur trois ou quatre sorties, ainsi jouez tous ces numéros aux sorties où ils seront en retard, commencez au septième tirage seulement, en martingalant trois ou quatre fois au plus, (car il est fort rare que ce jeu passe huit ou dix tirages sans produire son effet) ; ainsi vous obtiendrez un bénéfice honnête. Mais on recommande d'être prudent, de ne pas aller plus loin que le neuf vienne ou dixième coup, parce que si on n'avait pas les fonds nécessaires, on se mettrait hors de portée de pouvoir continuer un jeu qu'il est plus prudent d'abandonner que de trop poursuivre, ayant présque la certitude de regagner une autre fois ce qu'on aurait perdu lorsque deux sorties seraient en retard.

Mais observez que si étant arrivé au septième tirage, il restait trois sorties en retard, on conseille de ne le pas jouer, mais de refaire son jeu, deux ou trois tirages plus tard que le précédent ; il est fort aisé d'en voir la preuve, en ayant soin d'enregistrer les numéros à leur sortie.

Nous donnons un exemple pour faciliter ceux qui ne sont pas au fait des combinaisons, quoique celle-ci soit fort aisée.

Exemple et Preuve.

Au premier tirage de janvier 1825 sur Paris, les six derniers tirages de 1824 avaient donné les numéros : 3. 7. 13. 14. 16. 22. 23. 25. 26. 30. 31. 37. 38. 40. 45. 52. 53. 56. 58. 70. 74. 80. 81. 85. 86.

On voit, par cet exemple, qu'il n'y avait que 25 numéros.

Au premier tirage de janvier 1825, il est sorti le 25 à la troisième sortie; au troisième tirage, le 27 à la seconde; au quatrième, le 52 à la quatrième; au cinquième, le 45 à la cinquième: restait donc la première sortie en retard qui a donné le 38 au huitième tirage.

Ayant donc commencé au septième tirage, comme on l'indique ci-dessus, à 50 cent. le numéro, ce qui fait 12 f. 50 cent., en martingalant au huitième, aurait coûté 25 f. qui joint aux 12 fr. 50 c. du septième, fait un total de 37 fr. 50 c. le produit étant de 70 fr., reste 32 fr. 50 c. de bénéfice.

A la même époque, à Lyon le 66 sorti au huitième tirage, a produit le même avantage, les autres sorties ayant donné plus tôt.

Instruction facile pour jouer à toutes les Roues le Jeu des Septénaires.

Les numéros qui servent d'indicateurs, sont à la marge gauche ; la sortie de l'un d'eux annonce qu'il faut prendre les sept qui sont en face, et à la ligne.

Il faut que le numéro indicateur se trouve être tiré à la cinquième sortie ; pour lors ce numéro prend le titre de commandeur.

POUR PARIS.			POUR PARIS.		
1	de 83 a 89.		27	de 21 a 27.	
2	de 72 a 78.		28	de 84 a 90.	
3	de 73 a 79.		29	de 30 a 36.	
4	de 42 a 48.		30	de 42 a 48.	
5	de 28 a 34.		31	de 13 a 19.	
6	de 7 a 13.		32	de 51 a 57.	
7	de 83 a 89.		33	de 33 a 39.	
8	de 62 a 68.		34	de 3 a 9.	
9	de 32 a 38.		35	de 73 a 79.	
10	de 31 a 37.		36	de 6 a 12.	
11	de 40 a 46.		37	de 49 a 55.	
12	de 30 a 36.		38	de 12 a 18.	
13	de 81 a 87.		39	de 80 a 86.	
14	de 50 a 56.		40	de 73 a 79.	
15	de 52 a 58.		41	de 81 a 87.	
16	de 40 a 46.		42	de 14 a 20.	
17	de 21 a 27.		43	de 8 a 14.	
18	de 30 a 36.		44	de 12 a 18.	
19	de 61 a 67.		45	de 16 a 22.	
20	de 41 a 47.		46	de 32 a 38.	
21	de 4 a 10.		47	de 30 a 36.	
22	de 75 à 81.		48	de 34 a 40.	
23	de 72 a 78.		49	de 42 a 48.	
24	de 31 a 37.		50	de 9 a 15.	
25	de 82 a 88.		5	de 73 a 79.	
26	de 61 a 67.		52	de 30 a 36.	

53	de 19 a 25.	72	de 82 a 88,
54	de 26 a 32.	73	de 1 a 7.
55	de 36 a 42.	74	de 8 a 14.
56	de 72 a 78.	75	de 16 a 22.
57	de 34 a 40.	76	de 2 a 8.
58	de 25 a 31.	77	de 13 a 19.
59	de 43 a 49.	78	de 30 a 36.
60	de 57 a 63.	79	de 32 a 38.
61	de 29 a 35.	80	de 53 a 59.
62	de 68 a 74.	81	de 32 a 38.
63	de 62 a 68.	82	de 31 a 37.
64	de 21 a 27.	83	de 82 a 88.
65	de 42 a 48.	84	de 1 a 7.
66	de 60 a 66.	85	de 73 a 79.
67	de 16 a 22.	86	de 17 a 23.
68	de 60 a 66.	87	de 50 a 56.
69	de 79 a 85.	88	de 41 a 47.
70	de 52 a 58.	89	de 61 a 67.
71	de 83 a 89.	90	de 15 a 21.

FIN DU TIRAGE DE PARIS.

POUR LYON.

1	de 13 a 19.	21	de 32 a 38.
2	de 73 a 79.	22	de 75 a 81.
3	de 71 a 77.	23	de 72 a 78.
4	de 42 à 48.	24	de 6 a 12.
5	de 14 a 20.	25	de 32 a 38.
6	de 7 a 13.	26	de 61 a 67.
7	de 11 a 17.	27	de 44 a 50.
8	de 62 a 68.	28	de 22 a 28.
9	de 51 a 57.	29	de 6 a 12.
10	de 1 a 7.	30	de 30 a 36.
11	de 11 a 17.	31	de 13 a 19.
12	de 81 a 87.	32	de 51 a 57.
13	de 44 a 50.	33	de 71 a 77.
14	de 43 a 49.	34	de 3 a 9.
15	de 71 a 77.	35	de 48 a 54.
16	de 4 a 10.	36	de 34 a 40.
17	de 9 a 15.	37	de 11 a 17.
18	de 60 a 66.	38	de 12 a 18.
19	de 51 a 57.	39	de 41 a 47.
20	de 41 a 47.	40	de 11 a 17.

41	de 80 a 86.		66	de 4 a 10.
42	de 61 a 67.		67	de 29 a 35.
43	de 8 a 14.		68	de 42 a 48.
44	de 70 a 76.		69	de 4 a 10.
45	de 9 a 15.		70	de 52 a 58.
46	de 51 a 57.		71	de 71 a 77.
47	de 42 a 48.		72	de 15 a 21.
48	de 72 a 78.		73	de 5 a 11.
49	de 11 a 17.		74	de 3 a 9.
50	de 84 a 90.		75	de 32 a 38.
51	de 46 a 52.		76	de 12 a 18.
52	de 42 a 48.		77	de 4 a 10.
53	de 82 a 88.		78	de 22 a 28.
54	de 8 a 14.		79	de 8 a 14.
55	de 2 a 8.		80	de 37 a 43.
56	de 9 a 15.		81	de 71 a 77.
57	de 15 a 21.		82	de 52 a 58.
58	de 61 a 67.		83	de 72 a 78.
59	de 43 a 49.		84	de 19 a 25.
60	de 3 a 9.		85	de 8 a 14.
61	de 9 a 15.		86	de 21 a 27.
62	de 51 a 57.		87	de 11 a 17.
63	de 14 a 20.		88	de 82 a 88.
64	de 9 a 15.		89	de 40 a 46.
65	de 12 a 18.		90	de 30 a 36.

FIN DU TIRAGE DE LYON.

SUR LES DEUX ROUES.   *SUR LES DEUX ROUES.*

1	de 70 a 76.		15	de 43 a 49.
2	de 15 a 21.		16	de 41 a 47.
3	de 71 a 77.		17	de 80 a 86.
4	de 13 a 19.		18	de 53 a 59.
5	de 32 a 38.		19	de 20 a 26.
6	de 20 a 26.		20	de 81 a 87.
7	de 30 a 36.		21	de 32 a 38.
8	de 69 a 75.		22	de 61 a 67.
9	de 38 a 44.		23	de 61 a 67.
10	de 12 a 18.		24	de 70 a 76.
11	de 84 a 90.		25	de 21 a 27.
12	de 82 a 88.		26	de 32 a 38.
13	de 40 a 46.		27	de 30 a 36.
14	de 20 a 26.		28	de 2 a 8.

29	de 82 a 88.	60 de 52 a 58.
30	de 43 a 49.	61 de 52 a 58.
31	de 20 a 26.	62 de 55 a 41.
32	de 31 a 37.	63 de 52 a 58.
33	de 72 a 78.	64 de 8 a 14.
34	de 30 a 36.	65 de 84 a 90.
35	de 82 a 88.	66 de 20 a 26.
36	de 13 a 19.	67 de 15 a 21.
37	de 36 a 42.	68 de 19 a 25.
38	de 71 a 77.	69 de 82 a 88.
39	de 83 a 89.	70 de 18 a 24.
40	de 67 a 73.	71 de 73 a 79.
41	de 15 a 21.	72 de 51 a 57.
42	de 2 a 8.	73 de 52 a 58.
43	de 61 a 67.	74 de 6 a 12.
44	de 70 a 76.	75 de 1 a 7.
45	de 81 a 87.	76 de 80 a 86.
46	de 63 a 69.	77 de 28 a 34.
47	de 74 a 80.	78 de 21 a 27.
48	de 81 a 87.	79 de 60 a 66.
49	de 32 a 38.	80 de 1 a 7.
50	de 80 a 86.	81 de 21 a 27.
51	de 71 a 77.	82 de 41 a 47.
52	de 31 a 37.	83 de 51 a 57.
53	de 19 a 25.	84 de 71 a 77.
54	de 82 a 88.	85 de 52 a 58.
55	de 40 a 46.	86 de 50 a 56.
56	de 20 a 26.	87 de 15 a 21.
57	de 52 a 58.	88 de 42 a 48.
58	de 30 a 36.	89 de 20 a 26.
59	de 55 a 61.	90 de 80 a 86.

Fin des deux Roues.   *Fin des deux Roues.*

TABLEAU DES TIRAGES

Depuis le rétablissement de la Loterie par la loi du 9 vendémiaire an 6 (30 septembre 1797).

An VI.						An VII / An VIII					
An VI.						1 Pluv.	54	14	3	16	69
16 Frim.	70	27	86	77	49	16 Pluv.	34	21	84	16	20
1 Niv.	2	44	17	67	15	1 Vent.	36	11	64	81	61
16 Niv.	15	16	85	54	40	19 Vent.	17	6	67	1	79
1 Pluv.	63	74	78	19	89	1 Germ.	82	46	12	13	15
16 Pluv.	54	79	68	60	2	16 Germ.	79	53	63	25	29
1 Vent.	79	85	27	57	58	1 Flor.	12	30	24	39	60
16 Vent.	21	31	60	85	67	16 Flor.	48	36	6	24	32
1 Germ.	21	1	38	29	53	1 Prair.	80	11	4	32	20
16 Germ.	15	86	69	4	26	16 Prair.	46	84	64	43	62
1 Flor.	30	11	12	50	47	1 Messi.	14	23	18	69	77
16 Flor.	44	36	11	5	18	16 Messi.	44	13	35	39	3
1 Prair.	37	77	49	10	7	1 Ther.	72	63	31	57	19
16 Prair.	52	48	40	11	70	16 Ther.	43	84	11	54	64
1 Messi.	36	46	82	44	39	1 Fruc.	78	66	46	63	34
16 Messi.	55	16	39	59	36	16 Fruc.	13	67	73	26	71
1 Ther.	86	62	15	44	73	**An VIII.**					
16 Ther.	29	75	11	89	90	1 Vend.	13	68	76	3	6
1 Fruc.	41	12	1	33	5	16 Vend.	82	32	60	42	51
16 Fruc.	83	42	60	79	5	1 Brum.	35	18	79	62	19
An VII.						16 Brum.	49	29	38	12	89
1 Vend.	72	75	53	19	77	1 Frim.	90	27	26	28	64
16 Vend.	30	86	40	78	74	16 Frim.	85	48	12	65	15
1 Brum.	70	30	17	48	76	1 Niv.	57	17	14	40	55
16 Brum.	20	4	52	47	10	16 Niv.	88	90	74	78	61
1 Frim.	11	36	46	16	63	1 Pluv.	79	65	29	74	69
16 Frim.	46	89	73	17	23	16 Pluv.	42	61	37	84	50
1 Niv.	88	46	81	57	66	1 Vent.	64	5	33	85	28
16 Niv.	40	43	59	25	26	16 Vent.	69	13	30	9	61

1 Germ.	4	83	8	9	69		An IX.				
16 Germ.	48	26	14	19	9	1 Vend.	51	26	65	19	87
1 Flor.	50	51	48	40	83	16 Vend.	1	77	9	41	82
16 Flor.	23	57	47	81	43	5 Brum.	81	87	64	12	75
1 Prair.	59	62	49	19	63	15 Brum.	51	24	35	75	17
16 Prair.	30	71	61	50	42	25 Brum.	8	48	11	70	22
1 Mess.	24	44	16	86	52	5 Frim.	15	40	48	32	69
16 Mess.	10	87	44	61	77	15 Frim.	36	24	44	19	47
1 Ther.	66	67	16	41	80	25 Frim.	44	19	6	48	35
16 Ther.	39	65	56	52	7						
1 Fruc.	34	43	84	18	33						
16 Fruc.	56	3	84	8	78						

SUITE

des Tirages de Paris, de l'an IX.

TABLEAU des Tirages faits à Lyon depuis leur établissement dans cette ville.

5 Niv.	61	83	52	80	75	9 Niv.	45	2	47	15	11
15 Niv.	52	58	7	71	44	19 Niv.	74	79	32	39	23
25 Niv.	64	63	80	1	24	29 Niv.	54	82	45	8	74
5 Pluv.	50	14	57	46	16	9 Pluv.	82	39	79	66	12
15 Pluv.	41	35	25	45	67	19 Pluv.	88	87	37	12	39
25 Pluv.	46	7	19	4	30	29 Pluv.	70	19	53	27	7
5 Vent.	7	40	78	29	38	9 Vent.	50	73	85	46	27
15 Vent.	32	9	72	39	28	19 Vent.	12	82	83	7	45
25 Vent.	42	3	32	69	79	29 Vent.	72	63	1	56	57
5 Germ.	77	59	41	83	54	9 Germ.	89	51	6	32	5
15 Germ.	61	78	17	71	45	19 Germ.	40	54	17	72	20
25 Germ.	56	32	37	77	83	29 Germ.	85	46	65	79	13
5 Flor.	18	22	62	47	36	9 Flor.	57	83	14	62	8
15 Flor.	71	72	54	77	70	19 Flor.	26	8	48	58	17
25 Flor.	41	57	28	1	11	29 Flor.	87	22	30	61	55
5 Prair.	39	7	70	90	67	9 Prair.	6	17	78	54	45
15 Prair.	25	83	77	60	66	19 Prair.	87	25	67	15	24

Tirages de Paris.

25	Prair.	27	21	4	32	30
5	Mess.	13	87	48	74	42
15	Mess.	7	69	26	62	40
25	Mess.	77	53	35	79	71
5	Ther.	86	28	70	38	37
15	Ther.	47	37	35	53	40
25	Ther.	80	52	43	19	90
5	Fruc.	53	73	85	2	65
15	Fruc.	37	61	39	78	42
25	Fruc.	31	69	13	39	9

Tirages de Lyon.

29	Prair.	15	89	42	38	85
9	Mess.	75	66	40	65	49
19	Mess.	7	42	46	67	34
29	Mess.	13	6	66	71	30
9	Ther.	20	80	74	82	2
19	Ther.	85	65	30	70	9
27	Ther.	71	31	15	57	67
9	Fruc.	47	19	9	56	83
19	Fruc.	41	63	57	76	66
29	Fruc.	57	56	29	59	58

An X.

Tirages de Paris.

5	Vend.	53	25	86	20	19
15	Vend.	80	22	19	82	54
25	Vend.	30	65	73	77	46
5	Brum.	47	31	30	61	44
15	Brum.	63	40	33	80	18
25	Brum.	44	52	20	53	82
5	Frim.	21	80	14	61	42
15	Frim.	35	31	81	51	50
25	Frim.	83	90	14	68	84
5	Niv.	55	28	83	54	71
15	Niv.	29	16	40	72	35
25	Niv.	7	73	79	50	85
5	Pluv.	56	69	15	85	66
15	Pluv.	46	70	26	87	7
25	Pluv.	64	12	15	52	18
5	Vent.	48	68	75	21	10
15	Vent.	5	7	6	6	81
25	Vent.	67	76	11	88	63
5	Germ.	63	47	46	40	5
15	Germ.	12	24	61	73	53

Tirages de Lyon.

9	Vend.	9	56	53	2	41
19	Vend.	57	22	5	43	38
29	Vend.	49	64	79	25	52
9	Brum.	14	89	46	6	60
19	Brum.	12	82	5	17	84
29	Brum.	69	13	14	84	1
9	Frim.	81	49	16	54	61
19	Frim.	72	21	76	23	5
29	Frim.	35	17	81	24	88
9	Niv.	12	29	84	57	2
19	Niv.	13	21	6	49	43
29	Niv.	9	59	6	15	17
9	Pluv.	57	12	69	81	38
19	Pluv.	62	65	8	55	64
29	Pluv.	23	41	11	54	3
9	Vent.	6	75	53	45	62
19	Vent.	74	49	76	71	78
29	Vent.	24	87	2	45	81
9	Germ.	79	3	46	60	49
19	Germ.	78	38	5	7	49

	Tirages de Paris.						Tirages de Lyon.				
25	Germ.	89	14	22	86	84	29 Germ.	19	67	68	32	15
5	Flor.	1	21	62	33	31	9 Flor.	66	81	68	77	3
15	Flor.	58	38	57	31	7	19 Flor.	72	51	3	62	83
25	Flor.	43	65	30	64	57	29 Flor.	44	39	23	88	51
5	Prair.	66	61	69	35	52	9 Prair.	57	60	1	75	69
15	Prair.	6	48	23	90	5	19 Prair.	1	84	77	36	47
25	Prair.	77	22	35	1	3	29 Prair.	7	72	71	18	42
5	Mess.	50	83	9	4	63	9 Mess.	64	78	74	26	80
15	Mess.	30	74	42	45	34	19 Mess.	36	8	40	34	27
25	Mess.	12	41	45	55	37	29 Mess.	52	59	16	75	69
5	Ther.	32	24	88	71	78	9 Ther.	60	30	6	36	62
15	Ther.	41	60	89	31	43	19 Ther.	84	72	32	29	53
25	Ther.	55	28	32	54	29	29 Ther.	68	45	73	64	86
5	Fruct.	79	45	66	53	22	9 Fruc.	26	88	23	11	4
15	Fruc.	48	38	59	61	55	19 Fruc.	60	37	71	73	2
25	Fruc.	26	25	43	3	87	29 Fruc.	80	28	87	45	26

An XI.

5	Vend.	85	62	3	26	18	9 Vend.	23	15	7	48	74
15	Vend.	88	15	69	87	59	19 Vend.	28	46	20	67	48
25	Vend.	48	61	2	60	37	29 Vend.	3	11	23	52	81
5	Brum.	47	29	77	38	87	9 Brum.	40	82	67	63	78
15	Brum.	19	75	13	74	65	19 Brum.	37	69	75	63	43
25	Brum.	7	27	20	41	32	29 Brum.	81	41	35	47	51
5	Frim.	11	83	57	24	4	9 Frim.	69	23	75	3	10
15	Frim.	43	29	16	88	72	19 Frim.	88	5	14	90	78
25	Frim.	83	73	47	72	65	29 Frim.	84	55	89	61	47
5	Niv.	76	51	29	60	36	9 Niv.	84	27	23	45	22
15	Niv.	62	9	38	36	85	19 Niv.	84	17	39	31	22
25	Niv.	74	69	37	86	38	29 Niv.	90	16	2	17	72
5	Pluv.	2	11	3	13	32	9 Pluv.	80	84	75	52	35
15	Pluv.	88	63	37	38	56	19 Pluv.	20	82	21	52	7
25	Pluv.	81	57	36	50	27	29 Pluv.	18	65	81	56	70
5	Vent.	34	48	47	21	50	9 Vent.	5	58	47	65	27
15	Vent.	4	29	75	50	42	19 Vent.	2	25	77	50	88
25	Vent.	13	32	81	36	10	29 Vent.	20	59	86	9	63
5	Germ.	90	89	25	41	84	9 Germ.	23	62	74	87	61

Tirages de Paris.							Tirages de Lyon.					
15 Germ.	2	22	41	87	29	19	Germ.	22	89	86	17	37
25 Germ.	21	62	5	23	17	29	Germ.	12	62	32	65	14
5 Flor.	43	49	86	38	16	9	Flor.	84	50	2	17	45
15 Flor.	65	24	78	12	30	19	Flor.	38	59	76	61	49
25 Flor.	7	28	53	24	22	29	Flor.	90	34	3	46	71
5 Prair.	30	52	53	55	41	9	Prair.	1	30	12	82	52
15 Prair.	23	80	37	89	79	19	Prair.	11	36	31	42	89
25 Prair.	7	35	57	82	27	29	Prair.	90	15	40	65	74
5 Mess.	24	88	60	13	61	9	Mess.	69	53	60	12	61
15 Mess.	72	39	67	36	63	19	Mess.	9	37	54	28	87
25 Mess.	51	5	13	44	28	29	Mess.	42	70	66	21	45
5 Ther.	28	71	67	78	56	9	Ther.	58	89	78	35	8
13 Ther.	42	31	23	5	39	19	Ther.	52	37	71	31	64
25 Ther.	42	29	74	81	11	29	Ther.	86	70	37	90	42
5 Fruc.	2	37	87	27	26	9	Fruc.	51	22	25	76	36
15 Fruc.	41	89	19	60	73	19	Fruc.	40	34	25	28	74
25 Fruc.	52	53	11	25	87	29	Fruc.	85	79	76	58	20

An XII.

Tirages de Paris							Tirages de Lyon					
5 Vend.	56	18	34	64	35	9	Vend.	90	4	43	11	55
15 Vend.	13	20	26	23	6	19	Vend.	16	86	37	48	22
25 Vend.	35	79	43	5	53	29	Vend.	30	84	34	73	49
5 Brum.	32	82	31	33	14	9	Brum.	49	59	58	69	11
15 Brum.	53	28	36	11	14	19	Brum.	35	41	37	42	43
25 Brum.	85	23	57	29	53	29	Brum.	51	55	7	78	45
5 Frim.	78	88	76	71	55	9	Frim.	15	40	8	67	66
15 Frim.	60	10	56	75	68	19	Frim.	71	45	53	70	57
25 Frim.	53	11	21	35	39	29	Frim.	77	35	57	20	10
5 Niv.	6	34	75	58	13	9	Niv.	3	2	57	7	90
15 Niv.	29	13	89	20	68	19	Niv.	33	50	70	81	57
25 Niv.	53	84	25	6	29	29	Niv.	61	23	78	57	80
5 Pluv.	60	67	73	57	52	9	Pluv.	34	44	18	11	46
15 Pluv.	1	48	64	66	53	19	Pluv.	70	55	36	71	83
25 Pluv.	51	32	43	90	76	29	Pluv.	21	59	58	78	19

Tirages de Paris.								Tirages de Lyon.					
5	Vent.	26	24	6	28	52	9	Vent.	15	79	27	73	64
15	Vent.	81	2	52	58	1	19	Vent.	66	48	38	14	73
25	Vent.	2	22	28	10	8	29	Vent.	4	67	20	39	23
5	Germ.	33	21	28	87	61	9	Germ.	83	56	12	36	3
15	Germ.	69	72	76	74	11	19	Germ.	53	11	51	71	39
25	Germ.	33	47	88	1	49	29	Germ.	55	46	42	49	19
5	Flor.	26	43	39	5	1	9	Flor.	71	13	37	88	17
15	Flor.	71	34	48	59	36	19	Flor.	21	52	43	69	85
25	Flor.	57	5	76	84	78	29	Flor.	58	86	82	11	13
5	Prair.	15	7	6	11	79	9	Prair.	83	17	53	76	70
15	Prair.	51	75	36	18	41	19	Prair.	84	45	22	2	85
25	Prair.	11	80	59	21	69	29	Prair.	78	62	46	88	12
5	Mess.	42	50	85	78	32	9	Mess.	56	86	21	27	51
15	Mess.	34	90	6	61	28	19	Mess.	78	38	7	89	23
25	Mess.	75	61	41	81	34	29	Mess.	81	51	11	75	44
5	Ther.	59	58	79	7	85	9	Ther.	18	25	86	82	17
15	Ther.	14	37	34	57	72	19	Ther.	2	78	89	90	18
25	Ther.	58	3	65	9	28	29	Ther.	2	16	57	18	33
5	Fruc.	25	12	77	51	19	9	Fruc.	65	57	45	29	42
15	Fruc.	69	89	46	26	12	19	Fruc.	84	67	42	88	18
25	Fruc.	3	52	67	54	22	29	Fruc.	50	49	33	35	25

An XIII.

5	Vend.	89	54	1	27	55	9	Vend.	61	89	36	63	79
15	Vend.	44	25	47	16	27	19	Vend.	31	67	37	75	59
25	Vend.	40	29	70	13	58	29	Vend.	41	80	8	86	25
5	Brum.	9	43	40	46	76	9	Brum.	8	50	43	69	17
15	Brum.	73	75	17	1	57	19	Brum.	87	80	25	9	30
25	Brum.	35	73	59	69	88	29	Brum.	57	30	1	21	59
5	Frim.	45	47	53	51	80	9	Frim.	1	48	90	14	71
15	Frim.	5	77	63	87	83	19	Frim.	20	60	72	35	82
25	Frim.	18	17	85	5	51	29	Frim.	5	10	34	67	13
5	Niv.	19	78	30	24	75	9	Niv.	62	19	52	17	30

	Tirages de Paris.							Tirages de Lyon.				
15	Niv.	23	78	14	24	56	19	Niv.	52	57	26	77	73
25	Niv.	50	14	4	24	69	29	Niv.	23	6	45	49	51
5	Pluv.	80	53	64	16	28	9	Pluv.	1	21	62	59	27
15	Pluv.	4	59	53	46	61	19	Pluv.	31	47	44	6	51
25	Pluv.	59	86	44	86	11	29	Pluv.	72	22	55	4	25
5	Vent.	58	80	11	17	47	9	Vent.	89	90	15	16	54
15	Vent.	37	66	12	60	15	19	Vent.	28	82	24	80	78
25	Vent.	26	41	37	85	66	29	Vent.	41	25	7	10	60
5	Germ.	10	85	87	12	21	9	Germ.	17	47	44	66	76
15	Germ.	18	56	42	39	65	19	Germ.	39	83	35	20	77
25	Germ.	1	9	80	2	66	29	Germ.	76	67	40	84	72
5	Flor.	10	50	56	54	53	9	Flor.	9	19	77	74	85
15	Flor.	49	88	19	26	6	19	Flor.	76	13	31	40	12
25	Flor.	77	35	5	49	79	29	Flor.	47	62	29	52	28
5	Prair.	19	13	54	72	34	9	Prair.	33	86	20	47	60
15	Prair.	21	34	68	65	73	19	Prair.	72	60	45	65	5
25	Prair.	23	76	57	3	18	29	Prair.	85	90	78	12	75
5	Mess.	56	13	81	87	88	9	Mess.	48	88	84	61	23
15	Mess.	42	9	77	17	16	19	Mess.	42	9	57	62	44
25	Mess.	27	84	48	59	73	29	Mess.	61	89	35	56	72
5	Ther.	18	42	37	81	29	9	Ther.	24	17	53	48	22
15	Ther.	47	75	87	42	72	19	Ther.	78	39	3	9	76
25	Ther.	31	77	1	66	23	29	Ther.	43	35	15	51	48
5	Fruc.	44	48	29	55	25	9	Fruc.	28	53	77	39	76
15	Fruc.	16	40	20	36	27	19	Fruc.	85	69	46	77	11
25	Fruc.	21	7	14	5	49	29	Fruc.	84	65	54	62	20

An XIV.

								An XIV.				
5	Vend.	42	81	65	35	53	9	Vend.	19	47	81	33	60
15	Vend.	59	7	90	48	59	19	Vend.	55	30	22	11	75
25	Vend.	66	85	65	2	5	29	Vend.	58	31	76	82	44
5	Brum.	73	2	4	21	74	9	Brum.	83	68	86	16	34
15	Brum.	37	13	20	9	47	19	Brum.	59	77	2	90	81
25	Brum.	22	28	78	20	43	29	Brum.	7	53	2	83	54

Tirages de Paris.						Tirages de Lyon.					
5 Frim.	49	58	29	7	28	9 Frim.	2	26	76	36	40
15 Frim.	49	3	57	84	17	19 Frim.	4	71	12	19	10
25 Frim.	25	52	62	12	61	29 Frim.	59	56	5	23	54
5 Niv.	88	58	87	63	34	9 Niv.	5	80	27	82	22

Année 1806.						**Année 1806.**					
5 Janv.	37	6	80	16	77	9 Janv.	49	16	18	56	86
15 Janv.	21	7	90	87	45	19 Janv.	24	75	5	59	62
25 Janv.	31	17	87	16	76	29 Janv.	43	14	46	57	70
5 Févr.	54	64	29	38	42	9 Fév.	56	53	55	29	85
15 Févr.	61	49	40	12	27	19 Fév.	87	56	51	19	72
25 Févr.	34	81	38	59	9	28 Fév.	25	34	31	57	85
5 Mars.	47	78	3	50	29	9 Mars.	58	26	7	81	49
15 Mars.	84	75	22	89	20	19 Mars.	8	44	32	11	65
25 Mars.	29	24	61	64	69	29 Mars.	86	73	85	7	77
5 Avril.	86	29	80	32	53	9 Avril.	68	6	47	84	75
15 Avril.	4	84	33	3	32	19 Avril.	82	50	22	78	17
25 Avril.	6	29	50	4	66	29 Avril.	8	67	55	60	41
5 Mai.	32	79	62	65	25	9 Mai.	89	31	27	51	1
15 Mai.	51	49	82	14	72	19 Mai.	59	81	42	75	52
25 Mai.	16	28	53	71	26	29 Mai.	6	65	52	64	4
5 Juin.	30	58	77	66	61	9 Juin.	14	31	41	85	44
15 Juin.	25	85	65	24	30	19 Juin.	29	2	68	55	32
25 Juin.	42	32	65	63	8	29 Juin.	22	50	66	40	44
5 Juill.	64	9	63	34	35	9 Juill.	67	47	22	44	16
15 Juill.	66	25	71	22	44	19 Juill.	4	74	76	31	85
25 Juill.	23	80	70	15	83	29 Juill.	63	20	53	74	42
5 Août.	55	46	21	51	87	9 Août.	62	51	53	64	37
15 Août.	79	13	23	59	29	19 Août.	11	14	67	89	48
25 Août.	17	71	60	58	73	29 Août.	22	89	64	59	31
5 Sept.	46	77	5	7	15	9 Sept.	43	53	28	90	78
15 Sept.	71	42	90	83	80	19 Sept.	1	55	54	60	41
25 Sept.	57	19	31	89	47	29 Sept.	40	56	53	76	66
5 Octo.	65	56	50	75	57	9 Oct.	48	86	50	45	40

Tirages de Paris.

15 Octo.	52	9	84	85	29
25 Octo.	67	8	50	19	66
5 Nov.	68	51	48	37	60
15 Nov.	69	57	4	24	50
25 Nov.	56	19	59	38	60
5 Déc.	48	1	60	45	86
15 Déc.	10	56	19	67	9
25 Déc.	57	11	72	9	64

Année 1807

5 Janv.	71	30	53	70	82
15 Janv.	20	76	24	60	61
25 Janv.	2	51	64	62	47
5 Févr.	33	78	54	62	20
15 Fév.	57	2	66	45	38
25 Fév.	64	28	34	4	21
5 Mars.	47	46	40	25	5
15 Mars.	36	66	32	65	27
25 Mars.	87	49	16	58	39
5 Avril.	54	58	76	55	1
15 Avril.	63	8	86	27	11
25 Avril.	83	57	62	68	45
5 Mai.	66	19	34	46	7
15 Mai.	73	33	74	63	48
25 Mai.	81	31	43	18	58
5 Juin.	18	52	21	64	30
15 Juin.	42	81	37	14	7
25 Juin.	84	43	79	53	36
5 Juill.	86	38	2	58	24
15 Juill.	47	71	65	18	57
25 Juill.	34	85	44	28	24
5 Août.	90	87	66	85	32
15 Août.	65	48	36	37	76

Tirages de Lyon.

19 Octo.	86	6	19	15	55
29 Octo.	55	23	5	14	75
9 Nov.	14	13	35	84	6
19 Nov.	79	74	89	84	56
29 Nov.	10	3	33	11	50
9 Déc.	68	8	35	14	80
19 Déc.	49	83	73	42	57
29 Déc.	5	11	28	44	20

Année 1807.

9 Janv.	48	58	77	82	85
19 Janv.	77	50	37	53	40
29 Janv.	60	43	15	89	3
9 Fév.	26	83	75	64	56
19 Fév.	25	65	41	23	7
28 Fév.	15	85	52	90	11
9 Mars.	79	11	50	76	39
19 Mars.	87	85	78	33	1
29 Mars.	35	18	17	60	45
9 Avril.	11	65	25	75	43
19 Avril.	18	48	12	43	31
29 Avril.	26	7	3	28	20
9 Mai.	34	53	63	52	38
19 Mai.	66	13	15	81	44
29 Mai.	46	29	36	57	72
9 Juin.	87	19	89	21	34
19 Juin.	79	22	47	17	62
29 Juin.	54	12	88	38	58
9 Juill.	90	5	14	86	19
19 Juill.	85	87	80	67	10
29 Juill.	14	24	3	21	40
9 Août.	39	33	67	34	79
19 Août.	61	2	58	44	81

Tirages de Paris. | *Tirages de Lyon.*

Tirages de Paris						Tirages de Lyon					
25 Août.	70	81	32	47	31	29 Août.	52	21	39	10	49
5 Sept.	22	52	64	30	15	9 Sept.	59	40	16	54	13
15 Sept.	60	61	31	47	48	19 Sept.	7	48	71	43	16
25 Sept.	82	67	29	38	57	29 Sept.	34	87	4	18	36
5 Octo.	41	55	90	88	34	9 Octo.	25	49	74	57	69
15 Octo.	3	22	79	34	78	19 Octo.	25	8	28	68	62
25 Octo.	41	80	46	27	39	29 Octo.	49	67	89	73	90
5 Nov.	60	49	7	58	79	9 Nov.	22	71	44	36	81
15 Nov.	75	50	19	78	66	19 Nov.	30	60	65	43	9
25 Nov.	29	74	70	19	48	29 Nov.	47	46	77	66	21
5 Déc.	25	42	26	25	90	9 Déc.	52	20	38	73	66
15 Déc.	6	47	39	58	68	19 Déc.	65	35	8	84	39
25 Déc.	33	57	81	37	64	29 Déc.	52	85	29	46	10

ANNÉE 1808.   ANNÉE 1808.

Tirages de Paris						Tirages de Lyon					
5 Janv.	53	27	28	71	66	9 Janv.	63	12	88	55	27
15 Janv.	1	17	76	21	47	19 Janv.	4	78	82	32	66
25 Janv.	46	35	52	51	59	29 Janv.	42	30	77	36	43
5 Fév.	44	6	66	62	79	9 Fév.	87	20	55	86	77
15 Fév.	3	26	74	50	67	19 Fév.	6	5	26	2	53
25 Fév.	75	76	51	20	83	29 Fév.	12	1	64	42	86
5 Mars.	33	84	62	9	21	9 Mars.	18	50	78	74	66
15 Mars.	61	85	19	67	53	19 Mars.	27	41	26	51	48
25 Mars.	48	45	36	6	40	29 Mars.	12	55	77	59	72
5 Avril.	34	22	72	35	33	9 Avril.	48	70	39	25	40
15 Avril.	14	80	67	57	88	19 Avril.	8	88	79	1	11
25 Avril.	50	12	43	20	14	19 Avril.	65	82	24	74	77
5 Mai.	31	44	18	89	43	9 Mai.	15	11	67	42	62
15 Mai.	34	49	18	55	4	19 Mai.	20	4	46	30	54
25 Mai.	72	68	15	25	5	29 Mai.	75	80	2	20	13
5 Juin.	63	89	29	9	11	9 Juin.	57	43	61	13	71
15 Juin.	33	88	28	77	50	19 Juin.	54	42	87	18	14
25 Juin.	53	79	22	29	5	29 Juin.	13	52	9	28	77

Tirages de Paris.						Tirages de Lyon.					
5 Juill.	61	63	5	25	90	9 Juill.	14	31	56	5	90
15 Juill.	2	81	1	59	52	19 Juill.	20	67	40	78	14
25 Juill.	23	18	30	48	50	29 Juill.	60	20	39	18	33
5 Août.	78	35	26	23	40	9 Août.	28	67	41	12	57
15 Août.	28	14	21	81	58	19 Août.	25	4	22	32	57
25 Août.	55	85	51	57	8	29 Août.	88	44	15	86	59
5 Sept.	27	19	54	59	41	9 Sept.	74	28	56	7	30
15 Sept.	59	68	80	88	70	19 Sept.	11	30	85	21	74
25 Sept.	88	28	64	85	25	29 Sept.	2	40	86	22	74
5 Octo.	90	51	81	43	24	9 Octo.	85	64	36	54	17
15 Octo.	19	48	50	62	73	19 Octo.	73	11	40	81	87
25 Octo.	27	5	11	61	25	29 Octo.	41	57	63	36	73
5 Nov.	26	15	49	77	90	9 Nov.	29	46	77	55	12
15 Nov.	55	79	27	20	74	19 Nov.	79	72	28	6	73
25 Nov.	9	5	49	1	55	29 Nov.	49	89	7	28	22
5 Déc.	10	35	76	74	53	9 Déc.	10	84	90	54	11
15 Déc.	66	48	38	4	86	19 Déc.	68	86	50	65	39
25 Déc.	26	39	62	75	73	29 Déc.	42	31	29	86	41

ANNÉE 1809.   ANNÉE 1809.

5 Janv.	81	79	5	56	40	9 Janv.	72	13	6	45	62
15 Janv.	64	10	72	69	55	19 Janv.	43	30	88	81	74
25 Janv.	84	80	73	35	46	29 Janv.	20	50	10	17	52
5 Févr.	54	65	22	48	61	9 Févr.	70	27	41	10	4
15 Févr.	79	17	89	47	72	19 Févr.	87	16	58	74	12
25 Févr.	6	45	44	26	61	28 Févr.	61	77	12	5	46
5 Mars.	12	20	4	66	51	9 Mars.	90	45	88	57	20
15 Mars.	50	36	80	15	8	19 Mars.	72	34	26	66	79
25 Mars.	36	70	82	48	14	29 Mars.	65	28	53	70	71
5 Avril.	16	66	50	18	81	9 Avril.	85	72	47	69	49
15 Avril.	73	60	19	50	51	19 Avril.	39	62	3	10	46
25 Avril.	16	6	66	78	61	29 Avril.	71	2	75	52	1
5 Mai.	76	81	30	45	73	9 Mai.	67	11	59	48	12

Tirages de Paris. — Tirages de Lyon.

Paris	1	2	3	4	5	Lyon	1	2	3	4	5
15 Mai.	24	37	58	25	1	19 Mai.	90	81	4	33	72
25 Mai.	18	41	62	67	43	29 Mai.	32	89	69	20	71
5 Juin.	4	61	80	58	73	9 Juin.	11	88	51	40	58
13 Juin.	60	59	32	44	3	19 Juin.	50	36	31	32	80
25 Juin.	67	87	51	76	90	29 Juin.	33	24	34	29	85
5 Juill.	11	34	53	38	55	9 Juill.	15	88	26	17	47
15 Juill.	34	42	61	75	62	19 Juill.	89	67	28	24	85
25 Juill.	6	21	84	3	52	29 Juill.	48	62	74	79	25
5 Août.	49	75	78	64	1	9 Août.	4	44	81	71	66
15 Août.	42	74	78	65	19	19 Août.	35	85	13	36	86
25 Août.	51	56	82	9	57	29 Août.	16	42	29	15	88
5 Sept.	46	20	61	17	18	9 Sept.	80	6	67	53	25
15 Sept.	82	90	43	56	18	19 Sept.	88	21	29	65	39
25 Sept.	14	50	47	7	42	29 Sept.	28	40	21	56	75
5 Octo.	81	13	4	41	51	9 Octo.	42	8	50	15	21
15 Octo.	72	70	82	88	29	19 Octo.	30	49	42	31	88
25 Octo.	63	62	70	72	53	29 Octo.	27	8	19	21	46
5 Nov.	42	17	70	33	88	9 Nov.	5	26	86	56	60
15 Nov.	68	36	52	67	51	19 Nov.	65	14	82	54	1
25 Nov.	25	88	8	4	54	29 Nov.	43	77	79	8	70
5 Déc.	74	32	12	31	15	9 Déc.	26	90	85	69	66
15 Déc.	53	71	29	83	30	19 Déc.	47	74	9	80	56
25 Déc.	55	57	33	15	55	29 Déc.	72	2	23	8	29

ANNÉE 1810. — ANNÉE 1810.

Paris	1	2	3	4	5	Lyon	1	2	3	4	5
5 Janv.	90	2	3	26	48	9 Janv.	56	48	66	83	78
15 Janv.	30	45	77	71	50	19 Janv.	58	50	34	85	55
25 Janv.	68	38	21	22	1	29 Janv.	6	17	87	68	39
15 Fév.	31	20	73	49	1	9 Févr.	8	87	10	29	32
5 Fév.	55	59	8	45	50	19 Févr.	21	23	34	9	3
15 Fév.	79	24	66	62	22	28 Févr.	15	3	40	71	33
5 Mars.	40	14	3	12	45	9 Mars.	17	37	78	1	11
15 Mars.	56	64	67	38	58	19 Mars.	75	29	55	77	24
25 Mars.	23	1	66	85	11	29 Mars.	85	65	7	88	32

Tirages de Paris.						Tirages de Lyon.					
5 Avril.	10	18	4	78	74	9 Avril.	40	70	78	29	28
15 Avril.	72	57	71	65	22	19 Avril.	12	24	67	74	36
25 Avril.	52	14	27	39	73	29 Avril.	79	87	53	78	16
5 Mai.	45	74	38	59	6	9 Mai.	69	77	30	54	86
15 Mai.	28	79	58	76	53	19 Mai.	43	16	27	86	55
25 Mai.	34	84	80	90	50	29 Mai.	33	51	43	25	87
5 Juin.	54	75	87	76	18	9 Juin.	50	85	59	70	32
15 Juin.	25	50	78	59	40	19 Juin.	58	3	74	22	51
25 Juin.	32	34	45	4	9	29 Juin.	64	73	78	8	53
5 Juill.	83	29	15	37	62	9 Juill.	13	59	65	58	77
15 Juill.	6	88	4	20	65	19 Juill.	58	59	87	2	24
25 Juill.	22	49	74	66	28	29 Juill.	11	6	80	21	62
5 Août.	69	34	60	21	1	9 Août.	84	24	64	9	65
15 Août.	13	46	56	57	22	19 Août.	23	47	81	68	62
25 Août.	3	40	6	71	89	29 Août.	4	48	66	56	30
5 Sept.	67	88	75	35	58	9 Sept.	29	43	55	10	19
15 Sept.	72	62	40	90	43	19 Sept.	68	86	10	80	25
25 Sept.	55	34	16	15	51	29 Sept.	70	11	12	19	57
5 Octo.	39	33	64	32	80	Octo.	25	82	18	30	28
15 Octo.	41	31	20	81	88	19 Octo.	26	54	10	67	60
25 Octo.	51	2	46	55	6	29 Octo.	19	64	17	18	87
5 Nov.	66	28	32	15	55	9 Nov.	16	82	70	84	15
15 Nov.	17	19	65	56	70	19 Nov.	51	75	21	90	64
25 Nov.	46	13	38	73	2	29 Nov.	23	9	24	72	47
5 Déc.	39	48	65	25	64	9 Déc.	26	67	27	90	88
15 Déc.	67	57	81	58	78	19 Déc.	79	64	62	17	59
25 Déc.	34	79	22	32	51	29 Déc.	56	68	62	42	81

Année 1811.						Année 1811.					
5 Janv.	51	13	29	24	72	9 Janv.	40	67	8	30	49
15 Janv.	6	63	85	84	25	19 Janv.	16	47	26	39	80
25 Janv.	88	38	8	2	7	29 Janv.	31	9	47	14	38
5 Fév.	64	54	8	28	15	9 Fév.	66	70	59	73	20
15 Fév.	49	6	10	7	63	19 Fév.	71	66	46	88	32

	Tirages de Paris.						Tirages de Lyon.					
25 Fév.	7	70	44	5	88	28 Fév.	37	36	47	79	62
5 Mars.	65	31	26	85	54	9 Mars.	40	27	38	6	36
15 Mars.	69	59	64	84	39	19 Mars.	69	7	44	27	9
25 Mars.	19	30	73	46	13	29 Mars.	9	17	39	64	40
5 Avril.	46	29	31	2	27	9 Avril.	81	43	48	71	1
15 Avril.	21	31	16	88	69	19 Avril.	31	10	41	75	57
25 Avril.	30	51	68	19	83	29 Avril.	68	30	75	52	10
5 Mai.	81	26	53	51	48	9 Mai.	20	61	8	72	14
15 Mai.	61	55	42	77	10	19 Mai.	8	81	34	86	36
25 Mai.	81	30	66	41	86	29 Mai.	64	20	4	52	51
5 Juin.	80	71	23	31	58	9 Juin.	89	68	21	84	69
15 Juin.	26	71	78	36	24	19 Juin.	64	71	26	61	40
25 Juin.	42	46	73	62	11	29 Juin.	86	80	14	58	75
5 Juill.	9	58	76	39	22	9 Juill.	90	36	68	84	9
15 Juill.	59	46	20	69	9	19 Juill.	16	1	81	58	17
25 Juill.	15	3	56	12	85	29 Juill.	30	58	18	56	14
5 Août.	28	27	32	85	64	9 Août.	8	52	4	44	86
15 Août.	73	51	88	61	69	19 Août.	87	44	45	30	72
25 Août.	84	4	44	3	45	29 Août.	51	83	12	64	3
5 Sept.	64	60	80	62	20	9 Sept.	20	50	17	46	79
15 Sept.	27	51	33	62	72	19 Sept.	60	85	67	58	68
25 Sept.	15	8	5	56	67	29 Sept.	27	49	8	65	17
5 Octo.	16	46	25	51	75	9 Octo.	88	37	83	53	38
15 Octo.	60	21	86	36	15	19 Octo.	67	44	4	19	18
25 Octo.	53	42	43	25	37	29 Octo.	14	57	34	19	60
5 Nov.	80	64	12	70	72	9 Nov.	41	5	80	57	77
15 Nov.	57	50	84	51	20	19 Nov.	43	69	52	81	36
25 Nov.	50	47	43	34	55	29 Nov.	83	73	42	39	61
5 Déc.	16	74	29	30	21	9 Déc.	59	3	33	15	56
15 Déc.	23	22	42	12	37	19 Déc.	44	30	57	84	86
25 Déc.	8	64	36	19	83	29 Déc.	71	56	23	74	12

ANNÉE 1812.   ANNÉE 1812.

5 Janv.	62	29	44	82	46	9 Janv.	45	22	58	40	51
15 Janv.	46	33	66	90	48	19 Janv.	35	44	64	12	81

Tirages de Paris.						Tirages de Lyon.				
25 Janv.	37	42	56	45	54	29 Janv.	2	44	14	52	60
5 Fév.	26	30	55	21	44	9 Févr.	72	15	32	54	77
15 Févr.	3	13	90	39	44	19 Févr.	14	19	20	90	83
25 Févr.	24	43	84	48	85	29 Févr.	28	51	71	89	18
5 Mars	69	6	9	12	25	9 Mars	21	77	69	10	46
15 Mars	42	15	9	32	68	19 Mars	54	67	9	69	77
25 Mars	90	6	73	40	19	29 Mars	70	48	88	1	43
5 Avril	9	21	10	32	42	9 Avril	18	67	17	86	70
15 Avril	67	45	32	40	18	19 Avril	44	28	38	66	37
25 Avril	23	9	68	43	86	29 Avril	56	59	43	15	60
5 Mai	54	90	9	45	76	9 Mai	24	5	86	44	46
15 Mai	75	2	37	40	11	19 Mai	8	77	6	83	55
25 Mai	25	79	57	49	7	29 Mai	23	48	22	86	77
5 Juin	61	73	29	13	3	9 Juin	1	79	17	22	13
15 Juin	18	3	83	21	79	19 Juin	76	64	51	34	3
25 Juin	79	29	68	83	72	29 Juin	47	26	67	16	61
5 Juill.	88	28	39	37	14	9 Juill.	2	23	72	66	44
15 Juill.	16	87	63	22	1	19 Juill.	57	73	22	7	5
25 Juill.	30	80	16	69	84	29 Juill.	32	60	72	37	65
5 Août	21	38	29	37	10	9 Août	36	10	55	22	25
15 Août	47	30	9	56	72	19 Août	41	75	3	90	38
25 Août	8	9	66	49	52	29 Août	42	34	9	2	39
5 Sept.	84	74	14	59	44	9 Sept.	56	88	54	23	14
15 Sept.	73	45	11	68	4	19 Sept.	45	52	54	12	63
25 Sept.	66	53	27	13	36	29 Sept.	73	90	34	84	43
5 Octo.	88	75	58	19	77	9 Octo.	41	39	65	11	12
15 Octo.	34	33	76	58	79	19 Octo.	78	60	70	3	81
25 Octo.	22	55	7	78	70	29 Octo.	4	45	74	57	52
5 Nov.	10	57	80	46	58	9 Nov.	63	33	65	71	90
15 Nov.	85	50	88	87	46	19 Nov.	83	65	25	12	82
25 Nov.	56	66	57	46	30	29 Nov.	46	5	32	18	8
5 Déc.	79	78	9	10	35	9 Déc.	78	72	47	33	71
15 Déc.	35	16	25	29	42	19 Déc.	17	32	44	66	22
25 Déc.	53	14	49	8	80	29 Déc.	8	85	28	68	17

Tirages de Paris.	Tirages de Lyon.
ANNÉE 1813.	ANNÉE 1813.

Tirages de Paris						Tirages de Lyon					
5 Janv.	89	33	72	19	87	9 Janv.	14	76	21	28	74
15 Janv.	77	48	29	87	19	19 Janv.	37	27	55	85	62
25 Janv.	66	61	70	87	19	29 Janv.	59	14	23	13	88
5 Févr.	34	86	80	27	4	9 Fév.	32	76	26	57	75
15 Févr.	83	63	57	74	19	19 Fév.	64	31	8	18	73
25 Févr.	73	54	30	90	40	28 Fév.	38	10	21	50	88
5 Mars.	30	38	69	15	72	9 Mars.	51	19	50	78	66
15 Mars.	2	57	89	61	49	19 Mars.	88	42	41	20	24
25 Mars.	86	58	1	73	34	29 Mars.	15	63	65	84	9
5 Avril.	21	3	17	81	84	9 Avril.	51	15	77	71	81
15 Avril.	16	25	45	40	46	19 Avril.	62	49	85	7	12
25 Avril.	22	68	15	16	35	29 Avril.	3	77	12	46	80
5 Mai.	10	52	86	88	6	9 Mai.	18	29	59	89	22
15 Mai.	34	71	8	58	66	19 Mai.	77	8	14	24	3
25 Mai.	55	51	54	42	63	29 Mai.	8	34	77	20	4
5 Juin.	44	19	75	6	31	9 Juin.	35	65	25	43	49
15 Juin.	45	50	20	54	5	19 Juin.	44	13	6	76	77
25 Juin.	54	33	89	2	37	29 Juin.	79	52	64	53	37
5 Juill.	56	10	88	60	23	9 Juill.	72	44	18	86	82
15 Juill.	48	57	32	89	11	19 Juill.	32	36	2	73	41
25 Juill.	48	42	60	85	58	29 Juill.	4	20	47	46	58
5 Août.	52	66	59	60	47	9 Août.	63	72	11	10	75
15 Août.	48	75	62	26	40	19 Août.	23	54	76	50	10
25 Août.	75	79	40	31	77	29 Août.	39	60	57	62	15
5 Sept.	49	66	8	4	76	9 Sept.	72	18	21	86	54
15 Sept.	67	72	21	79	87	19 Sept.	42	79	37	84	22
25 Sept.	26	59	76	43	22	29 Sept.	80	81	3	90	51
5 Octo.	37	89	81	83	11	9 Octo.	78	5	85	62	40
15 Octo.	3	53	30	87	40	19 Octo.	57	22	53	49	47
25 Octo.	16	48	82	17	47	29 Octo.	49	67	43	47	51
5 Nov.	35	6	48	65	10	9 Nov.	5	25	88	60	54
15 Nov.	65	50	80	32	5	19 Nov.	42	73	17	60	16

Tirages de Paris.						Tirages de Lyon.					
25 Nov.	79	81	58	89	78	29 Nov.	19	72	26	36	17
5 Déc.	5	75	22	8	66	9 Déc.	28	59	65	71	22
15 Déc.	42	71	64	81	11	19 Déc.	70	81	31	55	67
25 Déc.	47	46	70	7	48	29 Déc.	6	16	65	5	38

Année 1814.

Tirages de Paris						Tirages de Lyon					
5 Janv.	31	33	41	26	25	9 Janv.	56	40	5	14	42
15 Janv.	79	7	28	33	24	19 Janv.	44	74	20	85	54
25 Janv.	54	41	31	33	73	29 Janv.	18	77	11	3	58
5 Févr.	32	50	8	81	4	9 Fév.	5	45	85	38	60
15 Fév.	34	28	73	25	41	19 Fév.	60	28	81	6	3
25 Fév.	14	19	47	55	23	28 Fév.	10	41	9	56	69
5 Mars.	60	47	77	58	22	9 Mars.	69	8	39	86	10
15 Mars.	21	90	70	40	15	19 Mars.	14	1	85	52	40
25 Mars.	13	66	55	8	69	29 Mars, *point de tirage.*					
5 Avril.	88	72	55	75	14	9 Avril, *idem.*					
15 Avril.	21	63	87	86	84	19 Avril, *idem.*					
25 Avril.	66	25	39	86	70	29 Avril.	21	69	57	42	90
5 Mai.	90	43	16	56	1	9 Mai.	12	75	52	89	82
15 Mai.	70	55	4	16	72	19 Mai.	62	55	23	35	14
25 Mai.	37	12	9	79	86	29 Mai.	1	82	78	2	15
5 Juin.	22	53	61	17	67	9 Juin.	68	42	45	57	21
15 Juin.	77	28	23	29	85	19 Juin.	68	38	59	66	2
25 Juin.	78	23	61	86	67	29 Juin.	74	39	35	81	60
5 Juill.	80	12	2	68	39	9 Juill.	20	28	31	27	41
15 Juill.	54	21	2	24	71	19 Juill.	88	21	11	28	52
25 Juill.	13	48	18	57	7	29 Juill.	82	1	88	58	49
5 Août.	36	10	21	33	82	9 Août.	60	88	21	15	85
15 Août.	13	19	46	84	2	19 Août.	2	90	22	75	78
25 Août.	24	8	31	81	58	29 Août.	54	65	14	68	47
5 Sept.	34	25	76	89	26	9 Sept.	57	52	78	67	5
15 Sept.	90	15	10	26	39	19 Sept.	16	39	74	7	46
25 Sept.	52	45	62	21	38	29 Sept.	28	79	42	72	77

Tirages de Paris.

5 Octo.	89	3	34	38	50
15 Octo.	27	30	3	80	54
25 Octo.	41	38	76	43	55
5 Nov.	84	56	17	13	30
15 Nov.	46	39	81	12	76
25 Nov.	54	55	35	45	28
5 Déc.	14	5	61	49	74
15 Déc.	29	6	79	37	62
25 Déc.	30	29	9	63	19

Année 1815.

5 Janv.	9	4	73	75	64
18 Janv.	2	83	63	67	31
1 Fév.	4	40	77	9	87
16 Fév.	26	6	84	72	9
1 Mars.	59	41	71	67	20
16 Mars.	9	63	43	8	69
1 Avril.	49	59	82	47	68
16 Avril.	32	72	49	34	70
1 Mai.	9	32	24	2	90
16 Mai.	54	58	66	20	68
5 Juin.	20	36	34	1	59
15 Juin.	73	43	38	33	81
25 Juin.	88	59	67	1	89
5 Juill.	10	7	17	49	71
15 Juill.	38	10	69	9	7
25 Juill.	21	64	55	81	79
5 Août.	53	30	43	62	41
15 Août.	68	55	65	80	79
25 Août.	71	76	68	21	11
5 Sept.	1	59	11	29	19
15 Sept.	38	43	50	80	40
25 Sept.	26	37	7	13	62
5 Octo.	89	20	23	46	50

Tirages de Lyon.

9 Octo.	81	37	55	88	48
19 Octo.	47	72	52	16	11
29 Octo.	13	80	34	19	64
9 Nov.	84	12	32	24	82
19 Nov.	86	20	3	37	88
29 Nov.	87	35	42	30	37
9 Déc.	20	40	59	35	89
19 Déc.	3	19	9	84	13
29 Déc.	56	62	17	61	25

Fin des Tirages de Lyon.

REPRISE

DES TIRAGES A LYON,

le 9 juin 1815.

Année 1815.

9 Juin.	90	37	4	87	74
19 Juin.	45	40	71	3	22
29 Juin.	27	17	56	90	64
9 Juill.	28	44	67	45	6
19 Juill.	63	2	29	38	33
29 Juill.	24	30	20	58	88
9 Août.	90	3	47	26	80
19 Août.	89	62	15	65	38
29 Août.	37	39	44	45	70
9 Sept.	82	11	2	41	87
19 Sept.	29	90	3	81	2
29 Sept.	38	46	18	15	15
9 Octo.	51	66	6	28	58

Tirages de Paris.						Tirages de Lyon.					
15 Octo.	10	34	76	25	58	19 Octo.	40	13	57	41	29
25 Octo.	22	64	89	36	24	29 Octo.	9	73	26	35	27
5 Nov.	53	60	81	72	31	9 Nov.	59	36	88	40	68
15 Nov.	37	83	84	64	33	19 Nov.	52	37	56	4	15
25 Nov.	9	58	24	65	78	29 Nov.	1	49	30	86	34
5 Déc.	56	54	42	60	63	9 Déc.	89	7	14	52	77
15 Déc.	78	47	40	70	74	19 Déc.	16	5	74	44	56
25 Déc.	41	18	11	81	35	29 Déc.	8	59	88	58	41

ANNÉE 1816.						ANNÉE 1816.					
5 Janv.	7	48	28	62	68	9 Janv.	80	36	56	39	88
15 Janv.	70	41	32	3	85	19 Janv.	32	28	71	90	42
25 Janv.	69	11	82	42	86	29 Janv.	12	15	54	18	43
5 Févr.	34	49	67	13	77	9 Févr.	7	42	14	67	39
15 Févr.	58	2	60	8	30	19 Févr.	82	45	64	90	76
25 Févr.	75	69	7	25	32	29 Févr.	65	35	87	90	26
5 Mars.	8	20	84	14	46	9 Mars.	8	33	76	48	25
15 Mars.	46	17	89	3	19	19 Mars.	13	79	73	17	51
25 Mars.	79	86	58	36	17	29 Mars.	35	8	45	64	21
5 Avril.	53	7	17	47	73	9 Avril.	22	49	39	34	59
15 Avril.	73	85	76	8	70	19 Avril.	89	11	15	51	58
25 Avril.	81	35	49	33	23	29 Avril.	10	24	45	66	27
5 Mai.	83	82	67	9	31	9 Mai.	54	5	30	50	4
15 Mai.	10	67	28	78	15	19 Mai.	87	11	61	47	68
25 Mai.	1	74	85	43	34	29 Mai.	63	57	19	76	27
5 Juin.	74	61	9	49	37	9 Juin.	49	6	39	17	69
15 Juin.	59	27	44	45	6	19 Juin.	81	6	84	49	87
25 Juin.	59	20	68	43	85	29 Juin.	55	78	24	31	7
5 Juill.	70	25	75	47	58	9 Juill.	78	8	23	83	32
15 Juill.	17	64	88	19	1	19 Juill.	85	24	39	78	5
25 Juill.	41	33	71	74	10	29 Juill.	63	48	57	60	3
5 Août.	10	54	70	69	73	9 Août.	29	79	31	64	23
5 Août.	63	81	61	42	77	19 Août.	18	17	60	5	70
25 Août.	3	74	10	52	63	29 Août.	44	36	71	79	42

Tirages de Paris.						Tirages de Lyon.					
5 Sept.	66	67	22	42	13	9 Sept.	51	24	90	60	49
15 Sept.	59	75	87	4	83	19 Sept.	35	51	79	5	61
25 Sept.	28	45	26	72	76	29 Sept.	50	88	28	77	41
5 Octo.	55	40	24	71	23	9 Octo.	66	41	63	55	21
15 Octo.	71	34	46	51	78	19 Octo.	42	12	40	11	44
25 Octo.	28	5	77	88	12	29 Octo.	56	36	62	63	84
5 Nov.	54	47	4	23	80	9 Nov.	67	28	27	35	66
15 Nov.	60	37	21	14	61	19 Nov.	24	65	90	62	45
25 Nov.	39	44	58	59	56	29 Nov.	54	59	85	65	26
5 Déc.	75	14	56	47	15	9 Déc.	27	85	71	8	18
15 Déc.	81	31	89	35	62	19 Déc.	28	8	13	80	41
25 Déc.	28	8	73	51	41	29 Déc.	9	42	25	80	58
ANNÉE 1817.						ANNÉE 1817.					
5 Janv.	42	87	71	49	39	9 Janv.	35	90	10	22	55
15 Janv.	57	19	9	2	71	19 Janv.	16	27	60	7	61
25 Janv.	21	12	45	71	51	29 Janv.	12	1	26	45	15
5 Févr.	70	64	63	82	37	9 Févr.	15	71	27	87	74
15 Févr.	90	35	9	79	67	19 Févr.	23	61	54	88	60
25 Févr.	71	64	40	57	85	28 Févr.	84	40	52	31	66
5 Mars.	53	51	48	86	81	9 Mars.	19	84	31	38	73
15 Mars.	8	3	86	45	63	19 Mars.	86	54	12	33	25
25 Mars.	36	52	13	74	28	29 Mars.	38	17	13	6	45
5 Avril.	89	33	63	11	20	9 Avril.	40	21	81	90	9
15 Avril.	17	44	23	62	50	19 Avril.	74	34	51	47	50
25 Avril.	47	44	48	7	21	29 Avril.	67	19	51	58	38
5 Mai.	69	22	74	57	7	9 Mai.	85	72	74	87	65
15 Mai.	44	45	42	88	73	19 Mai.	64	6	41	1	11
25 Mai.	71	12	19	13	34	29 Mai.	38	52	85	67	25
5 Juin.	60	25	12	57	30	9 Juin.	24	60	73	12	22
15 Juin.	3	20	81	86	80	19 Juin.	76	23	11	58	5
25 Juin.	8	26	25	52	24	29 Juin.	2	40	66	18	11
5 Juill.	13	35	12	48	28	9 Juill.	87	10	83	18	51
15 Juill.	22	16	75	67	58	19 Juill.	83	51	7	77	90

Tirages de Paris.						Tirages de Lyon.					
25 Juill.	7	67	90	88	43	29 Juill.	64	47	85	22	81
5 Août.	21	72	27	37	18	9 Août.	89	47	35	11	37
15 Août.	9	74	78	69	42	19 Août.	17	31	22	52	1
25 Août.	86	17	83	66	32	29 Août.	68	41	40	5	90
5 Sept.	13	78	15	2	6	9 Sept.	74	19	47	61	28
15 Sept.	53	52	84	5	28	19 Sept.	58	44	14	67	2
25 Sept.	90	27	29	17	22	29 Sept.	19	69	60	72	59
5 Octo.	41	13	88	40	79	9 Octo.	22	43	41	9	44
15 Octo.	76	18	51	83	35	19 Octo.	11	44	22	62	36
25 Octo.	65	73	84	10	85	29 Octo.	11	81	55	6	62
5 Nov.	56	14	60	40	46	9 Nov.	68	65	38	50	57
15 Nov.	75	60	79	62	21	19 Nov.	44	53	8	47	72
25 Nov.	4	86	10	69	50	29 Nov.	21	58	37	89	1
5 Déc.	6	45	81	31	32	9 Déc.	23	34	8	46	38
15 Déc.	45	2	52	88	82	19 Déc.	9	37	67	29	15
25 Déc.	42	43	27	51	37	29 Déc.	88	22	1	16	75

Année 1818.						Année 1818.					
5 Janv.	23	46	49	79	74	9 Janv.	32	76	1	12	2
15 Janv.	57	74	44	9	37	19 Janv.	81	30	61	74	5
25 Janv.	49	61	19	40	88	29 Janv.	85	8	42	60	27
5 Fév.	10	46	83	3	7	9 Févr.	3	8	13	57	20
15 Fév.	75	3	42	88	77	19 Févr.	1	42	72	51	45
25 Févr.	24	44	6	19	21	28 Févr.	50	87	28	65	8
5 Mars.	65	18	21	50	43	9 Mars.	58	30	48	9	71
15 Mars.	52	8	46	2	58	19 Mars.	5	53	40	82	13
25 Mars.	86	37	54	67	60	29 Mars.	81	1	65	61	57
5 Avril.	37	36	41	4	31	9 Avril.	54	18	7	43	3
15 Avril.	78	41	58	87	12	19 Avril.	69	30	77	5	10
25 Avril.	72	56	82	22	61	29 Avril.	2	33	23	77	49
5 Mai.	9	44	6	22	2	9 Mai.	43	54	16	20	48
15 Mai.	40	18	20	23	63	19 Mai.	58	34	50	40	19
25 Mai.	17	66	20	81	69	29 Mai.	29	14	23	18	67
5 Juin.	24	57	89	63	76	9 Juin.	59	23	40	15	71

Tirages de Paris.						Tirages de Lyon.					
15 Juin.	69	62	47	12	57	19 Juin.	78	45	52	4	53
25 Juin.	20	9	24	75	69	29 Juin.	35	47	60	15	14
5 Juill.	29	67	86	80	85	9 Juill.	38	54	75	49	51
15 Juill.	81	28	71	84	80	19 Juill.	73	32	56	15	60
25 Juill.	29	56	12	18	22	29 Juill.	58	39	90	85	56
5 Août.	34	46	33	7	81	9 Août.	9	11	19	45	42
15 Août.	71	50	48	8	81	19 Août.	17	33	12	65	60
25 Août.	70	25	86	6	32	29 Août.	65	54	76	70	21
5 Sept.	9	62	82	73	15	9 Sept.	46	14	26	52	83
15 Sept.	60	1	56	57	20	19 Sept.	59	16	75	56	99
25 Sept.	88	48	75	28	68	29 Sept.	13	57	24	44	33
5 Octo.	78	17	85	88	10	9 Octo.	20	51	42	64	84
15 Octo.	45	10	56	79	0	19 Octo.	78	55	36	23	49
25 Octo.	71	68	56	57	13	29 Octo.	19	8	88	60	73
5 Nov.	22	45	60	17	24	9 Nov.	65	37	49	80	71
15 Nov.	73	68	84	48	83	19 Nov.	76	26	20	72	53
25 Nov.	16	37	85	48	22	29 Nov.	39	1	56	51	88
5 Déc.	70	59	49	57	42	9 Déc.	51	23	12	52	19
15 Déc.	51	63	14	18	49	19 Déc.	44	64	11	32	17
25 Déc.	12	74	59	28	55	29 Déc.	21	45	27	87	1

ANNÉE 1819.   ANNÉE 1819.

Tirages de Paris.						Tirages de Lyon.					
5 Janv.	72	85	74	40	20	9 Janv.	19	78	23	3	67
15 Janv.	68	90	65	82	72	19 Janv.	36	66	4	54	59
25 Janv.	68	77	43	41	11	29 Janv.	82	10	75	23	35
5 Fév.	53	52	81	31	34	9 Févr.	62	1	87	10	75
15 Fév.	88	31	64	84	61	19 Févr.	87	25	46	55	6
25 Févr.	3	1	52	87	15	28 Févr.	17	69	48	58	79
5 Mars.	37	86	72	63	5	9 Mars.	72	54	14	4	35
15 Mars.	61	5	40	24	74	19 Mars.	83	86	33	84	17
25 Mars.	29	31	63	68	8	29 Mars.	53	26	64	65	37
5 Avril.	49	86	29	41	10	9 Avril.	19	9	42	86	56
15 Avril.	41	26	54	8	87	19 Avril.	54	11	16	88	56
25 Avril.	11	69	21	60	48	29 Avril.	71	76	49	77	42

Tirages de Paris.						Tirages de Lyon.					
5 Mai.	56	87	32	24	50	9 Mai.	64	18	53	61	37
15 Mai.	18	86	53	80	61	19 Mai.	58	78	75	68	18
25 Mai.	2	74	41	11	13	29 Mai.	55	34	84	64	16
5 Juin.	37	76	11	13	71	9 Juin.	19	90	69	14	75
15 Juin.	10	76	84	5	18	19 Juin.	43	27	28	3	45
25 Juin.	30	36	79	19	24	29 Juin.	75	9	40	25	49
5 Juill.	76	88	52	73	44	9 Juill.	21	43	69	72	65
15 Juill.	9	36	35	85	21	19 Juill.	68	39	14	19	5
25 Juill.	64	46	22	88	32	29 Juill.	31	14	47	21	27
5 Août.	86	90	6	58	68	9 Août.	83	41	61	44	37
15 Août.	47	10	44	62	40	19 Août.	39	75	29	24	34
25 Août.	2	28	35	48	39	29 Août.	3	82	28	78	74
5 Sept.	20	57	14	22	35	9 Sept.	9	79	38	40	20
15 Sept.	87	54	29	34	12	19 Sept.	55	89	47	83	54
25 Sept.	65	8	54	12	75	29 Sept.	83	15	51	24	8
5 Octo.	38	23	63	48	76	9 Octo.	69	60	85	87	83
15 Octo.	86	5	30	57	60	19 Octo.	14	65	58	41	88
25 Octo.	8	65	6	18	80	29 Octo.	84	89	16	42	23
5 Nov.	28	74	71	52	9	9 Nov.	4	39	41	76	68
15 Nov.	28	43	5	31	19	19 Nov.	11	75	31	9	87
25 Nov.	42	79	47	36	29	29 Nov.	26	57	33	6	52
5 Déc.	80	87	25	70	90	9 Déc.	31	1	48	60	73
15 Déc.	48	30	80	14	34	19 Déc.	10	20	75	33	47
25 Déc.	65	78	86	69	3	29 Déc.	18	4	61	7	42

ANNÉE 1820.   ANNÉE 1820.

5 Janv.	73	21	79	48	54	9 Janv.	21	25	84	90	56
15 Janv.	65	73	65	79	78	19 Janv.	52	6	16	78	21
25 Janv.	48	40	72	34	6	29 Janv.	84	12	75	1	34
5 Févr.	62	29	17	25	18	9 Févr.	33	19	78	9	46
15 Févr.	39	70	23	5	18	19 Févr.	63	88	77	44	51
25 Févr.	30	57	62	90	88	29 Févr.	52	65	39	73	45
5 Mars.	36	56	33	85	14	9 Mars.	45	88	53	8	31
15 Mars.	80	64	13	61	29	19 Mars.	3	16	12	60	65

Tirages de Paris.						Tirages de Lyon.					
25 Mars.	68	51	58	7	49	29 Mars.	76	35	3	64	90
5 Avril.	54	61	53	40	28	9 Avril.	15	79	66	46	39
15 Avril.	66	85	86	50	73	19 Avril.	88	83	55	23	22
25 Avril.	74	34	56	31	33	29 Avril.	28	41	72	89	36
5 Mai.	72	19	63	46	79	9 Mai.	8	57	48	9	5
15 Mai.	75	42	5	81	13	19 Mai.	52	54	43	1	14
25 Mai.	85	14	43	9	32	29 Mai.	10	66	87	32	46
5 Juin.	78	29	8	17	49	9 Juin.	22	5	77	43	27
15 Juin.	1	81	38	26	51	19 Juin.	79	4	2	18	30
25 Juin.	87	60	68	54	47	29 Juin.	82	56	12	59	67
5 Juill.	90	5	21	57	69	9 Juill.	88	49	57	82	13
15 Juill.	67	84	58	47	33	19 Juill.	15	39	79	85	82
25 Juill.	53	69	36	30	46	29 Juill.	53	90	16	64	79
5 Août.	25	36	61	56	77	9 Août.	39	2	42	64	33
15 Août.	89	84	36	31	77	19 Août.	15	11	55	77	90
25 Août.	10	56	42	14	50	29 Août.	33	78	9	19	46
5 Sept.	62	17	78	10	71	9 Sept.	5	4	85	34	70
15 Sept.	36	47	85	30	56	19 Sept.	58	89	6	42	55
25 Sept.	71	55	69	28	67	29 Sept.	53	20	56	11	48
5 Octo.	23	72	51	14	45	9 Octo.	81	17	22	41	58
15 Octo.	70	89	11	25	87	19 Octo.	38	31	85	56	7
25 Octo.	39	59	76	51	78	29 Octo.	12	75	86	22	81
5 Nov.	88	29	78	31	90	9 Nov.	72	65	87	12	67
15 Nov.	90	31	82	53	51	19 Nov.	46	8	41	57	33
25 Nov.	17	5	22	23	59	29 Nov.	24	47	85	64	27
5 Déc.	57	43	4	67	86	9 Déc.	21	10	18	54	51
15 Déc.	29	19	26	77	37	19 Déc.	58	79	86	80	51
25 Déc.	18	45	65	22	19	29 Déc.	52	17	20	77	37

ANNÉE 1821.

Tirages de Paris.						Tirages de Lyon.					
5 Janv.	9	90	52	65	66	9 Janv.	55	16	60	19	58
15 Janv.	18	80	24	25	36	19 Janv.	3	18	72	52	13
25 Janv.	17	74	12	56	50	29 Janv.	29	21	12	57	35
5 Févr.	37	34	7	17	35	9 Févr.	59	78	76	30	38

Tirages de Paris.						Tirages de Lyon.					
15 Févr.	25	27	26	80	12	19 Févr.	39	32	82	61	56
25 Févr.	35	77	31	40	49	28 Févr.	82	22	59	10	23
5 Mars.	75	71	76	44	74	9 Mars.	29	48	14	12	3
15 Mars.	14	39	86	15	26	19 Mars.	44	4	62	89	81
25 Mars.	21	66	13	80	44	29 Mars.	10	17	70	25	87
5 Avril.	62	23	77	21	52	9 Avril.	13	52	82	51	22
15 Avril.	14	12	68	34	83	19 Avril.	31	87	16	49	35
25 Avril.	68	61	80	70	88	29 Avril.	40	4	88	48	43
5 Mai.	54	77	9	64	72	9 Mai.	46	11	89	35	58
15 Mai.	6	15	85	25	56	19 Mai.	55	56	61	4	42
25 Mai.	16	78	9	65	1	29 Mai.	65	80	43	24	8
5 Juin.	80	15	71	17	54	9 Juin.	52	9	50	30	72
15 Juin.	19	37	54	85	70	19 Juin.	79	59	68	22	51
25 Juin.	17	18	44	11	66	29 Juin.	14	68	21	70	84
5 Juill.	8	46	16	64	13	9 Juill.	59	26	6	78	64
15 Juill.	6	37	25	59	27	19 Juill.	12	14	25	78	17
25 Juill.	18	70	2	26	86	29 Juill.	12	13	58	89	57
5 Août.	44	5	80	40	57	9 Août.	77	21	13	16	73
15 Août.	60	84	30	52	77	19 Août.	31	21	72	6	88
25 Août.	14	8	45	25	38	29 Août.	49	6	9	87	80
5 Sept.	26	48	49	55	24	9 Sept.	13	68	77	26	29
15 Sept.	44	64	56	23	5	19 Sept.	4	63	11	69	85
25 Sept.	46	60	2	48	45	29 Sept.	90	50	49	57	85
5 Octo.	45	32	2	43	1	9 Octo.	84	61	43	33	69
15 Octo.	43	2	9	52	56	19 Octo.	13	64	43	53	25
25 Octo.	79	46	80	58	75	29 Octo.	86	15	18	8	51
5 Nov.	84	31	23	10	5	9 Nov.	29	24	73	55	3
15 Nov.	47	83	87	4	90	19 Nov.	87	58	36	2	50
25 Nov.	29	47	66	39	34	29 Nov.	75	9	63	33	71
5 Déc.	17	6	3	65	16	9 Déc.	2	14	35	71	80
15 Déc.	67	15	25	10	36	19 Déc.	47	80	73	36	19
25 Déc.	19	3	20	17	49	29 Déc.	48	11	56	52	62

ANNÉE 1822.						ANNÉE 1822.					
5 Janv.	10	39	9	71	14	9 Janv.	59	42	35	74	58

Tirages de Paris.						Tirages de Lyon.					
15 Janv.	15	78	29	53	42	19 Janv.	71	11	50	21	69
25 Janv.	25	17	8	27	25	29 Janv.	39	31	55	77	68
5 Févr.	26	81	80	89	21	9 Févr.	12	60	29	8	21
15 Févr.	81	59	32	10	46	19 Févr.	5	84	80	63	69
25 Févr.	45	62	54	69	66	29 Févr.	33	13	78	49	36
5 Mars.	23	1	90	74	17	9 Mars.	2	63	5	14	54
15 Mars.	2	90	80	27	57	19 Mars.	26	73	71	87	24
25 Mars.	8	12	32	34	42	29 Mars.	8	66	85	16	84
5 Avril.	60	35	71	2	7	9 Avril.	38	76	72	67	13
15 Avril.	80	45	65	62	35	19 Avril.	1	76	79	83	86
25 Avril.	35	12	82	14	80	29 Avril.	21	76	41	42	30
5 Mai.	3	70	58	49	60	9 Mai.	44	36	31	14	4
15 Mai.	38	18	24	77	84	19 Mai.	31	18	43	17	47
25 Mai.	90	13	53	15	4	29 Mai.	11	27	3	85	72
5 Juin.	51	66	21	19	25	9 Juin.	81	22	73	40	14
15 Juin.	85	89	22	82	1	19 Juin.	14	79	73	11	77
25 Juin.	84	60	48	75	4	29 Juin.	47	69	74	32	15
5 Juill.	5	84	83	31	90	9 Juill.	19	81	39	42	72
15 Juill.	71	5	12	28	16	19 Juill.	50	61	68	52	56
25 Juill.	88	90	55	27	76	29 Juill.	5	53	17	66	20
5 Août.	22	7	8	42	58	9 Août.	26	28	59	55	49
15 Août.	45	16	74	40	25	19 Août.	4	88	20	10	71
25 Août.	41	45	78	54	23	29 Août.	54	24	56	43	88
5 Sept.	49	23	11	27	6	9 Sept.	49	80	28	13	82
15 Sept.	34	79	8	4	67	19 Sept.	39	14	53	51	32
25 Sept.	76	55	30	41	26	29 Sept.	51	32	27	90	93
5 Octo.	1	13	68	7	45	9 Octo.	5	18	80	70	58
15 Octo.	14	74	33	49	65	19 Octo.	14	26	66	65	77
25 Octo.	33	70	68	10	75	29 Octo.	64	44	68	85	29
5 Nov.	40	59	6	46	85	9 Nov.	78	45	82	90	44
15 Nov.	74	9	73	86	88	19 Nov.	43	10	18	30	67
25 Nov.	22	61	42	33	55	29 Nov.	60	28	7	21	10
5 Déc.	88	13	69	44	31	9 Déc.	5	9	82	62	14
15 Déc.	34	86	45	52	39	19 Déc.	52	79	32	61	13
25 Déc.	87	29	45	30	1	29 Déc.	87	1	31	18	27

Tirages de Paris.					
Année 1823.					
5 Janv.	55	30	76	50	8
15 Janv.	6	33	58	65	1
25 Janv.	74	68	52	41	37
5 Févr.	41	30	6	68	4
15 Févr.	11	3	53	17	86
25 Févr.	10	3	65	29	88
5 Mars.	22	9	79	47	69
15 Mars.	56	14	11	43	40
25 Mars.	35	61	90	14	85
5 Avril.	48	10	33	28	13
15 Avril.	22	54	66	55	73
25 Avril.	17	67	56	18	44
5 Mai.	69	31	22	68	12
15 Mai.	23	73	76	45	42
25 Mai.	50	44	19	21	15
5 Juin.	32	42	81	2	67
15 Juin.	68	25	33	67	36
25 Juin.	83	25	80	39	1
5 Juill.	65	27	2	26	18
15 Juill.	60	86	11	64	74
25 Juill.	85	25	32	54	28
5 Août.	76	11	10	9	16
15 Août.	54	65	34	83	23
25 Août.	24	57	35	9	5
5 Sept.	4	12	47	80	14
15 Sept.	70	46	35	6	11
25 Sept.	25	12	4	28	68
5 Octo.	31	88	9	27	59
15 Octo.	84	10	22	79	3
25 Octo.	22	58	47	53	77
5 Nov.	78	5	6	7	64
15 Nov.	50	12	71	89	80

Tirages de Lyon.					
Année 1823.					
9 Janv.	59	67	43	24	47
19 Janv.	25	49	83	85	15
29 Janv.	44	10	63	72	65
9 Févr.	55	24	11	74	66
19 Févr.	49	36	4	54	46
28 Févr.	10	63	77	35	80
9 Mars.	30	83	87	26	54
19 Mars.	89	7	45	56	34
29 Mars.	72	14	5	61	56
9 Avril.	28	27	44	69	15
19 Avril.	89	77	87	71	66
29 Avril.	19	48	3	55	31
9 Mai.	8	54	78	48	84
19 Mai.	40	2	71	16	69
29 Mai.	1	17	40	71	13
9 Juin.	83	41	3	10	53
19 Juin.	18	26	65	11	67
29 Juin.	31	47	45	40	20
9 Juill.	20	57	54	86	69
19 Juill.	14	83	37	20	16
29 Juill.	90	52	37	89	15
9 Août.	69	4	41	28	51
19 Août.	87	27	10	34	9
29 Août.	31	54	60	47	23
9 Sept.	90	3	84	37	75
19 Sept.	2	41	55	23	9
29 Sept.	89	11	51	79	20
9 Octo.	22	64	21	67	90
19 Octo.	75	78	1	45	23
29 Octo.	63	71	86	68	25
9 Nov.	89	36	82	55	39
19 Nov.	30	48	2	56	76

Tirages de Paris.						Tirages de Lyon.					
25 Nov.	86	42	88	31	61	29 Nov.	9	34	54	25	75
5 Déc.	83	49	33	53	10	9 Déc.	90	37	30	59	1
15 Déc.	83	60	71	78	32	19 Déc.	14	57	33	19	23
25 Déc.	44	76	79	1	75	29 Déc.	78	90	64	25	31

Année 1824.						Année 1824.					
5 Janv.	8	38	76	36	18	9 Janv.	5	50	83	64	69
15 Janv.	35	22	13	44	75	19 Janv.	11	5	48	83	32
25 Janv.	18	81	3	41	51	29 Janv.	41	4	37	63	28
5 Fév.	18	52	62	24	78	9 Févr.	79	49	43	51	1
15 Févr.	2	53	33	17	7	19 Févr.	23	66	29	13	80
25 Févr.	90	78	1	36	77	29 Févr.	52	64	2	67	77
5 Mars.	56	65	15	22	43	9 Mars.	82	11	33	7	28
15 Mars.	25	70	43	6	12	19 Mars.	86	75	44	78	50
25 Mars.	24	13	40	25	85	29 Mars.	58	86	26	87	66
5 Avril.	36	25	26	77	14	9 Avril.	24	69	66	76	51
15 Avril.	42	34	71	46	90	19 Avril.	51	39	37	65	38
25 Avril.	19	87	41	85	78	29 Avril.	30	72	15	79	61
5 Mai.	44	24	90	53	62	9 Mai.	69	11	35	71	63
15 Mai.	29	20	34	3	68	19 Mai.	60	70	73	51	65
25 Mai.	72	62	87	41	22	29 Mai.	2	9	70	26	39
5 Juin.	32	69	36	72	12	9 Juin.	3	34	12	19	32
15 Juin.	76	61	26	40	90	19 Juin.	10	14	24	35	49
25 Juin.	24	4	15	28	82	29 Juin.	88	90	79	50	57
5 Juill.	30	49	63	81	69	9 Juill.	74	76	77	19	32
15 Juill.	64	69	38	60	66	19 Juill.	61	10	72	25	71
25 Juill.	73	76	88	90	26	29 Juill.	9	24	72	25	57
5 Août.	22	27	68	83	48	9 Août.	52	82	8	6	49
15 Août.	59	7	67	89	72	19 Août.	62	32	79	21	86
25 Août.	60	65	15	26	20	29 Août.	37	33	45	68	49
5 Sept.	41	20	15	80	47	9 Sept.	5	19	4	58	36
15 Sept.	11	56	44	90	30	19 Sept.	67	85	80	79	76
25 Sept.	69	5	3	33	89	29 Sept.	1	69	83	44	25

Tirages de Paris.						Tirages de Lyon.					
5 Octo.	48	62	78	69	86	9 Octo.	3	1	16	6	5
15 Octo.	26	5	14	12	45	19 Octo.	41	3	71	54	14
25 Octo.	24	3	41	34	73	29 Octo.	40	31	57	6	21
5 Nov.	58	16	25	53	14	9 Nov.	56	66	75	52	12
15 Nov.	38	74	53	3	40	19 Nov.	83	88	10	13	60
25 Nov.	70	22	26	30	37	29 Nov.	52	47	36	28	78
5 Déc.	14	86	40	45	56	9 Déc.	88	46	84	74	82
15 Déc.	38	81	52	7	13	19 Déc.	56	82	9	55	68
25 Déc.	23	80	31	74	85	29 Déc.	68	64	74	89	76

ANNÉE 1825.   ANNÉE 1825.

Tirages de Paris.						Tirages de Lyon.					
5 Janv.	61	4	25	1	71	9 Janv.	36	49	79	41	8
15 Janv.	11	41	58	20	87	19 Janv.	34	84	67	29	9
25 Janv.	78	37	69	73	55	29 Janv.	45	72	37	55	67
5 Févr.	10	26	46	52	89	9 Fév.	22	60	2	14	57
15 Fév.	54	89	9	7	45	19 Fév.	34	88	8	71	25
25 Fév.	84	25	51	63	14	28 Fév.	56	90	21	55	19
5 Mars.	63	32	21	88	78	9 Mars.	20	14	54	56	57
15 Mars.	38	47	52	30	86	19 Mars.	4	62	66	86	89
25 Mars.	43	65	54	69	16	29 Mars.	47	89	15	85	6
5 Avril.	60	38	61	58	57	9 Avril.	49	37	77	64	9
15 Avril.	36	57	29	69	52	19 Avril.	59	61	30	77	53
25 Avril.	35	65	18	63	11	29 Avril.	80	75	58	26	54
5 Mai.	14	57	20	73	71	9 Mai.	72	8	17	78	35
15 Mai.	75	35	33	19	43	19 Mai.	55	42	81	79	30
25 Mai.	45	31	21	64	65	29 Mai.	17	89	87	15	81
5 Juin.	74	52	14	77	42	9 Juin.	62	42	21	55	54
15 Juin.	58	35	22	33	32	19 Juin.	14	90	67	68	24
25 Juin.	28	82	26	9	42	29 Juin.	49	15	84	56	81
5 Juill.	66	11	10	79	53	9 Juill.	79	65	83	74	84
15 Juill.	84	44	54	48	5	19 Juill.	55	14	85	53	78
25 Juill.	79	84	78	66	88	29 Juill.	70	86	79	19	50
5 Août.	51	85	7	72	6	9 Août.	76	16	28	52	2
15 Août.	87	66	9	35	52	19 Août.	6	75	71	72	59

Tirages de Paris.						Tirages de Lyon.					
25 Août.	31	16	59	15	90	29 Août.	6	79	55	29	77
5 Sept.	39	4	18	78	50	9 Sept.	43	31	65	72	46
15 Sept.	12	85	90	5	87	19 Sept.	81	5	19	6	58
25 Sept.	34	5	29	69	90	29 Sept.	6	45	44	15	17
5 Octo.	36	57	53	47	55	9 Octo.	50	67	36	78	47
15 Octo.	64	73	82	37	50	19 Octo.	64	85	71	66	74
25 Octo.	27	8	39	36	72	29 Octo.	22	42	71	25	51
5 Nov.	80	13	89	52	56	9 Nov.	78	23	77	41	59
15 Nov.	21	12	72	45	30	19 Nov.	69	17	85	81	74
25 Nov.	88	19	55	90	62	29 Nov.	1	30	11	90	14
5 Déc.	17	65	8	14	65	9 Déc.	30	11	56	59	13
15 Déc.	81	52	5	21	23	19 Déc.	78	58	82	46	1
25 Déc.	40	57	11	9	51	29 Déc.	43	3	61	57	66

Année 1826.

Tirages de Paris.						Tirages de Lyon.					
5 Janv.	5	56	65	16	79	9 Janv.	50	79	60	29	59
15 Janv.	31	65	25	85	6	19 Janv.	90	45	65	88	87
25 Janv.	15	88	26	16	62	29 Janv.	63	15	64	5	28
5 Fév.	52	46	77	87	82	9 Févr.	10	30	47	21	1
15 Fév.	1	34	48	8	75	19 Févr.	55	42	44	5	28
25 Févr.	71	58	44	6	14	28 Févr.	48	77	26	12	52
5 Mars.	45	9	76	48	88	9 Mars.	69	56	81	72	75
15 Mars.	87	59	16	58	54	19 Mars.	17	53	12	55	80
25 Mars.	65	59	22	51	82	29 Mars.	59	48	58	62	51
5 Avril.	15	50	65	18	85	9 Avril.	78	5	20	19	57
15 Avril.	51	71	26	12	42	19 Avril.	15	5	26	58	89
25 Avril.	5	88	68	47	18	29 Avrl.	7	50	54	17	75
5 Mai.	81	37	73	34	85	9 Mai.	10	14	87	78	47
15 Mai.	12	80	59	16	34	19 Mai.	34	87	72	8	59
25 Mai.	61	55	82	77	29	29 Mai.	3	11	82	27	76
5 Juin.	61	51	7	36	54	9 Juin.	75	52	43	28	56
15 Juin.	71	22	17	45	8	19 Juin.	68	55	27	79	55
25 Juin.	87	74	59	62	56	29 Juin.	84	90	5	17	16
5 Juill.	77	31	54	86	13	9 Juill.	26	89	85	77	59

Tirages de Paris						Tirages de Lyon					
15 Juill.	85	56	25	53	49	19 Juill.	20	50	70	73	27
25 Juill.	29	64	75	61	90	29 Juill.	26	63	9	78	61
5 Août.	78	14	55	2	72	9 Août.	57	13	47	27	55
15 Août.	56	66	88	42	49	19 Août.	21	71	51	69	67
25 Août.	7	55	56	14	38	29 Août.	56	59	4	11	10
5 Sept.	57	46	30	50	28	9 Sept.	68	5	6	10	25
15 Sept.	22	88	14	27	32	19 Sept.	79	15	32	55	72
25 Sept.	19	51	28	68	41	29 Sept.	49	72	88	20	70
5 Octo.	10	68	7	55	62	9 Octo.	40	50	77	55	89
15 Octo.	44	51	26	75	5	19 Octo.	25	45	68	63	15
25 Octo.	56	36	84	53	11	29 Octo.	84	71	56	7	73
5 Nov.	34	59	11	10	72	9 Nov.	25	47	70	61	49
15 Nov.	52	36	82	16	62	19 Nov.	12	26	55	21	8
25 Nov.	78	8	86	12	55	29 Nov.	75	8	85	77	60
5 Déc.	90	50	40	11	58	9 Déc.	89	65	84	22	11
15 Déc.	53	55	26	6	3	19 Déc.	61	42	83	57	46
25 Déc.	63	54	90	36	42	29 Déc.	20	56	18	49	11

ANNÉE 1827.   ANNÉE 1827.

Tirages de Paris						Tirages de Lyon					
5 Janv.	66	81	19	50	26	9 Janv.	90	33	65	70	65
15 Janv.	41	55	28	12	57	19 Janv.	45	58	57	7	42
25 Janv.	52	88	29	62	14	29 Janv.	18	83	48	24	46
5 Févr.	85	82	42	17	41	9 Févr.	14	6	4	27	64
15 Févr.	76	75	65	22	21	19 Févr.	85	79	67	90	12
25 Févr.	58	15	55	7	2	29 Févr.	36	21	24	38	76
5 Mars.	52	18	7	24	79	9 Mars.	33	26	67	6	8
15 Mars.	49	85	24	25	85	19 Mars.	61	65	82	23	36
25 Mars.	4	97	10	9	46	29 Mars.	9	36	75	88	85
5 Avril.	24	6	65	47	5	9 Avril.	11	55	76	22	62
15 Avril.	14	66	90	69	33	19 Avril.	23	29	60	42	5
25 Avril.	24	47	80	61	15	29 Avril.	45	70	90	88	18
5 Mai.	20	88	64	85	89	9 Mai.	29	46	62	34	18
15 Mai.	55	2	21	16	84	19 Mai.	67	29	73	49	89
25 Mai.	14	26	37	88	27	29 Mai.	4	44	26	64	18
5 Juin.	4	54	61	77	79	9 Juin.	18	37	27	51	78

Tirages de Paris.							*Tirages de Lyon.*					
15 Juin.	8	32	68	79	43		19 Juin.	21	54	86	90	85
25 Juin.	28	3	5	85	31		29 Juin.	81	23	82	78	51
5 Juill.	13	10	54	86	72		9 Juill.	70	68	35	17	18
15 Juill.	55	14	72	41	6		19 Juill.	71	31	75	56	42
25 Juill.	90	83	51	58	22		29 Juill.	49	51	16	74	90
5 Août.	31	11	83	71	13		9 Août.	27	16	78	29	9
15 Août.	34	55	71	63	62		19 Août.	60	63	87	79	20
25 Août.	26	56	83	19	6		29 Août.	72	85	30	60	40
5 Sept.	38	54	50	64	5		9 Sept.	68	74	64	86	66
15 Sept.	48	19	4	84	50		19 Sept.	75	8	39	44	50
25 Sept.	26	17	50	40	83		29 Sept.	42	45	68	25	44
5 Octob.	67	75	53	89	60		9 Octob.	11	26	21	49	16
15 Octob.	73	18	68	8	42		19 Octob.	56	74	51	72	53
25 Octob.							29 Octob.					
5 Nov.							9 Nov.					
15 Nov.							19 Nov.					
25 Nov.							29 Nov.					
5 Déc.							9 Déc.					
15 Déc.							19 Déc.					
25 Déc.							29 Déc.					

ANNÉE 1828.		ANNÉE 1828.
5 Janv.		9 Janv.
15 Janv.		19 Janv.
25 Janv.		29 Janv.
5 Févr.		9 Févr.
15 Févr.		19 Févr.
25 Févr.		9 Févr.
5 Mars.		19 Mars.
15 Mars.		29 Mars.
25 Mars.		9 Mars.
5 Avril.		9 Avril.
15 Avril.		19 Avril.

Tirages de Paris.	Tirages de Lyon.
25 Avril.	29 Avril.
5 Mai.	9 Mai.
15 Mai.	19 Mai.
25 Mai.	29 Mai.
5 Juin.	9 Juin.
15 Juin.	19 Juin.
25 Juin.	29 Juin.
5 Juill.	9 Juill.
15 Juill.	19 Juill.
25 Juill.	29 Juill.
5 Août.	9 Août.
15 Août.	19 Août.
25 Août.	29 Août.
5 Sept.	9 Sept.
15 Sept.	19 Sept.
25 Sept.	29 Sept.
5 Octob.	9 Octob.
15 Octob.	19 Octob.
25 Octob.	29 Octob.
5 Nov.	9 Nov.
15 Nov.	19 Nov.
25 Nov.	29 Nov.
5 Déc.	9 Déc.
15 Déc.	19 Déc.
25 Déc.	29 Déc.

Fin des Tirages de Paris et de Lyon
jusques et y compris l'année 1826.

TABLE

DES ARTICLES PRINCIPAUX

Contenus dans ce volume.

Extrait des Lois et Arrêtés.   pag. 2
Invitation de la roue de fortune au public.   3
Noms annexés aux quatre-vingt-dix numéros.   4
Instruction pour la Loterie.   5
Calcul progressif des chances.   11
Liste générale de tous les Noms des personnes, arts,
    métiers, etc.   13
Interprétation ou explication des songes.   179
Explication de la Figure Pentagone.   192
Figures.   194
Nouveaux Rêves curieux et intéressans, découverts
    par Oromasis.   209
Cabales générales de la Loterie royale de France, etc.   212
Cabales d'Oromasis, jeu des Prophètes.   216
    Idem.   jeu des Apôtres.   218
    Idem.   jeu Cardinal.   220
    Idem.   jeu d'Apollon.   221
    Idem.   jeu d'Apollonius.   222
    Idem.   jeu des Racines.   ib.
Jeux des Revenans, première Cabale.   224
Jeu des Sylphes, dits Jumeaux.   227
Jeu des Gnosmes.   228
Jeu du Globe Céleste.   ib.
Tableau du jeu du Globe Céleste.   229
Cabale d'Oromasis, jeu des Antipodes.   233
Jeu des Finales.   235
Jeu des dizaines pour Bruxelles et Paris.   237
Jeu des Matelots.   239

TABLE.

Jeu des Pairs ou Impairs. pag. 240
Cabale arabe d'Oromasis. 241
Colonnes cabalistiques. Egyptienne, dite de Pompée. 242
    Idem.   dite de Jérusalem. 244
    Idem.   dite de Mahomet. 245
Cabale Egyptienne, dite de Scipion. 246
    Idem.   dite de Ptolomée. 247
Colonne universelle pour toutes les Loteries. 248
Cabales pour Paris. 249
Idem pour les douze mois de l'année. ib.
Idem, diverses. 253
Idem, du neuf. 259
Table générale de tous les numéros cabalés par 9. 261
Savante combinaison astronomique. 267
Première Table Céleste. ib.
Deuxième Table Céleste. 268
Troisième Table Céleste. 269
Cabale des grande et petite Masses. 275
Tables secrètes divinatoires. 274
Première Table Mystique. 275
Troisième Table Mystique. 276
Tableau de sympathie entre les tirages de Lyon et
    de Paris. 280
Nouvelle Cabale pour les jeux d'extraits simples. 283
Instruction facile pour jouer à toutes les Roues le jeu
    des Septenaires. 288
Tableau des tirages de la Loterie de France, depuis
    son rétablissement jusqu'à ce jour. 292

Fin de la Table.

LYON, IMPRIMERIE DE C. COQUE, RUE DE L'ARCHEVÉCHÉ, N° 3.